本书由福建省黄檗山万福寺资助出版

禅与文明丛书

主编 定明

执行主编 孙国柱 能仁

中国
禅学思想史

增订版

洪修平 著

中国大百科全书出版社

图书在版编目（CIP）数据

中国禅学思想史 / 洪修平著 . — 增订版 . —北京：
中国大百科全书出版社，2024. —（禅与文明丛书 / 定
明主编）. — ISBN 978-7-5202-1590-9

Ⅰ. B946.5

中国国家版本馆 CIP 数据核字第 2024XT0707 号

出 版 人	刘祚臣
策 划 人	曾　辉
责任编辑	曾　辉
责任校对	齐　芳
责任印制	李宝丰
封面设计	周　晓
出版发行	中国大百科全书出版社
地　　址	北京阜成门北大街 17 号
邮政编码	100037
电　　话	010-88390636
网　　址	www.ecph.com.cn
印　　刷	北京利丰雅高长城印刷有限公司
开　　本	880 毫米 ×1230 毫米　1/32
印　　张	13.625
字　　数	304 千字
版　　次	2024 年 8 月第 1 版
印　　次	2024 年 8 月第 1 次印刷
书　　号	ISBN 978-7-5202-1590-9
定　　价	88.00 元

本书如有印装质量问题，可与出版社联系调换。

总序

"禅为佛心，教为佛语"，禅源自佛教，却又超越了佛教。从释尊灵山拈花示众、迦叶破颜微笑，到东土花开五叶，禅花一脉相承不坠。在过去，作为中华优秀传统文化的重要组成部分，禅宗具有突出的创造性、包容性、灵活性等特性，彰显了中华文明的精神内涵，深刻影响了东亚文明形态，甚至进入欧美国家开启了深层的文明对话。在未来，禅将使人类拥有通向生命觉醒的内向途径。故吾人可说，禅是象征东方文化的文明瑰宝，更是导向人类自我觉醒的精神高峰。

首先应该指出的是，禅在中国文化语境里具有非同寻常的意义。太虚大师说："中国佛学的特质在禅。"这是对中国佛教思想底蕴、观行与僧寺制度进行深刻观察得出的洞见。在宗门，禅以开悟见性为宗旨，强调教外别传，以心传心。在教下，如天台、华严皆以禅观为立宗之"纲骨"。天台、华严等初期祖师或从禅出教，示己心中所证法门；或从教入禅，证如来所授法门，从而创建出中国教观圆融的天台宗、华严宗。这些中国化的佛教派别，不仅代表着中国佛教思想的高度，也是佛教在世界哲学史、思想史领域的一座丰碑。

非常有必要重新回顾禅学的黄金时代，这也是今天重启禅与文明关系思考的基础起点。钱穆先生曾大赞唐代禅师乃盛世之豪杰。总括而言，禅宗的兴起体现了佛教声闻解脱精神与菩萨入世情怀的完美结合，实现了对佛教本真精神的回归。如果说四祖道信、五祖弘忍所处的东山法门时代尚是禅宗的雏形阶段，那么以神秀禅师为代表的努力则为北宗禅进入帝王和士大夫阶层的精神世界做出卓越贡献，也为后续南宗禅的发展铺垫了社会基础。惠能南宗一脉经过南岳怀让、青原行思二师的数代相传，蔚然大观。在唐五代以至北宋时期，禅宗发展迎来全盛时期，出现了五家七宗的发展格局。从此，禅宗成为中国佛教发展的脊梁，也是维系中国佛教法运的根基。禅宗五家宗风各异。临济宗继承百丈、黄檗的大机大用禅风，采用三玄三要、四照用、四料简、四宾主的方法，棒喝齐施，禅风险峻，具有"临济将军"之誉，直指人心。至有宋一代，临济禅风转而变为文字禅、看话禅，对宋明士大夫群体影响深远。曹洞宗则提倡五位君臣、内外回互，重视理事圆融。到南宋时期曹洞禅演变为默照禅，禅风隐秘、殷实、绵密，素有"曹洞土民"之称。沩仰宗的沩山灵佑和仰山慧寂二人师资唱和，语默不露，体露双彰，以十九门之法（仰山）接引后学，方圆默契，灵活运用华严无碍圆融思想。云门三句之涵盖乾坤、截断众流、随波逐浪的禅法，风驰禅林，有"云门天子"之誉。法眼禅风强调一切现成，引导学人见色明心，闻声悟道，举一心为宗，照万法如镜，真可谓圆同太虚，无欠无余。

诚如太虚大师所总结的，中国禅学史在南宗禅发展以前，有着数百年依据佛经而修禅观的"依教修心禅"发展阶段。而从禅宗的兴起到五家分灯，则历经了悟心成佛禅、超佛祖师禅和越祖分灯禅等不同时期。在禅宗五家形成以前，澄观、宗密等禅师曾努力融合禅教理念；五代十国以后的禅宗五家，则更重视教外别传的直指禅风。纵观历史，禅宗五家七宗丰富多彩的独特教学方法论也是人类教育史上一朵朵绚丽的"奇葩"。需要特别指出的是，五代、两宋开启了禅学与儒学切磋琢磨的新阶段——独特的禅学思想对宋明新儒学产生了很大影响。"儒门淡薄，收拾不住，皆归释氏耳。"这句北宋张文定与王安石交流时的感慨之语，足以说明佛教之兴盛、禅宗影响之广大。儒家思想以"内圣外王"为核心宗旨，纵观历史，"外王"治世一直以来是儒家的强项，然而"内圣"修证部分则常取径禅学。禅宗心性论与功夫论为士大夫群体开通了儒家"内圣"的路径，并在思想与实践方法上提供了支持。因此儒家在宋明时期创发出程朱理学、陆王心学，这些学说不仅影响了近世以来的中华文明形态，还影响了东亚文明史和思想史，形成了有别于西方哲学的纯粹哲思。

　　禅对中华文明的贡献当然不止于此，事实上，随着两宋以来禅宗五家的全面发展，禅宗随之便有文字禅、公案禅、看话禅、默照禅等不同形态的发展，在诗词、书画、建筑等领域也产生了全面影响。如在中国文学史上，北宋时期的范温在《潜溪诗眼》一书中提出"学者先以识为主，禅家所谓正法眼，直须具此眼目，方可入道"。其后，南宋著名诗论家严羽在《沧浪诗话》中更是继承了这一观点，提出"论诗如论禅"——"大抵禅道惟在妙悟，诗道亦在妙悟"。严羽以禅喻诗，提出诗文创作如同禅道妙悟，是自性流露、妙语天成，而非思量计度所成，形成独特的"禅诗一味"诗论，对后世产生较大影响。这种禅与诗的相遇催生了许多经典佳句，如黄檗希运禅师的"不经一番寒彻骨，怎得梅花扑鼻香"，广为传颂；照堂了一禅师的"若无闲事挂心头，便是人间好时节"的四时歌，经由无门慧开改造成为耳熟能详的经典。毫无疑问，黄檗祖师的这两首诗偈，传递着中华民族奋进拼搏的精神和追求生活美好的愿景。不仅是诗词，书画、建筑、园林、茶道等也深受中国禅学影响。总之，禅文化实为中华民族构筑社会和谐图景的远山——在多少次悠然心会时，总是可以发现其默默的身影。

禅，在根本上是不与世间的生活、文化隔绝的，可以随处落地生根。如今，禅早已不再为中国所独有，而为世界所共享了。禅源于印度佛教，禅花却盛开于中国，远播于东亚汉语文化圈，弘传于欧美世界，历经千年的传播史，体现了禅不断蜕变发展的强大生命力。当然，这里的禅也不能仅仅指中国的禅宗。如果从世界佛教史来讲，禅可概括为传统的止观禅，华严、天台大乘佛教的圆顿禅和禅宗的教外别传之宗门禅。传统的止观禅，即阿含佛经中所传授的禅观内容——四念处禅观。围绕四念处禅观的修学需要，还开演出戒定慧三学乃至三十七菩提分的教法。南传佛教，即以斯里兰卡、泰国、缅甸等为中心的东南亚和南亚佛教，传承了阿含佛经的佛教传统，重视四念处与阿毗达摩相结合的禅观实践传统。中国佛教则继承了印度佛教的阿含佛教、部派佛教以及大乘佛教，因此禅法传承内容丰富，具备不同时期佛教的禅观经典。隋唐时期形成的天台、华严则是以大乘圆教的立场，开创出独特的次第禅、非次第禅和圆顿禅观，形成中国佛教独特的禅观思想与实践。承前所述，禅宗更是独树一帜，强调直承灵山拈花之旨，一花五叶，蔚为壮观。如今，禅宗、天台、华严远传邻国朝鲜、韩国、日本，可谓花开异域，影响卓著。

这里不妨以日本为例，考察一下禅的文化输出能力。一言以蔽之，禅对于日本的影响不仅是宗教的，更是文化的。以"五山文学"为例，日本镰仓乃至室町时期模仿中国南宋时期的五山十刹官寺制度，设立了日本佛教的五山禅寺制度。从禅寺的"五山制度"到日本"五山文学"的出现，表明了宗教、哲学思想意义上的禅已被社会大众所接受，并进一步转化为文学层面的禅，被日本社会所推崇。这一禅学新进展深刻影响了日本社会文化的发展。可以这样说，由临济宗、曹洞宗、黄檗宗构成的日本禅宗三大派，在思想、文学、艺术、生活等领域对日本社会产生了全面的影响，构筑了日本独特的禅意美学。

至于禅在欧美国家的因缘际会，更是昭示了禅在人类文明进程中的无穷潜能。在 20 世纪，禅成为东方心性文明与西方基督文明沟通对话的桥梁。通过日本铃木大拙、阿部正雄、铃木俊隆、前角博雄等禅学代表性人物与西方宗教、哲学、心理学界的对话，催生出"基督禅"这样带有鲜明欧美基督文化背景的精神潮流。这体现了禅作为东方佛教的象征，可以作为一种跨宗教、跨学科、跨文化的独特存在。毫无疑问，禅的学科价值亟待发掘。由于禅对思想、社会精英产生一定的影响，一些西方心理学家甚至在思考如何运用禅学思想与禅修方法破解精神分析学的理论困境。在这方面，以荣格、弗洛姆为代表的精神病学家、心理学家致力于借用禅宗"无念"等方法来挖掘精神治疗的积极意义。还有一部分人在东南亚和南亚国家如泰国、缅甸、斯里兰卡等学禅，以杰克·康菲尔德为代表，他们学习南传佛教的禅修，将之与心理学结合起来运用于治疗实践。而乔·卡巴金则运用禅修内观方法，创立了正念减压的心理治疗学，在欧美形成一定的影响力。

在欧美地区，禅还开启了具有社会实践意义的和平运动。宣化上人（中国禅宗沩仰宗）于20世纪60年代初赴美传法，建立万佛城等道场，传播中国禅的思想，致力于世界和平运动。被西方称为"正念之父"的一行禅师肩负越南临济宗法脉传承重任，于20世纪80年代初以法国梅村为中心，融合中国禅和南传念处禅修，一生致力于和平主义运动。他运用禅修正念的方法提倡"和平在每个人心中，和平在这个世界上"，深受欧美社会人士的认同。

时光轮转，人类社会已经进入第四次工业革命，智能社会即将全面到来，但世界并没有因此获得和平，人类也并没有因此获得幸福，普罗大众反而生活得越加焦虑，乃至虚无不安；更为麻烦的是，社会矛盾加剧、战争频繁、危机四起……此情此景，不由让人想起泰戈尔来华时的感言："梵语中的'dharma'一词，也许是和'文明'一词意思最接近的。"泰戈尔还指出："dharma是对一个人的本质的最好表达。"这些具有高度智慧洞见的概括，非常有助于我们理解禅在未来人类世界的功能乃至贡献。那么，人类如何在科技昌明的时代保持理性的觉照，避免因科技发展无边界而使人类文明走向自我毁灭？如何在智能虚拟的世界中依然保持心性的觉照，使生命回归于真现实，获得精神世界的独立与自由？如何在日趋激烈的竞争中，发掘在缘起世界中本应彼此各美其美、长久和谐共生的可能？这种种的问题，都需要我们深思，乃至付出行动。

以上我们梳理了禅宗波澜壮阔、多彩多姿的传播史、接受史，这些已经足以给我们力量与希望。在历史上，禅佛教乃是构建亚洲文明的重要载体，在整个人类文明史中亦占据着重要的地位。反观今日由科技推动的迅速发展与矛盾危机并存的世界，我们更需具有观照与反思的能力。这又不得不乞力于禅了。禅悟的方法抓住了根本——化解一切矛盾，从心出发。这是因为，自我的觉醒与内心的和平才是我们与这个世界和平相处的根源。于是乎，禅悟直指自心，内而观之，从而照见自我问题，与自我和解，进而与外在世界达到无我共生的圆融境界。

2023 年辞京回闽之初，我曾与京中师友畅聊如何着眼于禅与文明的视域，服务社会，贡献世界，以为当今有情众生之鉴，遂决意出版"禅与文明"系列丛书。从文明的高度理解禅，其实就是从最为普遍的公共层次重新寻找禅的根基与潜能。换言之，从文明的视域理解禅，不仅是寻找禅在当下的应然适应，更是致力于禅在未来时代的可能贡献。毫无疑问，禅与文明的视域，必然包罗甚夥——禅学思想，禅修方法，禅史的研究，禅对东亚思想、文学、艺术、生活等领域的多重影响，禅与东方文明的互动，禅与西方文明的对话，禅与现代精神分析学、心理学等领域的结合，如此等等当然皆在关注之列。

时光荏苒，岁月流逝，转眼已然多年。山居闲暇之际，心心念念当时在京华后海湖畔畅谈此事的喜悦心情。如今因缘际会，在各位师友的推动下，终于缘成当初一念心愿。本次出版"禅与文明"系列丛书第一辑，分别是洪修平教授的《中国禅学思想史》、马克瑞教授的《中国禅宗史》、何燕生教授的《道元与中国禅思想》，更多跨文化、跨学科的高水平大作亦将陆续推出。

行文至此，请容许我再次确认内心的信念——禅，是佛陀留给人世界的瑰宝；禅，是人类世界高度自省的文明；禅，是觉照自我与沟通世界不同文明的重要纽带……这一伟大的传统需要我们继承并加以弘扬！是为序！

黄檗住山 定明

甲辰谷雨 于丈室

目　录

增订版序

时间过得真快，距本书初版，已过去了近30年，即使是第二版，也已是16年前的事了。这些年来，禅的魅力依然不减，有关禅的典籍和资料整理，不断涌现，有关禅的研究成果，也层出不穷。即以我指导的博士生（包括留学生）和进修教师而言，也有很多是以禅为题撰写了博士论文，其中大部分已经正式出版[1]。我自己的《禅宗思想的形成与发展》也先后出了三版（1991，2000，2011）并在海峡两岸多次重印。另外还出版了《禅学与玄学》（1992）、《如来禅》（1997）、《惠能评传》（1998）、《禅偈百则》（2008）、《惠能》（2010）、《〈坛经〉注评》（2010 年）、《佛心

1　例如：谢金良的《〈周易禅解〉研究》（巴蜀书社，2006），韩凤鸣的《解脱论——禅宗解脱哲学研究》（宗教文化出版社，2008），牟永生的《智慧与解脱——禅宗心性思想研究》（中国社科出版社，2008），许颖的《近现代禅净合流研究》（巴蜀书社，2010），黄诚的《法眼宗研究》（巴蜀书社，2012），白光的《〈坛经〉版本谱系及其思想流变研究》（宗教文化出版社，2013），吴正荣、冯天春的《〈坛经〉大生命观论纲》（人民出版社，2014），吴容锡的《大慧宗杲看话禅之"疑情"研究》（2011），李璐的《汉语世界思想史视域下的百年禅宗研究》（2013）。

禅意》（2017）、《〈坛经〉解读》（2020）等，其中有的还译为外文在国外出版[1]。这从一个侧面反映了禅、禅学和禅宗的丰厚底蕴、重要价值和生命力。

前不久，孙国柱教授与我联系，告诉我定明法师正牵头筹划一套禅与文明丛书，由中国大百科全书出版社出版，并向我约稿，说如果没有新著，修订版或者重新编排版的也可以。我提到了前几年中国社会科学文献出版社曾有意再版本书，后因故未能推进，不知是否适合这套丛书，他认为很好。在社科学术分社曾辉社长和能仁法师等的大力支持下，本书正式纳入了出版计划。感谢他们的厚爱与支持帮助！

本书的第一版是手写稿，第二版只有 PDF 版，现在的第三版是请我的博士生、现已在大学任教的马丽娜博士（对她深表感谢）帮助转换为 Word 版，然后在 Word 版上校对、修改完成。根据孙国柱教授的建议，本书在基本保持历史原貌的同时，主要进行了如下修订和增补：

一是校正了一些错别字，完善了一些用语表达，还有一些历史地名，因近年来全国各地县改市的情况时有发生，地名变化较频繁，也根据新变化做了修订。

二是对照原始资料核对校订了一些重要的引文，以尽量减少差错。同时，还增补了一些重要的引文资料和注释，对引文资料

---

1 例如：《禅宗思想的形成与发展》（英文版，瑞士布劳恩出版社，2020），《禅学与玄学》（韩文版，韩国云住出版社，1999），《如来禅》（韩文版，韩国云住出版社，2002）。即将出版的有《中国佛教与佛学》（英文版）、《中华佛教史·隋唐五代佛教史卷》（俄文版）和《禅宗思想的形成与发展》（越南文版）。

的来源、出处补充了详细的文献信息，以方便读者查考。

三是在目录中把章节的三级标题补上，对原书中有些章或节下缺少的导语予以补充，以使全书的体例更加统一。

四是增加了部分内容，特别是增加了"结语"。原书以"禅学的没落"结束中国禅学思想在古代的发展史，现在则根据近现代禅学思想的发展，增补了"禅学的近现代转型与新时代焕发生机"以作为全书的结语。

五是增加了《人心、佛性与解脱——中国禅宗心性论探源》和《略论楞伽师、楞伽禅与中国禅宗》两篇论文作为附录，分别从心性论的角度探究了禅宗的印度之源与中土之根，从南北朝时的楞伽师、楞伽禅与《楞伽经》的角度探讨了楞伽禅向禅宗的过渡，希望有助于读者更好地了解印度禅向中华禅的发展。

近几十年来，学术发展很快，禅学研究也不断有新成果问世。本书能经受时间的考验，我为此感到很欣慰，同时也非常珍惜这次再版的机会，因而花了较多的时间对全部书稿进行了认真的通读和校订，但限于能力，如有不妥之处，欢迎读者批评指正。

洪修平

2023 年 7 月 28 日于南京大学港龙园枕书阁

修订版序

2006 年 10 月，我突然接到中国人民大学出版社编辑马佩林先生的电话，告知出版社拟出版一套禅学研究丛书，认为拙著《中国禅学思想史》是大陆禅学思想研究的重要著作，很想将其收入这一出版系列，以使今天的年轻读者能更方便地阅读本书，特向我征求意见。我当然十分高兴，非常感谢他们给我这个机会。

本书最初是在 1994 年由南京大学出版社和台湾文津出版社在海峡两岸同时出版的。感谢广大读者和学术界的朋友，出版不久，即受到了大家的重视与好评。《世界宗教研究》1995 年第 1 期曾做专门介绍，称其"是国内学者撰写的第一部中国禅学思想史，……具有较高的学术价值"。《中国哲学年鉴》（1995 年）也将本书列为"本年度出版的重要学术著作"之一。台湾华梵大学哲学系杜保瑞教授在其著作《功夫理论与境界哲学》第十一章"《中国禅学思想史》的方法论评析"中则称"大陆学者南京大学哲学系洪修平教授写作《中国禅学思想史》一书，可谓当代大陆学者在传统佛学研究方面一个高峰的代表"。《学海》1998 年第 1 期也发表了题为

《中国禅学思想史研究的新成果》的专文，从"背景恢弘，立意高远"、"脉络清晰，资料翔实"、"见解独到，观点新颖"、"阐发本意，旨在创新"、"条分缕析，深入细致"和"全面系统，踏实严谨"等六个方面对本书作了较高评价，给了我很多鼓励。本书先后获得华东地区大学出版社第二届优秀教材、学术著作一等奖（1995年），江苏省新闻出版系统优秀图书二等奖（1995年）和第二届江苏省教委人文社科研究成果一等奖（1998年）等。自知本书仍有许多不足之处，但大家对我的鼓励，永远是我不断进步的动力。正因为此，在本书之后，我又陆续出版了《禅学与玄学》《如来禅》《惠能评传》等禅学研究方面的著作和《中国佛教文化历程》《中国佛教与儒道思想》等佛学研究著作。

需要说明的是，当年写作《中国禅学思想史》时，为了兼顾台湾中国文化史丛书的体例要求，将字数尽量控制在 20 万字左右，因而许多重要的内容和资料只好忍痛割爱，注释也尽可能地减少和简略。在一些必须引用文献资料和加注的地方，则尽量选用同一资料来源，以归并出处，减少注释。这种做法，今天看来，虽然也形成了本书简明扼要的特点，但我心里总觉得有点儿遗憾。因为有些重要的内容和资料，即使今天想加，限于全书的体例和构架，也已很难如愿了，除非将全书重新写一遍。而且当年许多就在手边的资料，今天也未必马上就能找到，即使有心重写一遍，没有足够的时间也是枉然。

这次，中国人民大学出版社给了我重新修订再版的机会，很想对本书进行全面修订和补充，但由于去年我又被任命为南京大学图书馆馆长，多了一份兼职，又要多花许多时间。虽然常想从一些繁杂的事务中抽身出来，但干一件事就要认真干好的习性，又常常使我身不由己地投入到了新的工作中去。如何让有着百年历史和四五百万册藏书的南京大学图书馆跟上现代化的步伐，成为我面对的新课题。更何况，还要继续教学、指导研究生和完成其他课题。

因此，这次的修订再版，只好仅限于将全书认真通读，校对部分引文，修订一些错误，改正一些错别字，尽可能使原书更加完善。至于其他方面的修改，只能希望以后再有机会了。敬请读者谅解。

洪修平

2007 年 1 月于南京大学图书馆

序言

　　禅学的渊源在印度，禅学的繁兴在中国。随着佛教东渐，佛教禅也传到了中国。禅在中土的展开中，既融合吸收传统的思想文化，又深深地渗透到了传统思想文化之中，成为华夏文化的重要组成部分。

　　禅在印度有外道禅与佛教禅之分，佛教禅又有大小乘之别。佛教禅就其本义来说，有两层含义：一是使心绪意念宁静下来，与"止"或"定"相近；二是正审思虑，如实了知所对之境，与"观"或"慧"相近。中国佛教一般将禅与定并称为"禅定"，中国禅宗又以禅命宗，倡"定慧等学"，使禅具有了更广泛的含义。

　　从历史上看，禅在中土经历了一个不断发展变化的过程。虽然大小乘禅在东汉末年均已被介绍到中国来，但受社会上神仙道家呼吸吐纳的影响，实际得到流传的却以小乘禅数之学为主；安世高所传的小乘禅数之学虽然也主张"止观俱行"，但实际发生影响的却主要是凝心入定、坐禅数息的形式与方法。当时禅与定结合在一起，往往是以定摄禅，长坐不卧即为修禅的主要形式。魏晋时期，玄学的盛行带来了般若学的繁兴，佛教禅经过离言扫相的般若学的洗礼，形式化的倾向得以扫除，禅的重心逐渐由修持形式转向对宇宙实相的证悟。南北朝佛性论的兴起，更为中国化的禅学提供了坚实的理论基础。由于宇宙实相与众生自性趋于合一，在自性本觉的基础上，禅修的内容主要也就成为自性自悟，禅行生活也开始出现随缘而行的倾向。隋唐时期，佛教在中土的发展进入了模仿世俗封建宗法制度而确立传法世系进行创宗活动的时期，而禅家又特重师承，认为"无师道终不成"。因此，南北朝时期来华传授"南天竺一乘宗"之禅法的菩提达摩便被追奉为禅宗的东土初祖。其实，中国禅宗是初创于道信，基本完成于弘忍，而由惠能南宗和神秀北宗进一步发展的。特别是惠能南宗，代表着中国禅的主流，绵延发展至近代。

这样，当我们说中国禅学思想的时候，就有禅宗之学、禅宗形成之前的禅学和同时包括这两部分内容的广义禅学。本书叙述的范围则是禅学思想在中土演变发展的全部历史。禅学在中土的发展，始终与中国社会和传统思想文化有着密切的联系，经历了一个不断中国化的过程。正是由于禅学与传统思想文化的相互融合与渗透，禅学才在中国思想史上占有重要的地位并产生巨大的影响。全面把握中国禅学思想发展的历史，有助于我们更好地了解传统思想文化的特点及其在中外文化交融中的发展与演变，有助于我们在今天更好地吸收世界上各种优秀的文化成果，以更新发展传统文化，使之适应民族振兴之新时代的需要。

我多年来主要从事佛教中国化和中国化佛教的研究，特别是对以佛教为本位的儒佛道三教合一的中国禅宗发生了兴趣。拙著

《禅宗思想的形成与发展》完稿并于海峡两岸同时出版以后，我一直想写一部完整的中国禅学思想史。感谢出版社为我提供了这样的机会，使我了却了一桩心愿。

洪修平
1993 年 5 月于南京大学哲学系

.

第一章

中国禅学
思想之源

中国禅来源于印度禅。印度禅有外道禅和佛教禅之分，佛教禅又有小乘禅和大乘禅之别。东汉末年，随着佛教经典的传入，禅学思想也开始在中国传播。要了解中国禅学思想发展的历史，就有必要先追溯一下中国禅学思想之源。

第一节　印度禅及其初传

　　禅，为梵文 Dhyāna 音译"禅那"之略称，意译为"静虑"，旧译也作"弃恶""思惟修""功德丛林"等，是佛教的一种修行方式，但它并不始于佛教，而是发源于古印度的瑜伽术。

一、瑜伽与外道禅

　　禅的思想和方法，最早可以追溯到印度古代的吠陀（Veda）和奥义书。《吠陀》是婆罗门教和印度教的根本经典，是印度最古老的宗教历史文献和文学作品的总集，约形成于公元前十几世纪到公元前五六世纪之间，其内容是对神的赞歌颂词和祭词咒语等，据说都来自于神的启示。吠陀的原意即是"知识"，特别是指宗教知识。最古的《吠陀本集》有四部，即《梨俱吠陀》（Ṛg-Veda，颂诗）、

《耶柔吠陀》（Yajur-Veda，祭祀仪式）、《娑摩吠陀》（Sāma-Veda，歌曲）和《阿闼婆吠陀》（Atharva-Veda，巫术咒语）。对《吠陀本集》的解释说明即形成了梵书、森林书和奥义书等吠陀文献。梵书（Brāhmaṇa）也称净行书，是对《吠陀本集》中的祭仪及其起源作出解释和说明。森林书（Aranyaka）是梵书的附属部分，主要说明祭仪的方法与目的，也涉及一些哲学问题，据说因在森林中写成并在森林中传授而得名。森林书的末尾即为奥义书。奥义书既是森林书的附属部分，也是吠陀经典的最后部分，但它常与森林书甚至梵书相混，不易辨别[1]。奥义书的梵文为Upaniṣad，原意是"近坐"，引申为"师生对坐所传的秘密教义"，也称吠檀多（Vedānta），意为"吠陀的终结"。奥义书现存一百多种，一般认为，其中与吠陀传统有关的最古部分只有十三种（约形成于佛教兴起前后），分属四部《吠陀本集》。奥义书以思辨的方式来说明并发挥吠陀经典的思想，其内容虽然比较庞杂，有些地方甚至相互矛盾，但其中心思想还是很明确的，这就是"梵我同一"和"轮回解脱"。为了断灭轮回、亲证梵我的同一以实现解脱，就必须采用瑜伽等修行方法。

瑜伽为梵文 yoga 的音译，意思是"结合""相应"，即通过静坐、调息来控制自己的心理活动，使精神专注，以达人神（个体意识与宇宙精神）相应冥合之境。瑜伽术在古印度出现得很早，考古学者曾在印度河流域出土的文物中发现一颗刻有跏趺而坐作沉思冥想状的神像的印章，还发现一些作瑜伽坐法的刻印，这些被认为是

1　见黄心川《印度哲学史》第三章，商务印书馆 1989 年版。

公元前 3000 年至公元前 2000 年间的文物表明了瑜伽实践的古老性。瑜伽术后被婆罗门教所吸收，这在成书于公元前 1000 多年前的《梨俱吠陀》中就有所记载，在《广森林奥义书》和《鹧鸪氏奥义书》（约成书于佛教兴起之前）中则有更进一步的论述。《白骡奥义书》（约成书于公元前 300—前 200 年）和《慈氏奥义书》（约成书于公元前 200 年）等不仅比较详细地记述了瑜伽的种种行法，而且对瑜伽法进行了分类，明确提出了禅和定等范畴，把"禅"包括在瑜伽之中。印度史诗《摩诃婆罗多》中的《薄伽梵歌》（约成书于公元 2 世纪左右）在强调为了达到梵我一如的解脱境界而必须修习瑜伽时，对瑜伽实践法所作的种种具体描述，例如精神的专注、呼吸的控制等，许多都与佛教提倡的禅定相近似。古代印度哲学中瑜伽派的根本经典《瑜伽经》系统地提出了瑜伽的"八支行法"，即"禁制、劝制、坐法、调息、制感、执持、禅那、三昧（即"定"的音译）"等修习瑜伽的八个阶段，其中也包括了禅和定的修习。

　　瑜伽禅定曾为印度婆罗门教和耆那教等许多教派所普遍采用，在民间也广为流行。释迦牟尼在成道之前就曾跟随数论派的先驱者阿罗陀·迦蓝（Ārādakālāma）和郁陀迦·罗摩子（Udraka Rāmaputra）修习过禅定，他证得"无上菩提"而觉悟成佛据说也是在禅定过程中实现的。佛教正式创立以后，也把禅定吸收来作为求解脱的重要修行方法。释迦在阿罗陀·迦蓝和郁陀迦·罗摩子处所习的"无所有处定"和"非想非非想处定"都成为佛教禅定的重要内容。不过，佛教对禅定的思想和方法都作了专门的阐释和发展，特别是以"无我"破除了个体灵魂（人）和宇宙精神（神）的实在性，也不再以禅定为修习之终的，而是把禅定视为获取无上智慧的手段，甚至把佛教的一些基本思想和教义也融入禅之中，并进而把佛教之外的各种禅称之为"外道禅"以示区别。佛教禅与外道禅的重要区别，除了以"无我"为理论基础，通过禅定而追求智慧解脱之外，一般来说，还在于佛教禅排斥苦行，且不以获得神通为最高境界，同时，在修行方式上，佛教禅也有一套更为完整的系统。

二、佛教小乘禅

佛教的"禅"，种类很多，最主要的有大乘禅和小乘禅两大类，其内涵与实践的方式都是随着佛教思想的发展而不断得到丰富与充实的。宗密在《禅源诸诠集都序》中曾指出："谓带异计欣上厌下而修者，是外道禅；正信因果亦以欣厌而修者，是凡夫禅；悟我空偏真之理而修者，是小乘禅；悟我法二空所显真理而修者，是大乘禅。"[1]

小乘禅即小乘佛教的禅，它一般都有比较固定的内容和行法。小乘禅的种类也相当繁多，有四禅、四无量、四空定、八解脱、八胜处、十遍处等，其中又有世间禅和出世禅等不同的区分。概括言之，其最基本的为四禅、八定、九次第定。

"四禅"亦称"四静虑"，是超离"欲界"而入"色界"、与色界观想和感受相应的四种禅定，其自性均为"心一境性"，其作用均为"能审虑"。按其修习次第，四禅的思维活动形式和心理感受、精神境界分别为：初禅，习禅者通过"寻"（寻求、觉）、"伺"（伺察、

---

1 《大正藏》第 48 册，第 399 页中。

观）的思维活动而"厌离"欲界，因而在精神上生起一种前所未有的"喜""乐"感受。二禅进一步断灭以"名句文字义"为思虑对象的"寻""伺"而形成内心的信仰，称"内等净"，由此而获得的感受也是喜乐，但这种喜乐并非"离欲"所得，而是来自于禅定本身，故名"定生喜乐"。三禅进一步舍去二禅的喜乐，住于非苦非乐的"行舍"之境，并以"正念"（正确的忆念）、"正知"（正确的智慧）继续修习，由此获得"离喜妙乐"的感受。四禅又舍去三禅之妙乐，唯念修养功德，故名"舍清静""念清静"，由于一切喜乐感受皆舍弃，故由此而获得的感受为"不苦不乐"。据称，修此四禅者，死后可生于色界四禅天。

"八定"是在上述色界之"四禅"之外，再加上无色界之"四无色定"。"四无色定"也称"四空定"，它们依次是：（1）"空无边处定"，这是超越四禅的色想、只以无边虚空为观想对象的禅定。（2）"识无边处定"，这是超越空无边处的观想而与"识无边"相应的禅定。（3）"无所有处定"又进一步超越无边处的观想而静观一切"无所有"。（4）"非想非非想处定"，习此定者连一切无所有的想法也舍弃而达到一种非有想、非无想的绝对寂静美妙之境界。据说，修习四无色定者，死后可生于相应的四无色天。

由于四禅八定仅涉及思维形式和心理过程，它也可以为有着不同观点的佛教之外的各种教派所利用，而且据说它本来也确实是来自于外道。因此，佛教并不把这类禅定放在最高的地位，也不认为习此禅定就可以超脱生死轮回，而只是把这类禅定视为接受其教义并进一步修习其他各种禅定的基础。在其他各种禅定中，"灭受想定"是很重要的一种。

"灭受想定"亦称"灭尽定",此定与上述八定合称,即为"九次第定"。所谓"灭受想定"是止息一切心识、灭尽一切思想和感受的一种禅定。在小乘佛教看来,依次修习"九定"中的前八定所产生的境界仍然在生死流转的世俗世界之内,因而"八定"只是有漏定——世间定,只有"灭受想定"才是出世间的无漏。它是禅定的至极,为佛教"圣者"所修,由此能超出"三界"而得到涅槃解脱。《大乘义章》卷二中说:"灭尽定者,谓诸圣人患心劳虑,暂灭心识,得一有为非色心法,领补心处,名灭尽定。"[1]

三、佛教大乘禅

大乘禅即大乘佛教的禅,它是在小乘禅的基础上发展起来的。小乘禅的许多内容与方法都为大乘禅所继承和发挥。不过,与小乘禅相比,大乘禅的范围更扩大了,有无量无数三昧的名称。大乘禅不再拘泥于静坐等某些固定的形式,而是依附于大乘佛教的理论,它作为观悟佛理的重要方法,与教理教义密不可分。例如,大乘般若学主张万法性空,认为世界上的一切现象都是因缘而生,没有独立自存的实体或主宰,没有质的规定性,因而都是虚幻不实的,是假有。假有性空,非有非无,是名诸法实相,即宇宙的真实相状。把这种观点与禅法结合起来,要求通过禅观而证悟诸法实相之理,就是大乘禅中最主要的禅观之一——"实相禅"。再如,佛教中有念佛法门,小乘修行法"十念"之首即为"念佛","五门禅"中也

---

1 《大正藏》第 44 册,第 495 页中。

有包括"念佛"的。[1]佛教认为，修习念佛禅可以对治各种烦恼，有助于达到涅槃解脱或死后往生佛国。小乘佛教所说的佛仅指释迦牟尼佛，且不承认有佛的形相出现，而大乘佛教则认为三世十方有无数佛，通过念佛，不但可见到佛的形相，死后还可往生佛国。因此，大乘佛教的念佛，无论是念的方法还是所念的对象，都有许多种。把专心念佛的禅观与各种大乘思想结合起来，就形成了大乘佛教中又一重要的禅观——"念佛禅"。大乘念佛禅中比较有代表性的是"般舟三昧"（亦可译为"佛立三昧"或"佛现前定"）。《般舟三昧经》在介绍这种禅定时，一方面宣扬专心念佛即可使十方诸佛出现于眼前，另一方面又特别强调了信奉大乘佛教"人法皆空"之观点的必要性，认为它是欲得般舟三昧的重要前提。经中还以大乘般若学非有非无的观点来解释"佛"，认为只有不执著于佛，才能成佛。《观无量寿佛经》在讲到念佛时也体现了类似的思想，认为通过观想念佛而见诸佛现前，即可体悟到诸佛如来皆唯心所现的大乘佛理。《文殊说般若经》所说的通过念佛禅而入"一行三昧"，更是将禅观视为证得般若空观的重要方法。

佛教禅虽不以获得神通为目的，但并不否定禅定可以引发神通。佛教将修禅可达到的神通一般分为五类，即所谓神足通、天眼通、天耳通、他心通、宿命通。如再加上漏尽通，则为"六通"。据说前"五通"可以通过修习四禅而获得，故外道凡夫也可达到，而断尽一切烦恼的"漏尽通"则仅限于三乘圣者可得。《大智度论》

1　"五门禅"即"五停心观"。其内容有二说：一说为"不净观、慈悲观、因缘观、界分别观、数息观"，另一说为"不净观、慈悲观、因缘观、数息观、念佛观"。

卷二十八则称，唯佛能得"六通"："五通是菩萨所得，今欲住六神通是佛所得。"[1]佛教关于禅定可以引发神通的思想，在佛教禅法传来中国后，曾在中土发生过广泛的影响。

佛教始终十分重视禅定的修习。小乘以戒、定、慧"三学"来概括全部佛法，大乘以布施、持戒、忍辱、精进、禅定、般若等"六度"来概括其修习的主要内容，禅定在大小乘佛教的解脱理论与修行实践中都占有重要的地位。

四、禅、禅定与汉代禅经的初译

其实，严格说来，禅与定并不是一回事。"定"是梵文 Samādhi 的意译，音译作"三摩地"或"三昧"等，《俱舍论》卷四将它定义为"心一境性"，即心专注一境而不散乱。而"禅"，如前所述，是静虑的意思。《瑜伽师地论》卷三十三中云："言静虑者，于一所缘，系念寂静，正审思虑，故名静虑。"《慧苑音义》卷上中也说："禅那，此云静虑，谓静心思虑也。"可见，禅的本义有二：一是使心绪意念宁静下来；二是正审思虑，如实了知所对之境。前者与止或定相近，后者与观或慧相近。因此，《俱舍论·分别定品》中说："诸等持（即"定"的异译——引者）内，唯此（指静虑——引者）摄支，止观均行。"这就是说，禅虽为色界心地定法之一种，可以包括在"定"之中，但广义之禅，却又包含了一般所讲的止与观、定与慧两方面的内容。因此，中国佛教一般将禅与定并称为"禅

---

1 《大正藏》第 25 册，第 264 页上。

定"，中国禅宗又以禅命宗，倡"定慧等学"，重"明心见性"。宗密在《禅源诸诠集都序》中明确将"禅"解为"定慧"，认为禅者，"定慧之通称也"。这一方面扩大了"禅"的范围，使其含义更为广泛，另一方面，从佛教本身来看，也不能说是毫无理论之根据。

中国禅宗奉菩提达摩为初祖。但考之史实，中国禅并非自达摩始。由于"禅"与整个佛教关系密切，是佛教不可分割的组成部分，因此，随着大小乘佛教的传入，大小乘禅也同时传到了中国。在菩提达摩以前或与菩提达摩同时，仅就僧传所记，从事禅经翻译，或修持禅业、传授禅法者，就有七十余人。

一般认为，佛教自两汉之际即经西域传到了中国内地，但佛典的大量译出，则是从东汉末年开始的。最早来华传译佛经的主要有安世高与支委娄迦谶，他们在分别译介小乘说一切有部的理论和大乘般若学的同时，也译出了数部禅经，把大小乘禅法介绍到了中国。由于汉代社会盛行神仙方术，而安世高所传的小乘禅学所倡导的禅定修习，许多方法与当时社会上流传的吐纳养气等道家方术相近。因此，在东土最早得到流行的禅学是安世高译介的小乘禅数之学。

第二节　安世高所传的小乘禅数之学

安世高，名清，据《出三藏记集·安世高传》载，原为安息国王太子。"后王薨，将嗣国位，乃深悟苦空，厌离名器，行服既毕，遂让国与叔，出家修道。""既而游方弘化，遍历诸国。以汉桓帝之初，始到中夏。"东汉桓帝建和二年（148）来到洛阳，至灵帝建宁（168—172）中，二十余年间，共译出佛典三十多部，多属小乘。所译佛典中，现存禅经有《佛说大安般守意经》二卷，《阴持入经》二卷，《禅行法想经》一卷以及《道地经》一卷等，其中前二部经较有代表性。另有大小《十二门经》等，均已逸失。

一、禅数之学与《阴持入经》

安世高所传禅法的特点，道安在《十二门经序》中称之为"善开禅数"。禅，即禅定、禅观。数，即数法，指阿毗昙。阿毗昙也可译为"论"，是对小乘佛教基本经典《阿含经》的论述。由于解释佛经时，对佛之教法常以数分类，故又译为"数法"。安世高善于把上述两方面内容结合起来讲，所以说他"善开禅数"。也有人认为安世高"于《阿毗昙》中，特说禅定法数，故曰善开禅数也"[1]。

最能代表安世高系"善开禅数"特点的是《阴持入经》，该经就是通过对四谛、五蕴、十二因缘、三十七道品等佛教基本概念的分析来表达禅法思想的。经中把不明四谛、五蕴而沦于人生苦海的诸种"惑业"归结为"九品"——"痴、爱、贪、恚、惑、受（取）、更（触）、法、色"，其中痴与爱是最根本的惑业，被称为"二本罪症"。与此相应地，经中又提出了九种对治惑业的方法，称之为"九绝"——"一止、二观、三不贪、四不恚、五不痴、六非常、

1　汤用彤：《汉魏两晋南北朝佛教史》上册，中华书局 1983 年版，第 45 页。

七为苦、八非身、九不净"，其中最重要的为止与观，主要用来对治痴与爱。经中把止与观喻为对治痴与爱二病的良药：

> 一切天下人有二病，何等为二？一为痴，二为爱。是二病故佛观二药。何等为二？一为止，二为观。若用二药为愈二病，令自证。贪爱欲不复贪，令意得解脱。痴已解，令从慧得解脱。

就是说，通过各种杂念的止息与智慧的观照，就能从无明与爱欲中解脱出来。因此，经中特别强调"止观双俱行"，这是安世高所传禅法的特点之一。

佛教提出的各种修行方法，目的都是为了断除烦恼，证得智慧，以实现解脱。因此，"慧"在佛教修道中始终占有十分重要的地位。《阴持入经》在讲止观时，对慧也给予了充分的注意，它把止观对治痴爱的方法，最后集中到"慧"。它特别通过对"四倒"的分析来揭示慧的内容，认为对治"常乐我净"这四种颠倒而获得的"非常、苦、非身、不净"这四种观念，就是慧的体现。而进行上述修行活动所依止的禅定，经中称之为"四禅"。这样，重"慧"也就成为安世高所传禅法的又一个特点。[1]

---

1 以上引文，凡不加注者，均见《阴持入经》，载《大正藏》第 15 册，第 173—180 页。

二、《安般守意经》的禅法特点

如果说《阴持入经》偏重于对名相概念的分析推演的话，那么，安译佛典中另一部具有代表性的、也是影响最大的禅经《安般守意经》则直接把重点放到了对人们意识活动的调控上。安般守意，是"数息观"的异译。"安名为入息，般名为出息"，"安般守意"就是通过数出入息来守住心意，不使散乱。它原是"五停心观"之一。从小乘的禅法体系来说，包括"数息观"在内的"五停心观"都只是整个修习过程的准备阶段，在扫除了贪欲、瞋恚、痴愚和心神散乱等各种思想障碍的基础上，还要进一步修习四念处、四正勤等。但《安般守意经》的特点是，在讲"数息观"时，将它与整个佛教的教义联系在了一起。

经中提出，光是数息并不等于就"守意"，必须同时具有"数息、相随、止、观、还、净"等"六事"，方为"守意"。所谓"数息"，就是把注意力集中到数呼吸上，反复地从一数到十，以此来使心神安定下来。由此而过渡到"相随"。相随就是由数息而转向随顺气息的出入，即把注意力集中到一呼一吸的运行上。第三"止"，要求"止在鼻头"，即把注意力由随顺呼吸转而止于不动的鼻头，这时候人的意念便能不受任何外物的干扰。第四"观"者，谓观五阴，即通过观身而悟"非常、苦、空、无我"之理。由此便能"还"，"还"包括"弃身七恶"与"还五阴"，即舍弃杀、盗、淫、妄言、两舌、恶口、绮语等"七恶"，断除对人生的"贪爱"。最后为"净"，即达到无欲无想，"不受五阴"之境。"净"也就是"无为"（安世高译"涅槃"为"无为"），所以经中又说："安般守意，名为御意至得无为也。"概括起来看，"六事"最根本的也还是止与观两方面的内容："守意一者坏痴，二者见黠也。"即一方面通过数息来止息妄想邪念，另一方面通过观察人身五阴而悟佛理，从而实现解脱。以上"六事"，因其次第相通而至真妙之涅槃，故又被称为"六妙门"。对"六妙门"的内容进一步详加细说，则又有所谓的"十六特胜"[1]。

《安般守意经》还进一步把"六事"与"三十七道品"联系起来[2]，认为"六事"包括了"三十七道品"的全部内容，甚至认为"行数息亦为行三十七品经"，并强调，修持数息观，不但应该"知十二因缘事"，而且必须"识苦、弃习、知尽、行道"，即观悟佛教"四谛"之理[3]。《安般守意经》的这些说法，既表明经中所讲的"数息观"实际上包括了全部小乘禅法的基本要求，同时也反映了安世高"善开禅数""止观俱行"等思想特点。[4]

《安般守意经》还明确提出了"坐禅数息"的主张，即认为修

1 "十六特胜"也作"十六胜行""十六即时自知""阿那波那十六行"等。《释禅波罗蜜次第法门》卷七："所言十六特胜者：一知息入，二知息出，三知息长短，四知息遍身，五除诸身行，六受喜，七受乐，八觉诸心行，九心作喜，十心作摄，十一心作解脱，十二观无常，十三观出散，十四观欲，十五观灭，十六观弃舍。所以通名十六特胜者，十六即是数法，特胜者从因缘得名。"(《大正藏》第46册，第525页中)《安般守意经》的解说文字与此略有不同。

2 "三十七道品"是佛教对各种通向涅槃的途径所作的概括，包括四念处、四正勤、四神足、五根、五力、七觉分、八正道等七大类。《安般守意经》对此有详细的解释，但译名稍有不同。

3 安世高译"苦、集、灭、道"四谛为"苦、习、尽、道"。

4 以上引文，凡不加注者，均见《佛说大安般守意经》，载《大正藏》第15卷，第163—173页。

习数息观必须采取静坐的形式。这是中国禅学史上最早提到"坐禅"这个词，而坐禅也成为早期习禅的主要形式，并对中国禅的发展产生了很大影响。

三、安传禅法的义学色彩

从安世高所传的禅法中可以看到，其禅法是理论与行法并举，止与观、定与慧兼而有之的。在介绍坐禅数息的同时，义学的色彩也很浓厚。但是，就其禅法所发生的实际影响来看，却主要是坐禅数息的那一套方法及其所能引发的神通，并不在义理。其中有些理论观点，一向不为人注意。例如，在《安般守意经》中也讲到了与般若空观相近的思想，它在解释"安"与"般"时说："安为有，般为无，意念有不得道，意念无不得道。亦不念有亦不念无，是应空定意随道行。"这是对"念有""念无"的双否定。经中又说："安为本因缘，般为无所处，道人知本无所从来，亦知灭无处所。"这与支娄迦谶译出的《道行般若经》中所反复强调的"本无所从来，去亦无所至"的"本无"（性空）思想，无论是语言还是义旨，都是很相似的。大乘空宗的思想源出于印度南方的大众部学说，而安世高所传的为流行于古印度西北部从上座部分出的说一切有部之学。《安般守意经》中有这些接近空观的思想，或可证"空宗自西传至北方，或在迦腻色迦时"[1]之说，即大乘空宗的思想约在公

1　此为汤用彤说，见其著《汉魏两晋南北朝佛教史》上册，中华书局 1983 年版，第 50 页。

元 1 世纪时传到了说一切有部盛行的北方地区。不过,《安般守意经》的这些思想在当时并没有引起任何人的兴趣,也没有产生什么影响。直到中土玄学盛行后,非有非无的空观思想才受到人们的重视。然而,由于般若学这方面的理论讲得更为系统而透彻,因此,安世高系的这些理论始终未被重视,甚至直到现在,人们还往往认为安世高系的禅法重在修习实践,少涉思辨的理论,其实这种看法是不全面的。

第三节　支娄迦谶所传的大乘禅学

支娄迦谶,简称支谶,比安世高稍迟一点来到中国。据《出三藏记集·支谶传》记载,他本是月氏国人,"汉桓帝末,游于洛阳。以灵帝光和、中平年间(178—189),传译胡文",译出了佛经十四部二十七卷。支谶在主要译介大乘般若学的同时,也译出了《首楞严三昧经》和《般舟三昧经》等数部禅经,第一次把大乘禅法传到了汉地。

一、《首楞严三昧经》与神通

《首楞严三昧经》是宣说"首楞严三昧"的禅经。首楞严三昧为梵文的音译,它是达到"勇者"(菩萨)的一种禅定,"首楞严"即是健行(健步如飞,易于成佛)、健相(其性坚固,诸魔无能坏者)的意思。因此,首楞严三昧也可译为"健相三昧"或"健相定"，也有意译为"勇伏定"或"勇健定"的。

首楞严三昧是大乘最重要的禅观之一，据说它能统摄大乘佛法，有不可思议的神秘力量。《首楞严三昧经》中说："首楞严三昧，不以一事一缘一义可知，一切禅定、解脱、三昧、神通如意、无碍智慧，皆摄在首楞严中。"经中还特别强调，首楞严三昧并非一般人所能获得，即使是菩萨，也须是住十地菩萨方能获得："首楞严三昧，非初地、二地、三地、四地、五地、六地、七地、八地、九地菩萨之所能得，唯有住在十地菩萨，乃能得是首楞严三昧。"十地菩萨若得此三昧，就能拥有一切神通，获得涅槃永乐，"皆能出现于般涅槃而不永灭，示诸形色而不坏色相，遍游一切诸佛国土而于国土无所分别"。

由于《首楞严三昧经》宣说的通过禅定而获得神通和永不灭等思想，与中土人士企望长生成仙等思想非常合拍，因而此经在汉晋间曾非常流行。从支谶初译到东晋鸠摩罗什再译，两百多年间曾先后出现过七八种不同的译本，其流传之盛可见一斑。不过，现在保存下来的仅剩鸠摩罗什的一种译本，其他各种译本，包括支译的在内，均已逸失。因此，现在已很难通过支译《首楞严三昧经》来探讨支谶译介的大乘禅法的思想及其特点，只能从罗什译本中"入大灭度而不永灭"、"若见凡夫法佛法不合不散，是名修集首楞严三昧"之类的说法中推知，支谶所译介的禅法与般若思想是大致相应的。我们还可以从另一部现存的支译禅经《般舟三昧经》来验证这一点。[1]

---

1 以上引文，凡不加注者，均见鸠摩罗什译《佛说首楞严三昧经》，载《大正藏》第15 册，第 629—645 页。

二、《般舟三昧经》与般若思想

《般舟三昧经》也是在汉末至晋比较流行的一部大乘禅经，专门介绍被称之为"般舟三昧"的大乘念佛禅，从中可以比较清楚地看到支传大乘禅法对般若思想的依附与发挥。

"般舟三昧"与"首楞严三昧"一样，是大乘禅观中具有代表性的一种。"般舟三昧"为梵文的音译，它是使十方诸佛出现于眼前的一种禅定，"般舟"即为"出现""佛立"之意，因此，"般舟三昧"也可译为"佛立三昧"或"佛现前定"。《般舟三昧经》在介绍这种禅定时称，得此三昧，十方诸佛就会出现在眼前。该经又首次将阿弥陀佛净土信仰传到了中国内地。经中说，如果一心专念西方阿弥陀佛，"一日一夜若七日七夜"，即可见阿弥陀佛立于面前。由于该经主张不间断地常行念佛，后世天台宗又将此三昧称之为"常行三昧"。

《般舟三昧经》虽然以介绍念佛禅的宗教实践为主，但它的一个重要特点，就是以大乘般若的教义来统摄念佛，并要求通过念佛而证悟大乘般若空义。

经中首先提出，"有三昧，名十方诸佛悉在前立"，行此三昧，能获得无量的功德，不仅能得长寿、得高才、得端正颜好美艳，而且能"得神足遍至诸佛土"，"得佛圣性，诸经法悉受持，皆了知而不忘"，甚至能"功立相满，自致成佛，威神无量，成佛境界，庄严国土"，能"于此间见十方无数佛土，其中人民、天龙、鬼神及蠕动之类，善恶归趣皆了知"。为了得此三昧，经中提出了"独一处止念西方阿弥陀佛"的修行法。但与此同时，经中还强调了知人法"本无"的重要性。"本无"是般若学的一个重要概念，表示的是"性空"的意思。支谶译经，受中国老庄道家思想的影响，因而译"性空"为"本无"，用以表示般若学最根本的缘起性空论。《般舟三昧经》把"了身本，犹如幻，勿受阴，勿入界"和"了本无，因缘会，因缘散，悉了是，知本无"等作为获得"般舟三昧"的重要前提，表现了支谶所传的禅法以般若空观为指导的基本特色。这对中国禅学思想的发展产生了一定的影响。

为了防止人们执著于念佛和念佛所见，《般舟三昧经》还特别以般若的性空理论对念佛见佛作了阐释，要求人们由般舟三昧而达到对一切皆本无的认识。经中的一个基本观点是，念佛和念佛所见，其实都是自心的作用，从根本上说，一切皆本无，当修行般舟三昧而了悟念与所念、见与所见皆"意所想耳""无所有也"的时候，也就证得了佛的智慧，获得了涅槃解脱。经中明确提出：

> 佛从何所来？我为到何所？自念：佛无所从来，我亦无所至。自念：欲处色处无想处，是三处意所为耳，我所念即见。心作佛，心自见，心是佛心，佛心是我身。心见佛，心不自知心，心不自见心，心有想为痴心，无想是涅槃。

这里，强调了从"三界"到"佛"都是自心所造，意所作耳。若有想就是有执著，就是不得解脱。哪怕是执著见佛，也是有痴心的表现。经中把念佛所见的十方诸佛比做"梦中所见"。并举例说，菩萨持佛力、三昧力、本功德力而得于般舟三昧中，"欲见何方佛即得见"。但这种"见"只是"意所想耳"，"譬如人年少端正，着好衣服，欲自见其形。若以持镜，若麻油，若净水、水精，于中照自见之。……以镜、麻油、水、水精净故，自见其影耳。影不从中出，亦不从外入。"这就是说，所见之佛，并不在自心之外，而是自心在清净状态下的自我观照，这种观照从根本上说又是水中月、镜中花，并非真实的存在，当认识到一切皆梦幻不实，心不起任何念，或者说"念空""无想"之时，就达到了般若空观的要求。这同时也就是般舟三昧的要求。可见，般舟三昧始终贯穿了大乘般若思想，它既在般若空观的指导下进行修行实践，又通过修行实践而进一步发挥了般若思想，它实际上是证悟般若空观的一种方法。

《般舟三昧经》提倡一心念阿弥陀佛，这对净土思想在中土的传播发生过一定的影响，而它突出般若性空，主张"心是佛""心作佛"以及认为一切"无所有""无想是涅槃"等思想，对后世禅学乃至禅宗，影响也是深刻的。经中有一首佛所说的偈言："心者不自知，有心不见心。心起想则痴，无心是涅槃。"这与禅宗的思想乃至语言都是十分相似的。另外，《般舟三昧经》对"师"的地位和作用是很重视的，经中提出："当敬于师，承师供养，视当如佛。视善师不如佛者，得三昧难。"这与中国禅宗重"禅师"指点，所谓"藉师自悟"，甚至有所谓的"祖师禅"之说，其精神是相通的，其间有怎样的联系，也是值得注意的。[1]

1　以上引文，凡不加注者，均见《佛说般舟三昧经》，载《大正藏》第13册，第897—902页。

第二章

禅学在中土的展开

汉代传入的禅学，随着佛教中国化的推进，在中土也经历了一个不断演变发展的过程。大致说来，早期禅学受社会上道家神仙家思想和呼吸吐纳等方术的影响，虽主止观双修，但更偏重凝心入定，追求神通，禅与定的结合，往往是以定摄禅，长坐不卧即为修禅的主要形式。魏晋时期，大乘般若学盛行，禅学的形式化倾向受到了冲击与改造，禅的重心逐渐由修持形式转向了对宇宙实相的证悟。南北朝佛性论兴起以后，实相与自性趋于合一，在自性本觉的基础上，禅修的内容也就主要地成为自性自悟，形式上则出现了随缘而行的倾向。这样，禅学的进一步发展为中国禅宗奠定了思想理论基础，只要条件适宜，禅宗在中国便呼之欲出了。

第一节　依教修心与禅智双运

　　魏晋南北朝时期是禅学进一步传播发展的时期。三国名僧康僧会与支谦的译经著述活动，分别对大小乘禅学在中土的发展做出了一定的贡献，鸠摩罗什和佛陀跋陀罗的来华传禅，更把中土的禅学推向了一个新阶段。依教修心与禅智双运是这个时期禅学的主要特点，般若学与佛性论则是中国禅学的两大理论基石。有关般若学与佛性论对禅的影响，我们将分节专述，在此，先对禅学在这个时期的发展及其特点作一概要的叙述。

一、康僧会的"明心说"

安世高所传的小乘禅数之学在汉末以后仍有发展。安世高的弟子，除严佛调之外，还有"南阳韩林、颖川皮业、会稽陈慧"等人，他们都是著名的学者，对安传禅法有进一步的发挥。只是由于资料缺乏，其思想已难详考。三国东吴名僧康僧会是传安世高系禅法的最重要的学者。

康僧会（？—280），祖籍康居，世居天竺，其父因商贾移于交趾。十岁时，父母并终，他孝事完毕后即出家。吴赤乌十年（247），康僧会从交趾来到建业（今江苏南京），从事译经传教活动，对吴地佛教的传播影响很大。康僧会主要传介安世高系的小乘禅学。他曾从陈慧等人受学，并协助陈慧注解了《安般守意经》。注文虽逸，但根据现存康僧会所作的《安般守意经序》及其他一些材料，大致可以看到，康僧会对安世高所传的禅法，是既有继承，又有发展的。

在《安般守意经序》中，康僧会用"四禅"与安般禅法的"六事"相配合，系统论述了安般守意的过程与要求，并认为，"得安般行者，厥心即明，举明所观，无幽不睹，往无数劫，方来之事，人物所更，现在诸刹，……无遐不见，无声不闻，恍惚仿佛，存亡自由"[1]。这表明康僧会继承了汉末以来禅学的特点，仍然是将禅定

1　《大正藏》第 15 册，第 163 页中。

引发的神通作为追求的理想境界的。但与此同时，康僧会也对安世高系的禅法作出了发展。安世高的禅法，从形式上说，主要是通过"坐禅数息"等方法"摄心定意"，也就是"止"；从内容上说，主要是在"止"的基础上观察四谛、五蕴、十二因缘，以趋向"无为"，获得解脱，这就是"观"。康僧会对安世高禅法的发展，主要表现在"观"的内容上，而这又突出地体现在他对"明心"的强调上。他在《法镜经序》中曾说："心者，众法之原，臧否之根，同出异名，祸福分流。"[1] 在他看来，心是本净的，本净的心若受到色声香味触法等外境的迷惑，便会生出许多秽念，而通过修持安般禅，即可使"净心"复明。康僧会把"明心"譬为磨镜，他在《安般守意经序》中说："淫邪污心，犹镜处泥秽垢污焉。……若得良师划刮莹磨，薄尘微瞙荡使无余，举之以照，毛发面理无微不察，垢退明存使其然矣。"[2] 心与镜同，"心净观明，得一切智"[3]，便能无幽而不睹，神德无限。

在康僧会那里，"止"是"明心"的功夫，本净的心为外尘所污，因而需要通过"止"来恢复其本然。"明心"所引发的"神通"即成为"观"的内容。这里，"净心"的地位显然被大大地抬高了，小乘禅法通向了大乘"唯心"的法门。因此，康僧会在《安般守意经序》中把安般禅法称之为"诸佛之大乘"，这并非毫无道理。同时，康僧会的"明心说"亦可谓开了后代禅学"修心论"的先河，

---

1 《大正藏》第 55 册，第 46 页中。

2 《大正藏》第 15 册，第 163 页上—中。

3 《六度集经》卷七，载《大正藏》第 3 册，第 39 页中。

对中土禅学的发展产生了一定的影响。所不同的是，康僧会的"明心"的目的主要是为了引发神通，他把"轻举腾飞，履水而行，分身散体，变化万端"等作为修禅的理想境界，这与后来的大乘禅学是大异其趣的。这既反映了康僧会禅学思想的特点，也是中土早期禅学的共同特点之一，它与当时社会上盛行的神仙道术是相一致的。直到东晋的名僧释道安，仍未摆脱把通过禅定而达到的境界描绘为类似于中国的成仙得道之倾向。道安也是安世高系禅学的主要继承者，但由于他对禅数的认识已经糅合了他对般若学的理解，故将他的思想留待下节再作专门的讨论。

二、支谦及其所传的禅法

在安世高系小乘禅学继续流传的同时，支谶开始译介的大乘禅学也有进一步的传译。三国时的佛经翻译家支谦，是这个时期传译大乘禅学的主要代表人物。

支谦，一名越，字恭明，祖籍为大月氏，其祖父法度在汉灵帝时率数百人归化东汉，因而他生长于洛阳。据《出三藏记集·支谦传》载，支谦十岁学习中国典籍，十三岁学胡书，备通六国语，后受学于支谶的弟子支亮，"博览经籍，莫不究练，世间艺术，多所综习"，被时人称为"智囊"。献帝末年，汉室大乱，支谦与乡人十数，共奔于吴。吴主孙权召见之，并拜为博士。从黄武元年（222）至建兴（253—254）中，译出了《大明度无极经》等二十七部佛典（《出三藏记集》卷二则说他译经三十六部、四十八卷，《高僧传》中又说他译经典四十九部），并为自己所译的《了本生死经》作注，是为经注的最早之作。太子孙登去世后，他隐于穷隆山，后卒于山中，春秋六十。支谦在主要弘传大乘般若学的同时，也译出了大乘禅经《慧印三昧经》和《首楞严经》等，并译出了对中国禅宗影响深远的《维摩诘经》。

《慧印三昧经》所讲的"慧印三昧"是一种可获得无上智慧的禅定。"慧印"也称"智印"。"慧"是指佛所具有的能如实了知一切事物的智慧，"印"有决定不变之义，又有印记、印契义。谓如来之智慧契于万法之实相而决定不变，故名"慧印"；又谓以如来之智慧为印，则得入实相之理，故称"慧印"。"慧印三昧"即为发生慧印之禅定。据《慧印三昧经》称，修持慧印三昧，有无量的功德，奉行六波罗蜜，"不如一时闻是三昧"。得此三昧，能证得佛智，见十方诸佛。不仅"诸罪盖皆除"，而且"悉住阿惟越致地"，即在成佛的道路上不再退转，最终可以成佛。经中还宣扬了阿弥陀净土信仰，说修持慧印三昧，可往生西方极乐世界。该经的一个重要特点，是以般若思想为理论基础，通过对"佛身"的论述而发挥了般若空义。经中反复强调了"无起无灭"、"一切非我，离于非我"、"无所有，离于无所有"、"亦非相，亦非不相"、"亦非有，亦非无"等般若思想，并把获得般若作为见佛成佛的根本手段，或者毋宁说，获得般若智慧，就是成佛。[1]

支谦所译的《维摩诘经》本身并不是禅经，但它对大乘禅学，特别是对中国禅宗思想的形成与发展，曾起过很大的作用，它与《楞伽经》和《圆觉经》一起，有"禅门三经"之称。《维摩诘经》

1 　以上引文均出自《佛说慧印三昧经》，载《大正藏》第15册，第460—468页。

的思想是在般若思想的基础上发展起来的。它依据般若，采用中道正观的方法，发挥了"诸法实相"的思想。它的一个重要特点是，通过有无双遣的"不二法门"而消除了世间与出世间的界限，强调尘世与佛国不二，生死与涅槃不二，要达到解脱，并不一定要出家，关键在于主观修养，净化心地。经中说："若人意清净者，便自见诸佛佛国清净。"[1]罗什的译本说得更清楚明了："欲得净土，当净其心，随其心净，则佛土净。"[2]这种不落两边、无心执著、净心解脱的思想，对中国禅宗的禅学理论和修心实践都有很大的影响，特别是鸠摩罗什重译此经后，这种思想在中土广泛传播，成为禅宗的重要理论来源。

三、鸠摩罗什与佛陀跋陀罗

大小乘禅学在安世高和支谶以后仍有进一步的传译，但大乘禅学的真正盛行，是在鸠摩罗什以后。在此以前，发生较大影响的主要还是安系小乘禅学。而从安世高到康僧会，他们都是以译介禅经为主，偏重对理论与方法的介绍，虽然他们也可能实际进行了修持活动，但毕竟不是专事修习之人。因此，就整个汉魏时期而言，习禅之风在中土并不盛行。《高僧传》卷一中有僧伽跋澄于"苻坚建元十七年（381）来入关中，先是，大乘之典未广，禅数之学甚盛"的记载，此说常被引用来说明中土禅学流传之盛，然其中也只是说

---

1 《大正藏》第 14 册，第 520 页下。

2 《大正藏》第 14 册，第 538 页下。

到"禅数之学"而已。根据现有资料，中土人士的习禅，直到两晋时才正式见之于记载。随着鸠摩罗什与佛陀跋陀罗的来华，中土禅学才进入了一个新的发展时期。

鸠摩罗什与佛陀跋陀罗是继安世高和支谶以后最有影响的禅经翻译家，但他们两人的影响并不相同。罗什的影响主要在将禅学与大乘般若学的结合上，佛陀跋陀罗的影响则在于使中土禅学专门化。

鸠摩罗什（344—413），略称"罗什"，原籍为印度，但出生在中国（西域龟兹）。公元385年随吕光东入姑臧（凉州治所，今甘肃武威），停住十六年，熟悉了汉地文化。公元401年被后秦主姚兴迎入长安，在大力弘传般若思想的同时，也译出了数部禅经。从罗什所译的禅经的内容来看，是大小乘禅法兼而有之的。例如现存的《坐禅三昧经》二卷就是大小乘禅法的汇编，经中所讲的"不净观、慈心观、因缘观、数息观、念佛观"等五门禅法，是从婆须蜜、僧伽罗叉、讴波崛、僧伽斯那、勒比丘、马鸣、罗陀等七家的禅要中抄撰而成的。再如，现存的《禅法要解》二卷，叙述了四禅、四无量心、四空处定等小乘禅法，但同时其中也包括了"观诸法实相"等大乘禅法思想。而《首楞严三昧经》则本身就是一部大乘禅经，在罗什的译本中，有"菩萨住首楞严三昧，六波罗蜜世世自知不从他学，举足下足，入息出息，念念常有六波罗蜜"[1]的说法，即认为首楞严这种禅法统摄了大乘六度。

罗什虽然译出了禅经，但他本人并不倾心于禅法，他所重视

---

1 《大正藏》第15册，第633页中。

的是般若三论思想，他对中土禅学的影响，主要地也在于他弘传的中观般若学以及用般若空观来贯通大小乘禅学。对此，我们将在下节中详述。

比罗什稍晚一点来到中国的佛陀跋陀罗（359—429），本是古印度迦毗罗卫国人，约于东晋义熙四年（408）到长安，在那里"大弘禅业"。在佛陀跋陀罗到来之前，中土的禅学很不系统，修习者也无师承。然而，禅家一向很重师传，认为"无师道终不成"。因此，僧叡在《关中出禅经序》中曾叹道："禅法者，向道之初门，泥洹之津径也。此土先出《修行》、大小《十二门》、大小《安般》，虽是其事，既不根悉，又无受法，学者之戒，盖阙如也。"对中土禅学的不系统、无师承，深表遗憾。罗什于后秦弘始三年（401）到长安，应僧叡等人的要求，译出了禅经数卷。由于都是"抄撰众家禅要"，编译而成，因此仍为时人所不满。例如慧远在《庐山出修行方便禅经统序》中说："每慨大教东流，禅数尤寡，三业无统，斯道殆废。顷鸠摩耆婆（即罗什——引者）宣马鸣所述，乃有此业。虽其道未融，盖是为山于一篑。"他既肯定了罗什"为山于一篑"的功绩，又认为罗什所传禅法"其道未融"，即讲得不透彻、不完备。

佛陀跋陀罗则学有师承，传有所宗。他曾受学于佛大先（即觉军，据说是达磨多罗的门人或再传弟子），在他翻译的《达磨多罗禅经》以及慧观为此经所作的序中，他的传承甚至可以一直追溯到佛祖释迦牟尼。因此，当佛陀跋陀罗在长安"大弘禅业"时，中土僧人欣喜异常，"四方乐静者，并闻风而至"。但这也引起了罗什门下的不满。由于所传与罗什不合，佛陀跋陀罗受到了罗什门下的排挤，不久即"被摈"而离开了长安。他带领众多的弟子南下至庐山，受到了慧远的欢迎，并应慧远之请而译出了《达磨多罗禅经》（又名《不净观经》或《修行方便禅经》），详细介绍佛大先和达磨多罗禅法。据研究，现在保存下来的主要是佛大先的禅法。达磨多罗的禅法现已不存，只能从慧远所写的经序中略窥一二。东晋义熙八年（412），佛陀跋陀罗与慧观等至江陵。义熙十一年（415，一说义熙九年，即413），又随刘裕至建康，与其弟子慧观、宝云等，在江南大弘禅法，所住道场寺乃至有"禅师窟"之称。由于佛陀跋陀罗本人通达禅业，自他以后，习禅之风，盛行于中国大江南北。

佛陀跋陀罗所传的禅经，仍以小乘五种观法为主，其中特重数息观和不净观，被称之为"二甘露门"。但经中也融进了大乘的思想，例如，"其为观也，明起不以生，灭不以尽，虽往复无际，而未始出于如，故曰：色不离如，如不离色，色则是如，如则是色"[1]，把生死之法与不变之如性结合起来认识，这思想显然属于大乘。所以慧远在《庐山出修行方便禅经统序》中赞之曰"道冠三乘，智通十地"，认为该经"搜集经要，劝发大乘"，贯通大小乘禅法的思想，对后来中国禅学的发展影响很大。

四、中土禅学始盛

罗什、佛陀跋陀罗以后，中土禅学开始兴盛起来，尤其是北方，禅师辈出，并大致形成了几个禅法传授系统。

---

1 《达磨多罗禅经》卷一，载《大正藏》第 15 册，第 301 页中。

传佛陀跋陀罗禅法的著名禅僧，除在南方提倡"定慧相和，以测真如"的慧观等人之外，在北方还有"玄高、玄绍等，亦并亲受仪则。……其后僧周、净度、法期、慧明等，亦雁行其次"[1]。其中玄高（402—444），为北方十分有影响的禅学之宗师。他隐居麦积山时，即有"山学百余人，崇其义训，禀其禅道"，后曾被河南王崇为国师。其与弟子玄绍、玄畅等，均以神异见称于世。玄高后以神异参与政事而被崇道抑佛的北魏太武帝所杀。

　　北魏时，又有天竺佛陀禅师行化到此，据《续高僧传·佛陀传》上说，他"性爱幽栖，林谷是托，屡往嵩岳，高谢人世"，是个以禅业为重的禅师，孝文帝曾为之就少室山立少林寺。其徒甚众，著名的有慧光与道房。其禅法至再传弟子僧稠时而大显。僧稠（480—560）早年"勤学世典，备通经史"，后投僧寔法师出家，又从道房禅师受行止观，"究略世间，全无乐者"，乃"志力精苦""栖心寂然"，曾三辞魏孝明帝之召，"乞在山行道"，是个苦修禅业的禅师。"常依《涅槃·圣行》四念处法，乃至眠梦觉见都无欲想"，又在赵州障供山道明禅师处从受"十六特胜法"，被佛陀禅师誉为"自葱岭以东，禅学之最"。后应北齐文宣帝之请，为之说"三界本空"，并"广说四念处法"。他曾认为，"佛法要务，志在修心"，表明了他重"修心"的禅法特色。[2]

　　与此同时，另有僧实传勒那摩提禅法，其人"性少人事，退迹为功"，"虽三学通览，偏以九次雕心"，说明他也是个重修禅业

1　《高僧传》卷十二《习禅篇论》。
2　以上引文均见《续高僧传》卷十六《僧稠传》。

的人，所修禅法为"九次第定"，目的则是为了"雕心"。出于"雕心"的需要，僧实也比较重视"慧心"的运用，曾有"益州大德五十余人，各怀经部送像至京，以真谛妙宗条以问实，既而慧心潜运，南北疏通，即为披决，洞出情外，并神而服之"。僧实在北周很受尊宠，曾被"请为国三藏"。[1]

唐代道宣作《续高僧传》，对僧稠与僧实二人评价颇高，认为"高齐河北，独盛僧稠；周氏关中，尊登僧实"，"使中原定苑，剖开纲领，惟此二贤"。[2]

然而，对后世影响最大的则为"神化居宗，阐导江洛，大乘壁观，功业最高"的菩提达摩禅师。道宣称"在世学流，归仰如市"[3]，这或指唐初时的状况，因为就现有材料来看，达摩在当时的影响并不能与佛陀、僧稠系相比。达摩系的禅法，直到道信、弘忍开东山法门后，才在中土蔚为大观。对此，我们将在下章中详述。

南北朝时期，在习禅之风盛行的同时，禅学理论也有进一步的发展。中土禅学在与魏晋般若学相融贯之后，又通过与南北朝佛性论的会通而确立了自性自度、自我解脱的主体。晋宋之际，中国佛学的重心由般若真空之学向涅槃妙有理论过渡，竺道生在其中起了十分重要的推动作用。他以般若实相说来会通涅槃佛性论，把众生与佛的体性都统一到非有非无的般若实相，把向外的追求转化为对自心自性的证悟，并在此基础上提出了"顿悟说"，不仅开创了南

1　以上引文均见《续高僧传》卷十六《僧实传》。

2　《续高僧传》卷二十六《习禅篇论》。

3　《续高僧传》卷二十六《习禅篇论》。

北朝佛性论大发展的新局面，而且为中国禅宗融般若实相说与涅槃佛性论为一体奠定了思想和方法论基础。同时，禅学作为一种外来的宗教文化形态，随着佛教的中国化，它与儒家、道家等传统思想文化的相互影响、相互渗透也日益加深。在中国社会历史和文化的氛围中，禅学逐渐形成了中土特有的品格和风貌。对此，我们也将在下面各节中分别予以细说。

五、早期禅学的基本特点

综观汉魏两晋南北朝时期的禅学，由于受中土社会历史和文化条件的制约，它大致形成了如下一些特点：

其一，在鸠摩罗什来华以前，尽管大小乘禅学均已介绍到中国来，但实际发生影响的却以小乘禅为主。安世高系的禅数之学虽主"止观俱行"，但实际发生影响的却只是坐禅数息等方法。直至佛陀跋陀罗译介的禅法，仍特重数息观与不净观二门。鸠摩罗什和佛陀跋陀罗所传禅法的一个共同特点，是对佛教大小乘的融贯，特别是罗什所传将禅与般若实相结合起来，联系空观谈禅观，这对后世禅学影响很大，禅智双运逐渐成为中国禅学的基本要求。

其二，佛陀跋陀罗以后，中土禅学形成系统，习禅之士，各有所宗，师承相传，盛行南北，而北方尤盛。尽管印度来华传授禅法者，大都有所宗之经典与所据之理论，然中土习禅之士，往往不以讲经为意，而以依教修禅为业，且以"坐禅苦行"为禅僧之高行。他们或"顿迹幽林"，或"凿石为龛"，苦修苦行，精进不懈。例如令韶，"特善禅数，每入定或数日不起，后移柳泉山，凿穴宴坐"；

释法成"不饵五谷，唯食松脂，孤居岩穴，习禅为务"；昙始"潜遁山泽，修头陀之行"。[1] 如此之类，僧传上的记载极多。

其三，受中土盛行神仙方术的影响，早期禅学颇重神通，以"内逾喜乐，外折妖祥，摈鬼魅于重岩，睹神僧于绝石"为禅业之胜，认为"禅用为显，属在神通"[2]。佛教虽不以神通为修禅的最终目的，但也认为通过修禅可以得到天眼通、天耳通、神足通等神奇灵力。僧传上有关这方面的记载也很多。例如僧稠冥知宣帝将来加害自己，僧实遥感江南某寺将塌，皆属此类。然中土灵异又不以此为限。法聪入水火定，堂前水火洞然，乃至降龙伏虎，苦旱求雨等，极似中土道术神异。

其四，随着中土禅学的发展，禅与禅行的内涵不断被拓展，"心"的地位也日益突出。修习禅观者，大都不只以"摄心入定"为终的，而坐禅"修心"却始终为习禅者所重。从康僧会的"明心"，到僧稠的"修心"和僧实的"雕心"，无不强调"修心"的功夫，透露出禅学向"心宗"发展的消息，只是他们都还没有摆脱烦琐的数息、四念处、九次第定等观法。随着《维摩经》的广泛流传，"宴坐"逐渐受到贬斥，玄学与大乘般若学的盛行，更使"即色游玄"、"居动用之域，而止无为之境"成为人们倾心的目标，禅与禅行也就逐渐突破原有坐禅入定的藩篱而趋向于"心"的随缘。

其五，魏晋般若学与南北朝佛性论的先后盛行，为中国化的

---

1 分别见之于《高僧传》卷四《康法朗传》所附《令韶传》，《高僧传》卷十二《法成传》，《高僧传》卷十《昙始传》。

2 《高僧传》卷十二《习禅篇论》。

禅学奠定了坚实的基础。罗什关中学派，盛传般若三论，弟子中间，禅智兼弘，重在理契心证。禅观与大乘空观的结合，开中土禅学之新风。竺道生妙悟般若实相，慧解涅槃佛性，直契自心真性，开"顿悟"法门，为"心宗"的确立扫除了障碍，提供了基础。禅学受忘言绝虑、冥然相合之说的洗礼，进一步重体悟心证而废弃形式。谢敷《安般守意经序》中有言："开士行禅非为守寂，在游心于玄冥矣"，"苟厝心领要，触有悟理者，则不假外以静内，不因禅而成慧，故曰阿惟越致，不随四禅也"[1]。竺道生在《大般涅槃经集解》中则曰："真理自然，悟亦冥符。……反迷归极，归极得本。"[2]悟理心证，直契实相，自性是佛，反迷归极，不分阶次而顿悟，不假禅定而成慧。就此而观，菩提达摩东来，传大乘"安心"之法，主"与道冥符"；天台慧文禅师悟"一心三智"，倡"一心三观"，皆得盛行，形成大宗，特别是以慧摄定、主"定慧等学"的南宗禅风行全国，此乃中土禅学发展之必然，非出于偶然也。

第二节　禅观与空观

佛教的戒定慧三学为一个有机的整体。"斯三者，至道之由户，泥洹之关要也。戒者，断三恶之干将也；禅者，绝分散之利器也；

---

1 《大正藏》第 55 册，第 44 页上。

2 《大正藏》第 37 册，第 377 页中。

慧者，齐药病之妙医也。"[1] 其中又以定慧关系更为密切："禅非智无以穷其寂，智非禅无以深其照，然则禅智之要，照寂之谓，其相济也。"[2] 但魏晋以前，中土神仙方术盛行，小乘安般守意观得以流传，佛教义学却不发达。随着佛教的进一步发展，人们对禅与智的关系日益有所了解，不仅义学之士迫切地希望能系统地了解禅学，特别是弘扬大乘佛学者对大乘禅法有种渴求，而且，禅学本身的发展，也对"慧"有了进一步的需求，习禅之士的修行实践需要在理论上得到更好的论证说明。这样，禅智双运便成为时代的要求，东汉末年即已传入的大乘禅法也重新得以兴盛。罗什东来，更促成了时代风气的形成。

一、道安的禅学与般若思想

把大乘义学与禅观结合起来理解的重要佛学家，首推东晋名僧释道安。道安（314—385），俗姓卫，常山扶柳（今河北冀州）人。二十岁出家，后赵时入邺（今河北临漳），师事佛图澄，深得赏识。后至襄阳，弘法传教十五年。前秦苻丕率兵攻下襄阳，道安被送往长安，受到前秦王苻坚和当地官僚及文人的推崇礼遇，门人常有僧众数千人。道安在长安主要主持佛典的翻译。道安是东晋时期最博学的佛学家，最有影响的佛教宣传者和组织者，是当时佛教界的领袖人物。

1　道安：《比丘大戒序》。

2　慧远：《庐山出修行方便禅经统序》。

在佛学上，道安融会汉代传入的大乘般若学与小乘禅学两大系的思想，成为当时这两系思想的集大成者。道安一生不仅对般若学有相当的研究，而且在禅学的研习方面也有自己独到的体会。他对禅观的看法，已经充分注意到了"慧解"的重要性。道安在《阴持入经序》中说："于斯晋土，禅观弛废，学徒虽兴，蔑有尽漏。何者？禅思守玄，练微入寂，在取何道，犹觇于掌，堕替斯要，而悕见证，不亦难乎？"在道安的时代，由于老庄玄学的盛行，大乘般若学也得到了繁兴，因此，当时的禅智结合，便主要是禅与般若的结合。道安既是安世高以来小乘禅数之学的重要传人，又是当时的般若学大家，他就是以自己所理解的般若学来改造、发挥禅数之学的。

在鸠摩罗什译出"三论"以前，般若学假有性空的理论和非有非无的思辨方法都还未为人们所系统了解和准确把握，围绕着般若空义，"有无殊论，纷然交竞"。道安所持的为"本无论"，即认为"无在元化之先，空为众形之始，故称本无。……夫人之所滞，滞在末有，苟宅心本无，则斯累豁矣。夫崇本可以息末者，盖此之谓也。"[1] 道安就是以这种思想来贯通小乘禅学的。因此，他在解释安般禅法时，把"安般寄息以成守，四禅寓骸以成定"最后归结为"执寂以御有，崇本以动末"。在他看来，安般守意，就是要"宅心本无"，即将泯然无名之心契入真如实相，也只有"宅心本无"才能息灭诸种异想，使心不滞于末有。而这又必须依赖于"慧"。他强调要"以慧探本"，要确立起"正觉"，认为"千行万定，莫不以

1 《名僧传钞·昙济传》引，载《卍新纂续藏经》第 77 册，第 354 页下。

成"。从道安的论述中我们可以看到，他的禅学思想已具有了以大乘般若空观的简便法门来改造烦琐的禅数之学的倾向。他在《大十二门经序》中曾明确指出："执古以御有，心妙以了识，……等心既富，怨本息矣。岂非为之乎未有，图难于其易者乎？"尽管道安仍认为通过禅定能获得"举足而大千震，挥手而日月扪"等神通，但他并不以神通为禅修的目的，也不以变化技术来惑常人之耳目。在他由禅学转到以般若学为主的后期思想中，他进一步提出了有无均净、本末等尔、戒定慧泯然尽息的思想，并认为，当心契入"本无"之境、异想皆息时，心也就"无所著也，泊然不动，湛尔玄齐，无为也，无不为也"[1]，此即是心之本然。道安自禅观趣般若，以般若解禅观，肯定并突出"心"之本然状态与真如实相的契合，这种思想与后来禅宗思想的形成有很大的关系。

二、慧远的"反本求宗"与念佛禅

慧远（334—416）是继道安之后佛教界的领袖人物。俗姓贾，雁门楼烦（今山西宁武附近）人。少为诸生，博综六经，尤善老庄。依道安出家，研习佛典，尤精般若性空之学。跟随道安二十五年后，辞别道安，于东晋太元六年（381）入庐山，长期住东林寺，率众行道，以弘法为务，直至去世。据说三十年未曾下过庐山，"每送客游履，常以虎溪为界"。慧远在庐山的三十年是他一生中积极从事佛教活动最重要的时期。他聚徒讲学，培养弟子；撰写

1　以上引文见道安的《安般注序》《合放光光赞随略解序》等。

文章，阐发佛理；组织译经，弘律传禅；建斋立誓，倡导念佛。同时，他还广泛结交朝廷权贵，努力调和佛法与名教的关系，并与在长安主持译经传教的鸠摩罗什进行书信往来，促进了南北佛教的学术交流。慧远对中国佛教的发展和禅学的传播，都起了很大的推动作用。

在佛学方面，慧远传道安的般若"本无说"而又特重心神之不灭，他循着道安"宅心本无""崇本动末"的思维途径，提出了"反本求宗""统本运末"的思想。慧远根据"神不灭论"构造了以"法性论"为核心的本体论，法性与本无"同实而异名"，是宇宙人生的终极根源，不灭的心神与之冥然相合，体认那不变之法性，就是证得涅槃解脱。他认为，人皆有灵而有情于化，"有情于化，感物而动，动必以情，故其生不绝。其生不绝，则其化弥广而形弥积，情弥滞而累弥深"[1]。反本求宗就是要不以生累其神，不以情累其生，从而"冥神绝境"，此即谓涅槃。而欲达到这种极致，则离不开禅与智，所以说"三业之兴，以禅智为宗"。他要求以"反本求宗"、神游法性为目标来指导禅观，并通过"洗心静乱"、无思无为来使般若智慧"深其照"，认为禅智双运，就能"统本运末"，达到一种"心不待虑，智无所缘，不灭相而寂，不修定而闲"的自然任运状态。[2]

慧远承汉魏以来的传统，也是从止观两个方面去理解禅定的。他在《念佛三昧诗集序》中说："夫称三昧者何？专思寂想之谓也。

---

1 慧远：《沙门不敬王者论》。
2 见慧远《庐山出修行方便禅经统序》和《大智论钞序》。

思专则志一不分，想寂则气虚神朗。气虚则智恬其照，神朗则无幽不彻。斯二者，是自然之玄符，会一而致用也。"但他与其师道安不同，他所倾心的是大乘念佛禅。在他看来，"诸三昧，其名甚众，功高易进，念佛为先"。当他闻知罗什在长安传大乘禅法时，曾致书通好，并问及《般舟三昧经》中的"念佛三昧"，讨论了"定"中所见之佛的真假问题。慧远的念佛属于观想念佛，这与后世净土宗提倡的称名念佛是不一样的。但由于慧远在倡导念佛的同时，还曾与刘遗民等人在阿弥陀佛像前共同发愿期生西方净土，因此，他仍被净土宗尊为初祖。

慧远的禅学思想对后世也有一定的影响。由于他的介绍与提倡，佛陀跋陀罗所传的禅法在江南得到了流行。他又第一次把大乘般若学与大乘禅法相贯通，他赞赏佛陀跋陀罗系的禅法主要是推崇其"劝发大乘"，他倾心于念佛禅也并不仅仅是为了期生西方，而是重在"洗心""御心"以达到"冥怀至极，智落宇宙"，这与他"反本求宗"的般若思想还是一致的。在慧远看来，心无常规，其变多方，因此，要通过禅观，"齐彼我以宅心"，宅心才能御心，御心才能反本求宗以统本，统本才能运末，统本运末便能任运自然，这就是慧远禅智观的思维途径，它对禅宗思想的形成所起的作用是值得重视的。

三、支道林的"游心禅苑"

道安和慧远首倡以大乘般若学去贯通禅学，但道安的"宅心本无"仍有心可"宅"，有"无"为本，慧远的"反本求宗""冥神绝境"更强调法性实有、心神不灭，到了支遁的"即色游玄论"，才进一步把禅法引向般若学的忘念绝虑、无心逍遥。

支遁（314—366），字道林，以字行世，世称"支公""林公"或"林法师"。俗姓关，陈留（今河南开封市南）人，或说河东林虑（今河南林州）人。家世事佛，自幼深受佛教影响。曾隐居余杭山，精研佛理，尤其对《道行般若经》和《慧印三昧经》特有心得。二十五岁时出家为僧，"每至讲肆，善标宗会，而章句或有所遗"，虽为"守文者所陋"，却得到了"得意忘言"、喜谈玄理的清谈家的高度赞赏。支道林与当时的名士许询、郗超等交游，结为知音，以好谈玄理而闻名当世，所注《庄子·逍遥游》，标新理，立异义，独拔群儒，名噪一时，深为当时的清谈名士所叹服。支道林具有名僧和名士的双重品格，他既是当时玄学清谈人物中的佼佼者，也是东晋时期佛教般若学"六家七宗"中即色宗的代表人物，主张"即色是空"。

支道林的"即色是空"，据僧肇的《不真空论》，是认为"色不自色，故虽色而非色"。色不自色，由何而起呢？支道林曾认为，色之为有，随心而起。例如，"青黄等相，非色自能，人名为青黄等，心若不计，青黄等皆空"[1]。据此，他提出的理想境界是无物于物而齐于物，无智于智而运于智，理冥言废，忘言无心。他不赞成玄学家郭象提出的"自足其性"、适性逍遥的观点，认为"桀跖以残害为性，若适性为得者，彼亦逍遥也"[2]。在他看来，逍遥者，明

1　文才：《肇论新疏》卷上，载《大正藏》第45册，第209页上。
2　《高僧传》卷四《支道林传》，载《大正藏》第50册，第348页中。

至人之心也。《世说新语·文学》注引用了支道林的《逍遥游论》。其中说："乘天正而高兴，游无穷于放浪，物物而不物于物，则遥然不我得；玄感不为，不疾而速，则逍然靡不适，此所以为逍遥也。"可见，支道林的"即色游玄论"始终是把"心"的超然解脱放在首位的。因此，他强调对释迦的各种教法"宜求之于筌表，寄之于玄外"。用这种思想来贯通禅法，他就把禅法理解为仅是一种达到无心而逍遥的手段，其本身不可有任何执著。他在讲到《安般守意经》中的数息等"六事"时，曾专门发挥了这一思想，强调修习安般只是为了泯合有无，濯除情虑，证得清净之境，从根本上说，形式并不是很重要的。他在《座右铭》中也提出："寂寥清举，濯累禅池，谨守明禁，雅玩玄规，绥心神道，抗志无为，……妙觉既陈，又玄其知，婉转乎任，与物推移。"[1] 显然，"游心禅苑"的支道林，他的禅学思想已趋于不拘形式而注重神悟理入又无所执著的自心解脱。

但是，支道林的即色义仍然没有摆脱从有和无的相对境界上来理解般若空观。因此，尽管他没有像道安、慧远那样执著一个"本体"，他对超脱境界的追求本身却仍然是一种"执著"，到了罗什及其弟子那里，般若空观与禅观才真正结合在一起。

四、罗什的般若禅观与僧肇的发挥

鸠摩罗什在长安传授禅法，只是应僧叡等人的要求而为，并非出于他本人所提倡，他所倾心的是般若三论之学，即用"非有非

---

1 《高僧传》卷四《支道林传》引，载《大正藏》第 50 册，第 348 页下。

无"的"毕竟空"义来破斥一切执著。因此，罗什把禅法只是视为一种不能有任何执著的方便法门，反对把禅观的内容视为实在。据《大乘大义章》记载，当慧远执著于"念佛三昧"中所见之佛的真假问题时，罗什曾专门用非有非无的毕竟空义来说明，修行念佛三昧只是为了"摄心一处"，"了三界之物皆从忆想分别而有"，从而"心厌三界"，不生贪著，不能把"定"中所见之佛执为有决定相。他强调，一切相都是"忆想分别，当是虚妄"。如果把"定"中所见之佛视为真有，就会使人生贪著意，若将所见视为完全虚无，也不能使人生起信心。只有从性空假有这两方面去理解，才符合般若实相义。

罗什这种般若空观思想也体现在他所译介的禅法中。例如《坐禅三昧经》在讲到"念佛"禅法时强调，观念佛像在于摄念，对佛像本身不能有任何执著。《首楞严三昧经》也强调，修习"首楞严三昧"，当见凡与圣不二，灭与不灭不二，不可偏执任何一方，也没有任何可执著之法。即使是罗什所译的《法华经》，在讲到禅观时，也强调了"观一切法空……无名无相实无所有"[1]。般若空观与禅法的结合，开创了中国禅学发展的新阶段。

把罗什所传之学发扬光大，使之在中国佛教史上实际发生巨大作用的主要是罗什的高足僧肇、僧叡和竺道生等人。就对禅学思想而言，僧肇的主要贡献在于，他在融会中外思想的基础上，用中国化的表达方式，比较完整而准确地发挥了非无非有的般若空义，他的思想与方法成为中国禅宗的主要理论来源之一。而僧叡和竺道生

---

1 《妙法莲华经》卷五，载《大正藏》第9册，第37页中。

的影响则在于，他们在精通般若空义的同时，又用这种"空"的学说去融会贯通涅槃佛性"有"的理论，从而为禅宗的解脱修行观奠定了坚实的理论基础。关于僧叡和竺道生的思想，我们放到下节再作讨论。这里，先对僧肇的思想与禅宗有关的方面作一简单的分析。

僧肇（384—414）是鸠摩罗什的高足，据《高僧传》卷六，俗姓张，京兆长安（今陕西西安）人。由于家境贫寒，以代人抄书为业。遂因缮写，乃历观经史，熟悉了中国的传统文化。特别崇信老庄，"每以庄老为心要"，但又觉得老子的《道德经》"美则美矣，然期栖神冥累之方，犹未尽善"。后读《维摩经》，欢喜顶受，披寻玩味，乃言始知所归矣，因此出家。出家后又"学善方等，兼通三藏"，在长安一带崭露头角。因慕罗什高名而前往姑臧师事之。弘始三年（401），僧肇又随罗什回到长安，协助罗什译出了大量佛典，并成为罗什百千弟子中的佼佼者，尤以精通般若学而著名。僧肇在融会中外思想的基础上创立了一个比较完整的中国化的佛教哲学思想体系，对般若三论思想在中土的广泛传播起到了重要的推动作用。

僧肇曾被罗什誉为"秦人解空第一者"，他的思想体系就是围绕着般若之"空"建立起来的。他熟练地运用"非……非……"这种不落二边的否定方法来"破邪显正"，把罗什所传的龙树中观学的基本理论概括为"不真空"这个命题，即认为"非无物也，物非真物"，不真故空，不真即空。这个命题用于有无观，是"非有非无"，有无双遣，齐于一空；用于动静观，是"非动非静"，动静"皆因缘假称"；用于认识论，是"非有知，非无知"，世俗的知与所知皆非真，只有般若的"不知之知，乃曰一切知"；用于涅槃解脱，是"涅槃非有亦复非无，言语道断，心行处灭"。

僧肇用中道空观解决了当时玄学纷争的有无、动静等问题，同时也以此沟通了出世与入世、此岸与彼岸的联系。他曾反复强调："非离真而立处，立处即真也。"他说："道远乎哉？触事而真。圣远乎哉？体之即神。"他描绘的圣人之境是："圣人空洞其怀，无识无知。然居动用之域，而止无为之境；处有名之内，而宅绝言之乡。寂寥虚旷，莫可以形名得，若斯而已矣。"这种境界是"不可以形名得""不可以有心知"的。然"言虽不能言"，而"非言无以传"，故又有各种言教施设以方便人们趋于涅槃解脱。由于僧肇都是用老庄玄学化的语言来表达佛教般若空义的，因此，他的思想受到了熟悉传统文化的中土人士的普遍欢迎与赞赏，并给予禅学乃至禅宗以多方面的影响。不仅他的许多话语常被当做"禅语"而在禅门中广为流传，而且他的动静一如、有无齐观、事理不二等思想和"得意忘言""不落二边处中道"等方法，都直接或间接地影响到了禅宗思想的形成，他通过发挥《维摩经》的"不二法门"而强调出世不离入世，使玄远的思辨哲理转向现实的生活，更对中土禅学思想特点的形成产生了深刻的影响。[1]

1　以上引文均出自僧肇的《肇论》和《维摩经注》。

第三节　真空妙有与禅观

禅学经过魏晋般若学的洗礼而逐渐摆脱了早期小乘禅学形式化的倾向，并突出了主体精神的修炼和心理的超脱。禅智并重的结果是空观成为禅观的理论基础，禅观受空观的指导。但是，般若空观本身也有它的理论局限性，它对于破除一切妄心执著来说，是十分有效的，但它同时也带来了倾向于否定一切的消极后果，使得佛教超凡入圣的解脱缺乏坚实的基础，这尤其使得长期相信"心神犹真不空"的中土人士感到不满足。同时，玄远虚无的思辨理论也只有进一步面向社会人生，才能给人以更大的精神安慰。这样，般若真空向涅槃妙有过渡，禅学与佛性论的结合，就不仅是佛教禅学发展的内在要求，也成为社会和时代的迫切需要。南北朝佛性论能继魏晋般若学而大兴，并不是偶然的。在这理论的演进过程中，起着举足轻重的作用并对禅学产生很大影响的是僧叡和竺道生。

一、僧叡的禅智观与空有观

僧叡，生卒年不详，魏郡长乐（今河南安阳市东）人。十八岁出家，投僧贤法师为弟子。二十二岁博通经论，二十四岁游历各地，到处说法。僧叡曾师事释道安，后又投罗什门下，成为罗什的上首弟子之一。

僧叡的佛学造诣很高，特别是对般若精义领会颇深。同时，他也十分重视禅法，认为修禅对保证般若智慧的作用具有重要意义。僧叡对中国禅学思想的影响主要是：一方面他把般若空观与佛教"唯心"的观点结合起来，注重禅法的"厝心"作用；另一方面他又通过《法华经》与《涅槃经》，从般若性空之学转向了对"实体"（佛性）的兴趣，为中国禅学与佛性论的结合开辟了道路。

僧叡在罗什门下多年，实际参与了《般若经》的翻译与修订，因而能比较准确而全面地理解般若。他在《小品经序》中曾说："般若波罗蜜经者，穷理尽性之格言，菩萨成佛之弘轨也。……正觉之所以成，群异之所以一，何莫由斯道也。"对般若思想推崇之至。在他看来，惑知倒见是人们沉溺于轮回之中而不得解脱的主要原因，般若的作用就在于除其虚妄，使人们达到"非心""非待""以不住为宗""以无照为本""以无得为终"的理想境界。僧叡对理想境界的描绘与禅宗的无念为宗、无住为本、自心解脱等思想似乎有着某种理论上的渊源关系。由于僧叡把外在的万有与内在的烦恼均归之于人们妄心邪思的结果，因此，他十分重视禅法的"厝心"作用，视禅法为"向道之初门，泥洹之津径"。在罗什到来以前，他十分感叹"禅法未传，厝心无地"。罗什到长安，他恳请罗什译出了《禅经》三卷，并"日夜修习"。他把修禅视为获得般若智慧的必要前提和重要保证，认为"禅非智不照，照非禅不成"，极力主张双修"禅智之业"。

僧叡在推崇般若的同时，也十分关注佛教解脱的主体，亦即佛性问题。他曾多次向罗什请教，"谁为不惑之本？""积功累德，谁为其主？"他对罗什坚持非有非无的"毕竟空"感到不满足。当他接触到《法华经》的"开权显实"后，大加赞赏，认为般若诸经"于实体不足"的缺陷在《法华经》中得到了弥补。当他见到法显译出的《大般泥洹经》中称"泥洹不灭，佛有真我，一切众生，皆有佛性"以后，更是"如白日朗其胸襟"，欣乐之情，溢于言表。

值得注意的是，僧叡在对"佛性"大感兴趣的同时，并没有否定般若在求解脱过程中的重要作用，他是把般若性空与涅槃妙有作为佛教不可缺少的组成部分来理解的，认为"般若除其虚妄，法华开一究竟，泥洹阐其实化"，此三者无优劣高下之分，故不可偏执。僧叡这种把般若空观与涅槃佛性结合起来理解的倾向，在竺道生那里得到了进一步的发展。

二、竺道生的佛性论及其对中国禅的影响

竺道生（约355—434），本姓魏，幼而颖悟，聪哲若神，从竺法汰出家，随师改姓竺，并刻苦钻研佛理。后入庐山，幽栖七年，向慧远问学，并与慧远等人共从僧伽提婆研习小乘说一切有部的毗昙学说。东晋隆安五年（401），罗什至长安，译经讲论，大弘佛法。道生慕名北上，投至罗什门下受学，主要学习中观般若学，并与僧肇、僧叡等人一起协助罗什翻译了大、小品《般若经》，成为罗什的高足之一。东晋义熙五年（409），道生回到建康。他钻仰群经，以慧解为本，认为"言以诠理，入理则言息"。"若忘筌取鱼，始可与言道矣"。根据自己的体会，他对佛性问题发表了独到的见解，写下了《佛性当有论》等论著。《涅槃经》在中土译出后，道生更是以主要精力研习并盛倡涅槃佛性论，并因此而享有"涅槃

圣"之美称。

晋宋之际，中土佛学的重心逐渐由般若真空向涅槃妙有过渡，竺道生在其中起了关键性的作用。在竺道生之前，僧肇、僧叡等人都已对解脱主体发生了兴趣。但是，僧肇由于过早地夭折，未能见到《涅槃经》，故对"妙有"未有理论上的发挥。僧叡虽然见到了《法华》《涅槃》，已表示出了融合真空与妙有的倾向，然也未来得及作充分的理论论证与探讨。而竺道生则不但在罗什门下深得龙树中观学之"真谛"，又颇得《维摩》《法华》之"妙义"，专门作有《维摩经注》和《法华经疏》，更适逢《涅槃经》各本先后译出，因而能够顺应时代潮流，大倡涅槃佛性论，并把佛性拉向自心自性，既开创了中国佛教发展的新阶段，也为中国禅宗的创立进一步开辟了道路，因为禅宗的全部理论就是建立在般若扫相和自心佛性相结合的基础上的。

《涅槃经》是一部系统探讨解脱成佛的内在根据，集中论述涅槃佛性问题的一部大乘佛教经典。它在中土有多种译本，其中对中国佛教发生较大影响的主要是东晋法显译出的六卷本《泥洹经》和北凉昙无谶译出的四十卷《大般涅槃经》（亦称"大本"或"北本"）。竺道生最早接触到的是法显的译本。东晋义熙十三年（417），也就是竺道生返回建康的第八年，法显在建康与印度僧人佛陀跋陀罗合作，共同译出了六卷本《大般泥洹经》，经的主要内容是说，一切众生皆有佛性，皆得成佛，但同时又强调说，一阐提人（即断了善根的人）应当除外。竺道生剖析经理，孤明先发，提出同属于众生的一阐提人也有佛性，亦得成佛的主张。为此，他还曾遭众僧摈遣。后昙无谶所出大本《涅槃经》传至建康，经中果然称一阐提悉有佛性，与竺道生所说"合若符契"。于是，竺道生名声大振，并大行开讲，广受欢迎。他所主张的人人皆有佛性说成为流传极广的中国佛性论的主流。

竺道生涅槃佛性论的主要特点及其对中国禅宗理论影响最大的是将般若实相说作为其理论基础，把实相无相与涅槃佛性结合起来。竺道生所说的佛性虽然是万法与众生的本性、本体，却具有超乎言象、非有非无之特性。一方面，他像"解空第一"的僧肇一样，认为万法"无有、无无，究竟都尽，乃所以是空之义也"[1]。另一方面，他又没有像僧肇那样就此止步。僧肇在论证万物性空时曾得出"所见不实，则实存于所见之外"[2]的结论，至于所见之外的"实"，僧肇没有作进一步的说明。而竺道生却以般若实相义去会通、发挥涅槃佛性论，认为无形无相、不可言说的实相在法曰"法性"，在佛曰"法身"，在众生则曰"佛性"。既然实相与佛性本质上无异，实相是万法、众生与佛的共同本体、本性，众生凭借实相（佛性）方得为众生，那么，一切众生（包括一阐提人）皆有佛性，便是题中应有之义了。所以竺道生说："无我本无生死中我，非不有佛性我也。"[3]竺道生在般若实相无相的基础上提出了"佛性我"，又进一步认为，众生之佛性由于妄想所蔽而不现，若去除迷妄，返本得性，体悟实相，便是解脱成佛。由于实相（佛性）并不是独立自存的实体，它不离众生万法而存在，与众生万法本来不二，因

---

1 竺道生：《维摩经·弟子品》注，载《大正藏》第 38 册，第 354 页中。

2 僧肇：《维摩经·弟子品》注，载《大正藏》第 38 册，第 356 页中。

3 竺道生：《维摩经·弟子品》注，载《大正藏》第 38 册，第 354 页中。

此，返本求性，体悟实相，实际上也就是众生自识本性，与法自然"冥合"。

竺道生通过般若实相说把佛性、法性、众生与佛等同起来，把佛性作为众生的本性，众生的自性即是佛，其实际意义在于：把成佛从对外在宇宙实相的体认转为对内在自性（自心）的证悟，从而更突出了众生的自性自度。正因为如此，竺道生把去除迷妄、返本得性最终归结为"净心"的修行实践，认为"其心既净，其罪亦除也"[1]。

竺道生的涅槃佛性论以及由此而推出的一系列观点对中国禅宗的影响是十分巨大的：由于所悟之"理"即在众生自身，故不必向外求觅，返归自身，见性便能成佛；由于"理"为诸法实相，理不可分割，"以不二之悟，符不分之理"，故悟必顿悟，不分阶次；由于"悟不自生，必藉信渐"[2]，故不滞守经句而又不废言教；由于实相即万法，众生自性是佛，故"大乘之悟，本不近舍生死，远更求之也"[3]。竺道生的这些观点，无论是与达摩禅的藉教悟宗，还是与禅宗的明心见性、顿悟成佛、即心即佛、涅槃生死不二等，都有着某种理论上的渊源关系。而竺道生妙悟般若实相义，会通涅槃佛性说，在离言扫相的基础上又直指含生之真性，把非有非无的宇宙实相与众生的佛性、自性联系在一起，以体悟实相、识自本性为解脱成佛，这种空有契合、由外向内的思维途径与自证自悟的思想方法，

---

1 竺道生：《维摩经·弟子品》注，载《大正藏》第 38 册，第 355 页下。
2 慧达：《肇论疏》卷上，载《卍新纂续藏经》第 54 册，第 55 页中。
3 竺道生：《维摩经·佛道品》注，载《大正藏》第 38 册，第 392 页上。

以及对"得意忘言"的灵活运用，更是对禅宗整个思想体系的建立产生了极其深刻的影响。

三、印度佛性论与中土心性论

在印度佛教中，佛性—如来藏思想并不占重要地位。早在部派佛教时期，"心性本净，客尘所染，净心解脱"的说法就被认为是"方便说"，甚至直接被斥之为"违正理"的"非了义说"。在大乘佛教中，中观学派视包括佛性和涅槃等在内的一切法为"空"，瑜伽行派则以超于净与不净之上的真如来解说佛性、如来藏，并根据"唯识转依说"而立"五种性"，认为有一类众生是没有佛性的。因此，大乘空宗与有宗也都视佛性—如来藏思想为不了义。

佛性—如来藏思想在印度佛教中不占重要地位，是有其深刻的文化背景的。佛教作为反婆罗门思潮的一种，在其创立之时，为了反对婆罗门教关于有万能的造物主（大梵天）和不死的精神主体（神我），便提出了自己的基本理论"缘起说"，并由此而强调"无我"。虽然"无我"的理论与佛教的业报轮回说在理论表达上存在着一定的矛盾，因而从部派佛教开始，就不断地提出种种假设之我以作为轮回与解脱的主体，大乘佛教的佛性、如来藏说更是有了外道"神我"的色彩，但"无我"说仍始终被佛教坚持为是区别于外道的基本理论之一，被称之为"法印"。从印度佛教的发展来看，即使是佛性、如来藏的"神我"色彩，在后来的大乘佛学中也有逐渐被淡化的倾向，这从形成于不同时期的《大般涅槃经》前十卷与后三十卷思想的不同中也可以看得出来。在后三十卷中，不但以非有非无的中道来释佛性，而且一反前十卷反复强调的"一切众生悉有佛性，即是我义"，提出了"佛性者实非我也，为众生故说名为我"[1]的说法，与后来的《楞伽经》一样，把"真我"说成是佛的方便法门。

而在中国，情况却大不一样。中国自古以来就流行着灵魂不死、祸福报应等思想，对上帝鬼神的敬畏和对祖先的祭祀，一向在人们的思想意识和社会生活中占有很重要的地位。这种传统的思想观念虽然与印度佛教的许多基本理论并不相同，但中国人往往就是以这种思想去接受、理解外来佛教的。佛教传入中国后，它的"无我"说并不为人们很重视，而"有我"论却一直有很大的市场。汉魏译经把佛教的"无我"（同时否定血肉之我与精神之我）译为"非身"（仅否定血肉之我）就是一个明证。从汉末牟子的《理惑论》所理解的佛教主张"魂神固不灭矣"，到东晋慧远对"神不灭论"的系统论证，无不反映出中土佛教对识神的肯定。般若学兴起以后，人们渐知识神性空之意，一度对传统思想的"存神"倾向产生怀疑并提出质难。而竺道生以非有非无的般若实相来会通佛性，使得他对"佛性我"的肯定更具精巧的思辨外衣，不仅使涅槃佛性说在中土得以大兴，而且也为传统的"神不灭论"开辟了新的发展道路，"存神"思想获得了新的理论形式，并结合对心性的探讨，对中国佛学乃至整个思想界发生着持久的影响力。

竺道生以后，涅槃佛性说成为南北朝佛教的中心论题，围绕着"佛性"问题曾出现了许多不同的师说。从众多的异说中我们可以

---

1 《大般涅槃经》卷二十七，载《大正藏》第 12 册，第 525 页上一中。

发现一个较为普遍的倾向，即他们大都是从涅槃解脱的角度把佛性与"冥传不朽"的心识、心神结合起来理解，把印度佛教中的佛性论与非"无我"的倾向统一到主体自性心识上来，形成了中国特有的佛性（心性）学说。据吉藏《大乘玄论》的归纳，比较有代表性的佛性诸说有十一家，加上吉藏本人所赞同的，一共有十二家（均正《大乘四论玄义》列本三家、末十家，元晓《涅槃宗要》列六家，与吉藏所说大同小异）。其中"第三师以心为正因佛性"，"第四师以冥传不朽为正因佛性"，"第五师以避苦求乐为正因佛性"，"第六师以真神为正因佛性"，"第七师以阿梨耶识自性清净心为正因佛性"，这五家"虽复体用、真伪不同，并以心识为正因"。另外有几家虽然没有明言以心识为正因，但实际所说的亦不离心或心识。例如"第九师以得佛之理为正因佛性"，此为法瑶师与灵根寺慧令所持的观点，从法瑶所说的"佛性之理，终为心用"[1]以及慧令所说的"即昔神明，成今法身。神明既是生死万累之体，法身亦是涅槃万德之体"[2]等来看，以"得佛之理"为佛性，乃是从心神之用上来理解佛性的。再如，"第十师以真谛为正因佛性"（均正记"真谛"为"真如"），此义为释宝亮所主，他认为"心有真如性为正体也"[3]，即认为众生恒常的心识之真如体即为成佛之正因；"第十一师以第一义空为正因佛性"，此为真谛与北地摩诃衍师所持之义[4]，"第一义

---

1 宝亮等：《大般涅槃经集解》卷十八，载《大正藏》第37册，第452页上。

2 吉藏：《大乘玄论》卷三，载《大正藏》第45册，第46页中。

3 均正：《大乘四论玄义》卷七，载《卍新纂续藏经》第46册，第601页下。

4 以上引文未加注者均出自吉藏：《大乘玄论》卷三，载《大正藏》第45册，第35页中一下。

空"，均正记为"第九无垢识"，并认为，此即是"以自性清净心为正因佛性"[1]。

可见，当时的涅槃佛性论说法虽然各异，但大都不离众生之心或心识，只是有的强调心之体，有的突出心之用而已。"心为正因"之说实为当时涅槃佛性论的主流，这股佛学主流不仅直接影响到了隋唐佛教各宗派思想理论的形成，特别是为禅宗的心性论提供了重要的理论来源，而且对整个中国思想界产生了巨大而深刻的影响。由于当时许多佛教徒都认为"佛之有无，寄于神理存灭"，因而大力宣扬和捍卫神不灭的理论，以至于在南北朝时期围绕着神灭与神不灭，对生死、果报等问题展开了一场理论上的大论战，在中国思想史上留下了重要的一页。从中国佛教的发展来看，隋唐时期建立的佛教各个宗派都注重对心性问题的探讨与说明，禅宗更是把全部理论都构建在"心"的基础上，尽管南北禅宗对"心"的理解是有很大差异的。这一切，都与竺道生以来的佛性论思潮有着密不可分的联系。

第四节　中土禅风之初成

禅的内容是修心观境，证无上菩提，方法则不出止观二门。汉代传入的早期小乘禅法，修持形式烦琐，所观之境实然，且带有神

1　均正：《大乘四论玄义》卷七，载《卍新纂续藏经》第46册，第602页上。

学的色彩。魏晋般若学扫除了禅学的形式化倾向，并以实相取代了实境，以思辨取代了神通。南北朝佛性论融实相与心性为一体，把对宇宙实相的体认逐渐转为对自心自性的证悟，以去染归净为修行方便，以解脱成佛为最终目的，从而进一步开拓了印度禅向中国禅过渡的道路，形成了产生中国禅宗的气候条件。

佛教在魏晋南北朝的发展加深了其与传统思想文化的交融，也为中国禅的确立奠定了坚实的基础。魏晋般若学与玄学的合流，使佛教通过玄学而获得了与道家玄思、儒家心性说沟通的契机，因为玄学在本质上是以老庄为基本骨架的儒道合流；南北朝佛性论与传统"心神"的相合，使佛教获得了轮回解脱的主体而又得以从传统的人性论和宗教观念中汲取"养料"，因为"心神"是不灭的灵魂与本善的人性的混合体。老庄的养生论与自然主义的生活态度，儒家的积极入世与反身而诚的道德修养，社会的政治经济条件与民众的宗教信仰，这一切与经过般若学和涅槃学改造过的禅学相汇合，便形成了中国独特的禅风。齐梁之际的宝誌与傅大士之禅，即已初露端倪。菩提达摩东来，顺应着中国佛学发展的趋势，传"南天竺一乘宗"之禅法，更被中土禅师发扬光大，并进而创立了影响深远的中国禅宗，成为中国禅发展的主流。

同时，在南北社会趋于统一，南北佛教重实践和重义理的不同学风在日趋频繁的交流中逐渐走向合流的大背景下，一些禅师和学僧在魏晋以来禅智兼弘的佛学氛围中依教明禅，依禅立教，从不同的角度丰富了中国的禅观之学，其中尤以慧文、慧思的天台禅成就最大。

关于菩提达摩一系的禅学思想，我们将从下章开始作专门的论述，这里，先对宝誌与傅大士的禅学特色略作分析。至于天台、华严等中国佛教宗派的禅观之学，有的虽然完成于隋唐时期，但为了叙述的方便，我们也在本节中一并略述。

一、宝誌的"即心即佛"

宝誌（418—514），一作保誌，南朝齐梁时的禅僧。据《高僧传》卷十载，本姓朱，金城（今江苏句容）人。少出家，师事僧俭，修习禅业。宋泰始（465—471）初，忽如僻异。居止无定，饮食无时。发长数寸，常跣行街巷。执一锡杖，杖头挂剪刀及镜，或挂一两匹帛。齐建元（479—482）中，稍见异迹。数日不食，亦无饥容。与人言，始若难晓，后皆效验。时或赋诗，言如谶记。京土士庶，皆敬事之。齐武帝（483—493在位）谓其惑众，收驻建康，屡显神异。曾被禁出入。梁武帝即位，对之甚加崇信，乃下诏曰："誌公迹拘尘垢，神游冥寂。水火不能燋濡，蛇虎不能侵惧。语其佛理，则声闻以上，谈其隐沦，则遁仙高者。岂得以俗士常情，空相拘制？何其鄙狭一至于此！自今行来，随意出入，勿得复禁。"宝誌自此多出入禁内。知名显奇，四十余载。士女恭事者，数不可称。天监十三年（514）冬，无疾而终。梁武帝厚加殡送，葬于钟山独龙之阜。

据《景德传灯录》卷二十七载，宝誌曾制《大乘赞二十四首》盛行于世。在《景德传灯录》卷二十九中，则载录了标为宝誌所作的《大乘赞十首》《十二时颂》和《十四科颂》等三种资料。由于有关宝誌的神话传说很多，即使是在慧皎的《高僧传》中，也记载了不少他的神异之事，而传为宝誌所作的一些偈颂中，又显然掺杂了许多属于后来惠能南宗的思想或文字。因此，关于宝誌及其思想资料，一向有人怀疑，现存的三种资料，也往往被视为是后人的伪托。

根据我们的看法，《高僧传》的作者慧皎与宝誌为同时代人，他的记载，有一定的参考价值；现存的有关宝誌的思想资料，虽有不少已经被后人添改，但联系当时整个佛学氛围来看，其中还是有可信成分的。若再辅之以其他一些有关资料，我们即可以对宝誌及其思想特点有个大概的了解。

例如，《高僧传》本传中说宝誌"少出家，止京师道林寺，师事沙门僧俭为和尚，修习禅业"。而在《高僧传》卷三《畺良耶舍传》中也有这样的记载："畺良耶舍……以禅门专业，每一禅观，或七日不起。常以三昧正受，传化诸国"，元嘉（424—453）初年至建康，"初止钟山道林精舍，沙门宝誌崇其禅法"。这样，我们就可以了解到，宝誌确实是一个修禅出身的禅僧，且受早期禅学和北方禅风的影响，崇尚数日不起的坐禅入定。再从有关他的种种神异事迹来看，这实际上也是早期禅学特点在当时普遍留存的遗风，我们前面提到的与宝誌同时的玄高、玄绍等均以神异见称于世即是明证。而从有关"居止无定，饮食无时"以及宝誌与梁武帝的问答等记载来看，又反映了南方老庄玄佛之义学和梁代再兴的般若三论之学对宝誌的影响。中年以后的宝誌逐渐地修禅不拘形式，言谈不落名相，行住坐卧，任心而为，表现了中国禅者特有的老庄风度，这与当时中国禅学发展的基本趋势显然也是一致的。

再从思想倾向上来看，根据现有的资料，宝誌禅学的主要特点是主张"即心即佛"。他有句名言:"不解即心即佛,真似骑驴觅驴。"[1]这种思想与后世禅宗的旨趣确实非常相符,也常为禅宗人所引用,但并不能据此而简单地把它说成是禅宗创立以后的产物,否定此为宝誌的思想而为后世禅宗继承并发挥的可能性。从当时整个佛教的发展来看,这种思想其实也是中土禅学受魏晋般若学和竺道生以来佛性论影响的结果。南方禅法,传习者一向少于北方,且与北方重行的禅风有异。竺道生倡导一切众生有佛性,提出众生的自性即是佛等思想。竺道生以后,佛性论盛行。到了梁代,在般若三论之玄风再兴的同时,即心即佛、见性成佛等思想也在社会上流行。与宝誌同时且有交往的法云就在《法华经义记》中说:"有心识者同归作佛,然理唯一致,无三差别。"[2]《大般涅槃经集解》中也记当时的僧亮语曰:"见性成佛,即性为佛也。"[3]此种思想若与禅观结合,便是不假名相施设和修持形式而直契心性。就此而言,宝誌和梁武帝之间有这样一段机锋式的问答就不是十分奇怪的事了。这段问答,《高僧传·宝誌传》中是这样记载的:

> (梁武帝)尝问誌云:"弟子烦惑未除,何以治之?"答云:"十二。"(识者以为十二因缘治惑药也)又问十二之旨。答云:"旨在书字时节刻漏中。"(识者以为书之在十二时中)又问:"弟子何时得静心修习。"答云:"安乐禁。"(识者以为

1 《景德传灯录》卷二十九,载《大正藏》第 51 册,第 449 页中。

2 《法华经义记》卷四,载《大正藏》第 33 册,第 614 页上。

3 《大般涅槃经集解》卷三十三,载《大正藏》第 37 册,第 490 页下。

禁者止也，至安乐时乃止耳）

　　以上这段问答与后世禅门中师徒之间的机锋问答十分相似。宝誌的回答，显然有佛法要旨，不在文字，一切时中，常行三昧的旨趣，透露出了"一切无非佛事，何须摄念坐禅"[1]的中国禅的特有风范。慧皎在《高僧传》中曾特别强调，"其辞旨隐没，类皆如此"，表明宝誌确实是一个重契悟心证的禅者。

　　关于宝誌的思想特点，我们还可以从唐代的零星记载中窥见一斑。宗密的《圆觉经大疏钞》卷二之下中有"誌公云无为大道快乐众生不解修错不逢出世明师未服大乘法药云云"的记载，黄檗希运的《宛陵录》中也引用了数条宝誌语，如"誌公云：本体是自心作，那得文字中求"，"誌公云：未逢出世明师，枉服大乘法药"，等等。这些记载所表现的旨趣，与《景德传灯录》中的资料所强调的大体上是一致的，只是后者作了进一步的发挥而已。

　　日本学者忽滑谷快天在其《禅学思想史》中曾认为，现存宝誌偈颂的大旨多数是从《维摩经》得来的。这是有道理的。不过，还不尽然。《十四科颂》中"菩提烦恼不二""佛与众生不二""色空不二""生死不二""真俗不二""解缚不二"等许多思想，不仅体现了《维摩经》的要旨，而且也是魏晋以来佛教义学所比较普遍发挥的思想。在僧肇、道生等人的著作中，这些思想都是不难发现的。在禅智兼弘的时代风气下，这些思想在禅学中有所体现，是很自然的事。这也从一个侧面表明，宝誌的禅学思想在齐梁之际出

---

1 《十四科颂》，载《景德传灯录》卷二十九，《大正藏》第 51 册，第 450 页下。

现，是不奇怪的，不能把这些思想都说成是只有在禅宗正式创立以后才会出现。恰恰相反，正是有了这些思想，才会有以后禅宗的创立。有人说宝誌的禅学思想已开祖师禅之先河，从一定意义上来说，这并不为过。

二、傅大士与中土禅风

傅大士，与宝誌同时且齐名。据《景德传灯录》卷二十七和《五灯会元》卷二等载，本名翕[1]，婺州义乌县（或称"东阳乌伤县"，均指今浙江义乌）人。年十六纳刘氏女，生普建、普成二子。年二十四，遇天竺僧嵩头陀，遂弃家栖于松山顶，"躬耕而居之"。通常是昼则劳作，夜则行道。后舍宅于双松树下建寺，名双林寺。自言得首楞严定，"感七佛相随，释迦引前，维摩接后"。曾数次舍田宅家资乃至唱卖妻儿以为众生，供养三宝。梁中大通六年（534），遣弟子傅暀致书于梁武帝，自称"双林树下当来解脱善慧大士"欲向"国王救世菩萨"略陈数言。书中曰："今欲条上中下善，希能受持。其上善略以虚怀为本，不著为宗，亡相为因，涅槃为果；其中善略以治身为本，治国为宗，天上人间，果报安乐；其下善略以护养众生，胜残去杀，普令百姓俱禀六斋。"当时，身当国师的僧人若上书皇帝，都十分恭谨，而傅翕只是一个普通的居士，又非年长，却致书帝王，教以治道，因而道俗惊疑，且无人敢呈达。为此，傅暀乃烧手于御路，从而得以进书。梁武帝读之，乃遣使诏

---

1 《续高僧传》卷二十五《慧云传》和《神僧传》卷四《傅弘传》则称其名为傅弘。

迎。于是，傅大士被迎入京师，入殿讲论，受到帝王的礼遇。

　　据说傅大士面见梁武帝以后，两人之间也有一段问答。这些问答，亦极似后世禅宗的机锋语言。例如梁武帝问："从来师事谁耶？"傅大士答曰："从无所从来无所来，师事亦尔。"又问："大士何不论义？"答曰："菩萨所说，非长非短，非广非狭，非有边，非无边，如如正理，复有何言？"帝又问："何为真谛？"答曰："息而不灭。"帝曰："若息而不灭，此则有色。有色故钝，若如是者，居士不免流俗。"大士曰："临财无苟得，临难无苟免。"帝曰："居士大识礼。"大士曰："一切诸法不有不无。"[1]后来，梁武帝请傅大士讲《金刚经》，大士才升座，以尺挥按一下，便下座。帝愕然。据说大士已"讲经竟"。这里，类似机锋的问答形式不一定可信，但透露出来的不可言说、无可执著和真谛息而不灭等思想，却是与南北朝时期佛教以真空妙有来讨论包括"二谛"在内的各种问题的观点有相合之处，似未可完全予以否认。

　　南北朝时，社会上曾流行烧身供养，或以显示禅定威力，或以表示心诚重佛法，有的则是为了企求得生天国。当然，也有"欲激誉一时，或欲流名万代"而烧身舍命的。傅大士也曾拟不食烧身以供养佛祖，为众生除罪。其僧俗弟子闻之悲号踊叫，数十人求代为不食烧身，百多人刺心沥血和香，恳请大士住世。大士愍而从之。陈太建元年（569），预知己将不久于人世，乃示众曰：此身甚可厌恶，众苦所集。须慎三业，精勤六度。并自云从兜率天宫而来，暗示是弥勒菩萨降生。不久即跌坐而终，寿七十三。

1　以上引文见《景德传灯录》卷二十七，载《大正藏》第51册，第430页中一下。

按照佛教的说法，傅大士曾创设轮藏。据《神僧传》卷四中说："初大士在日，常以经目繁多，人或不能遍阅"，乃就山中建立轮藏，并劝世人，"有发于菩提心者，能推轮藏，是人即与持诵诸经功德无异。今天下所建轮藏，皆设大士像"。[1]若果然如此，则傅大士对经教的态度可见一斑。

关于傅大士的思想资料，现有《善慧大士语录》四卷存世。另有《心王铭》一篇，一向被认为是傅大士的代表作，在禅门中广为流传。但是，与宝志的情况十分相似的是，由于有关傅大士的神异传说也很多，他的思想资料也显然已经被后人添改，增加了不少后世禅宗的思想与语言。因此，人们往往又认为傅大士这个历史人物已为禅宗所重新塑造，不再把他看做是禅宗以前的重要人物。

确实，要全面准确地把握历史上的傅大士的言行和思想，就现有材料而言，是有一定难度的。梁慧皎的《高僧传》没有为傅大士立传，唐道宣的《续高僧传》也只是在感通篇《慧云传》中为之立了附传，主要记载了他的一些神通异相，例如说他"或金色表于胸臆，异香流于掌内，或见身长丈余，臂过于膝，脚长二尺，指长六寸，两目明亮，重瞳外耀，色貌端峙，有大人之相"，其他诸如预知梁运将尽乃"燃臂为炬，冀禳来祸"，死后众人"悲恋之声，恸噎山谷"等，记述得都十分简单。

不过，我们认为，若联系傅大士生活的年代和当时的佛教状况，再结合现有的一些材料，与宝志一样，我们对傅大士的行迹和思想特点，还是可以有个大致的了解。例如，南朝陈代官至尚书左

---

1 《大正藏》第 50 册，第 975 页下。

仆射的名士徐陵为傅大士所作的碑文中有"大士熏禅所憩，独在高岩"，"小学之年，不游黉舍"等语；道宣的《续高僧传》中也记载说"帝闻之延住建业，乃居钟山下定林寺，坐荫高松，卧依磐石"，"帝后于华林园重云殿，开般若题，独设一榻，拟与天旨对扬。及玉辇升殿，而公晏然其座。宪司讥问。（大士）但云法地无动，若动则一切不安"。这些说法，与后世《灯录》所载大体上是一致的，反映出傅大士是个以禅修为业而不以经教为重，但也并不完全排斥经教的禅者，对帝王也表现出了一种超然的禅者风度。道宣是个学风比较严谨的佛教史家，他的记述，或者是有根据的，或者是对当时传说的实录。在他生活的年代，南宗禅还没有繁兴，故他的记载反映了一定的历史事实，可供我们参考。他所记的傅大士的上梁武帝书，内容与《景德传灯录》基本无二，"虚怀为本，不著为宗"云云，体现的还是般若老庄的旨趣，这与宝誌的"逍遥自在""任意纵横"相近，与《心王铭》中的"欲求成佛，莫染一物"也相合。禅者大都偏重于自修自证，他们的言行往往不易为人们所清楚地了解而带有神秘的色彩，道宣把傅大士归入感通篇与慧皎将宝誌归入神异篇属同类的情况。

魏晋南北朝以来，禅智兼弘成为中国佛教发展的方向，"心"的地位在禅学理论和修禅实践中日益被重视，宝誌的"即心即佛"反映了当时禅学思潮的一种趋势，因而在傅大士这里出现强调自心是佛的《心王铭》，也非绝对不可能。在禅门广为传诵的傅大士的名句是：

　　　　空手把锄头，步行骑水牛；

人从桥上过，桥流水不流。[1]

这首偈颂的语言有惠能门下的风格，但其精神实质却并不离僧肇所谓的"在有不有，在空不空"、"处有不失无，在无不舍有"和"动而常静"、"静而弗留"、"洪流滔天，无谓其动"。僧肇由此得出，"万事万形，皆由心成"，"解脱者，自在心法也"。那么，傅大士也就可能提出自心"能凡能圣"，认为"即心即佛"了。

从宝誌与傅大士的行迹和思想特点中可以看到，在禅宗创立之前，融入老庄玄学旨趣的禅学已在中国流传发展起来，般若学的扫相和涅槃学的心性与禅学的结合，酝酿着中国禅的成熟，预示着中国禅学新阶段的到来。

三、教下诸宗与禅

魏晋南北朝至隋唐，是中国佛教走向独立发展和鼎盛的重要阶段。此时，在佛典继续大量译出的同时，中国僧人纷纷倾心于对佛教义理的研究，并结合各自的理解与体会而创建不同的理论体系。到南北朝时，由于讲习经论的不同而形成了许多不同的学派，各家之间围绕着涅槃佛性义、真俗二谛义等佛教的基本理论而展开了激烈的争辩，这种争辩最后表现为传法定祖的问题，学派遂逐渐有了教派的性质。寺院经济的发展与判释佛说经教的"判教"进一步促进了中国佛教宗派的创立，而政治上的统一则为创立宗派提供了社

---

1 《景德传灯录》卷二十七，载《大正藏》第 51 册，第 430 页中。

会条件。

与此同时，南北分裂而造成的佛教的不同学风也逐渐在交流中趋于统一。自晋室南渡，学术中心南移，南方佛教承玄学化佛教的传统，一向比较偏重义学，禅法修行虽然在晋末宋初和齐梁之际也有过一度的繁兴，但持续的时间都不长。北方则自晋以来禅法就一直很兴盛。南北朝时，在重修行实践而轻义理研究的风气下，北方禅学更是大兴。《洛阳伽蓝记》卷二所记胡太后的故事虽为传说，但亦反映了北方义学衰落、习禅风行的状况。魏末以后，随着南北交往的增多，一些习禅者力倡定慧双修，在禅观的基础上发展起了各种理论学说，客观上统一着南北佛教不同的学风，顺应了南北社会统一的需要。自此以后，修禅观者，多兼立义学，谈玄理者，必依观法。魏晋以来禅智兼弘的风气终于成为中国佛学的主流，并酝酿出皆以"定慧双修"自诩的隋唐佛教各宗派。

比较典型的几个中国佛教宗派，不但各有其思想理论体系，而且都有各自独特的观法。天台、华严和禅宗的思想奠基人或创宗人，都与禅观有着密切的关系，有的本身就是专习禅定的禅师，后来才向教理方面发展。因此，近代名僧太虚法师曾有个看法，认为中国佛学的特质在禅。他说，不仅是禅宗，而且，"台贤皆以禅为源"。从一定的意义上说，这种看法是有道理的。其实，即使是三论、唯识这样的佛教宗派，与禅观亦有密切的联系。下面，我们就对此略作说明。

1. 天台宗与禅

中国佛教宗派中创立最早的是天台宗，它的先驱者慧文、慧思都是北方著名的禅师。慧文活动于东魏、北齐之时，相传他因读《大智度论》和《中论·四谛品》而悟得"一心三观"的禅法，即认为可以于"一念心"中同时观悟空、假、中三谛，并以之传给慧思。慧思原在北方，归依慧文，从受正法。曾诵《法华经》，悟法华三昧，并将之推广运用于日常行事上，倡导"无相安乐行"的实践行法，即"常在一切深妙禅定，行住坐卧，饮食语言，一切威仪，心常定故"[1]。后南下传禅，有感于南方偏重义理而轻视禅修，乃倡定慧双开，并身体力行。道宣的《续高僧传》中说："自江东佛法，弘重义门。至于禅法，盖蔑如也。而思慨斯南服，定慧双开，昼谈理义，夜便思择。故所发言，无非致远。便验因定发慧，此旨不虚。南北禅宗，罕不承绪。"[2] 由此可见，慧思乃是一个统一南北佛教不同学风的重要人物。慧思的弟子很多，最著名的即是天台宗的实际创始人智顗。智顗本人亦是一个禅师，所重在"止观法门"。他从慧思处传得慧文独创的"一心三观"禅法，并在此基础上进一步发展出了"三谛圆融""一念三千"的观法，把"一心三观"与"诸法实相"联系起来，把种种禅法纳于其止观理论中，构建了天台宗独特的教观兼备的思想学说，独开中华禅学之一支。智顗为天台宗确立了止观并重、定慧双修的最高修行原则，他本人亦身体力

---

1 《法华经安乐行义》，载《大正藏》第 46 册，第 700 页上。
2 《大正藏》第 50 册，第 563 页下—564 页上。

行，教观双运，解行并重，既讲经论，又习禅定，并因此而声驰道俗，成为一代宗师。

2. 三论宗与禅

与天台宗差不多同时形成的三论宗是一个以《中论》《百论》和《十二门论》为主要典据的宗派，一向以弘传玄理而著称，但其理论先驱者三论诸师却都颇重禅观，与禅法的关系十分密切。三论之学源于北方的什肇之学，由僧朗传至南方。僧朗为辽东人，刘宋时入关研习三论，于齐梁时来到江南，住建康郊外的摄山栖霞寺，"坐禅行道"，并大弘三论之学。在他以后，有僧诠、法朗等依次相传，形成了"摄岭相承"的三论学派。至法朗的弟子吉藏，三论学派遂演变成为宗派。僧诠受业僧朗，玄旨所明，唯存中观，并认为"此法精妙，识者能行"，故不重言说而顿迹幽林，禅味相得。曾要求弟子多行少言。其弟子数百，著名者有四，即所谓四句朗、领语辩、文章勇、得意布。其中法朗出家后曾就建业大明寺宝誌禅师受诸禅法，后从僧诠，专攻般若三论之学。僧诠去世后，入京住兴皇寺，大弘讲席，但仍被认为在僧诠的弟子中"禅门宏敞，慧声遐讨，皆莫高于朗焉"。其门下亦多修习禅定者，如罗云从陟禅师"定慧兼修，注心开剖"，曾居龙泉寺五十余年，常坐不卧；法安与成禅师共论定道，琢磨心性；智锴遇天台颛公修习禅法，特有念力；其高足明法师门下更出禅宗牛头系开山祖法融禅师。"领语辩"，即智辩，也是一个重禅观的"义学沙门"，僧传上称他"胜业清明，定慧两举，故其讲唱，兼存禅众"。号称"文章勇"的慧勇虽然"盛开讲肆""专讲论文"，但也"锐志禅诵"，不废禅观。有"得意"

或"思玄"之誉的慧布则一直留住摄山，"常乐坐禅，远离嚣扰"，遵师之嘱，誓不讲说。曾到北地见禅宗二祖慧可禅师，"暂通名见，便以言悟其意"。又造访天台宗二祖慧思禅师并邀禅师，与之共论大义，"连彻日夜，不觉食息"，"联绵往还，三日不绝"，皆得印证，大受赞誉。后又苦相邀请保恭禅师南下于栖霞寺建立禅众，并于临终之时委以徒众，使栖霞重禅之风不坠。由此可见，摄山三论学派不仅自僧朗以来就一直颇重禅悦，习定不辍，而且，与天台、禅宗等均有值得注意的密切关系。汤用彤先生曾认为，南朝末造，禅法稍盛，天台一宗，盛于南方，均由于有摄山三论诸师之在先，而菩提达摩禅法源出于性空之宗，与摄山三论相通有默契，故达摩禅法得以广播南方，亦未始非已有三论之流行为之先容也。此论甚是。进而言之，三论诸师力主定慧双举，盛弘般若三论，其对隋唐各宗派的影响，又不只天台、禅宗为然也。

3. 法相唯识宗与禅

法相唯识宗是玄奘及其弟子根据印度瑜伽行派的理论而建立的一个中国佛教宗派。该宗通过对"法相"的细密分析而得出了"万法唯识"的结论，形成了包括"三性说""阿赖耶说"和"真唯识量"等在内的一整套十分烦琐的思辨理论和逻辑方法。同时，它还以唯识理论来说明转染成净、转识成智的解脱修行观，提出了它独特的唯识观法。窥基曾提出从宽至狭、从浅至深、从粗至细的五重唯识观，并对此作出过具体的说明。这"五重唯识"是：（1）遣虚存实识；（2）舍滥留纯识；（3）摄末归本识；（4）隐劣显胜识；

（5）遣相证性识。[1]证得了圆成实自性，也就获得了解脱。法相唯识宗所依据的经典很多，《瑜伽师地论》为其根本经论之一。该论的基本内容就是把瑜伽禅观境界分为十七地，以详说三乘观行的根本事相，因此，它还有《十七地论》的旧称。由此也可见得禅观在法相唯识宗中的地位。玄奘作为该宗的创始人，虽以毕生的精力致力于求法译经等佛事活动，但他也十分重视禅定的修习，常以无暇修禅而禅定工夫欠缺为憾，晚年更上书朝廷，希望入嵩山少林寺修习禅定，因唐高宗的劝阻才未能如愿。这也从一个侧面反映了法相唯识宗对禅观的重视，教观并重也是该宗的特点之一。

4. 华严宗与禅

华严宗是唐代法藏创立的一个宗派，其早期创始人还有初祖法顺和二祖智俨。华严宗与禅的关系也十分密切。法顺（557—640）本人就是一个禅师，年十八出家后即从因圣寺僧珍禅师修习禅定。后又研讲《华严经》，曾劝人依此经修普贤行。相传《华严五教止观》为其代表作，这是一部依教义的不同而对"止观"进行分类的著作，表现出了禅观与义学相结合的特色，对华严宗的影响很大。法顺的弟子智俨（602—668），随师学过禅法。在义学方面也专攻《华严经》，并以华严教义对止观作了新的解释，发展了华严教观。到智俨时，华严宗的教相与观行均已初步形成。智俨的弟子法藏（643—712）在其师的基础上进一步完备了华严宗的"法界缘起论"，并提出了以"一真法界"为核心的"法界观"和"十重唯

1　详见《般若波罗蜜多心经幽赞》卷上，载《大正藏》第33册，第526页下—527页上。

识观"等华严宗特有的禅观。"法界观"相传最早由法顺所创，他提出了"三重法界观"，即一真空观，二理事无碍观，三周遍含容观。法藏则进一步讲"四重法界观"。四法界即"一真法界"具体化为事法界、理法界、理事无碍法界和事事无碍法界。其中事法界虽不单独以之为观法，但其他三观皆不离事法界，故相续而谓之四法界观。"十重唯识观"则是吸收法相唯识宗的五重唯识观再加上四法界观而成，主张把法界归于一心，在思辨中达到一切皆圆融无碍。华严宗认为由上述观法才能对"法界缘起"真正有所理解。由此可见该宗对观行的重视。理论与禅观并重也成为华严宗的一个基本特点。

5. 净土宗与禅

最后，让我们再来看一下净土宗。在印度佛教中，有净土思想而无净土宗派。净土宗是中国特有的佛教宗派，它的渊源也与禅有密不可分的联系。净土宗倡导念佛法门，而"念佛本为禅之附庸"（汤用彤语）。早期修持念佛法门的人，都注重禅定而念佛。被净土宗追奉为初祖的东晋释慧远所奉行的"念佛三昧"本身就是大乘禅法之一种。慧远所倡导的念佛为"观想念佛"，即静坐入定，专心观想佛的种种美好相貌及其所居佛土的美妙庄严。慧远认为："诸三昧，其名甚众，功高易进，念佛为先。"显然，这种念佛就是修禅。这与后世净土宗所大力推行的"称名念佛"有所不同，但却为后者所从出。净土宗的奠基人昙鸾（476—542）所行之念佛，仍为念佛三昧。其《往生论注》中说："人畏三涂，故受持禁戒。受持禁戒，故能修禅定。以禅定故，修习神通。"[1] 在《略论安乐净土义》中，昙鸾又提出心心相次，十念相续的念佛，仍以禅定忆念为主，但也兼及口念佛号，甚至出现了把心念、口念等同起来的倾向。隋唐时的道绰（562—645）才开始专以"称名念佛"为务，进一步为净土宗的创立奠定了基础。道绰曾师事"道振朔方，升名晋土"的瓒禅师，后移住西河汶水石壁玄中寺，盛弘净土法门。他在讲《观无量寿经》二百余遍的同时，也常讲《般舟三昧经》等大乘禅经，因此，他又有"西河禅师"之称。道宣作《续高僧传》也将他归入《习禅篇》。道绰的弟子善导（613—681）实际完成了净土宗的创宗，他继承并发展了昙鸾以来的净土思想与修行方法，专弘借助于"他力"往生净土的"易行道"，把禅则归入"难行道"而加以贬斥。自此以后，念佛与修禅便分了家，口唱"阿弥陀佛"名号的念佛成了中国修持净业的最主要的方法。由上可见，净土法门与禅观法门本是相通的，说净土宗之源在禅，似并不过分。就此而言，中唐以后，禅净又趋于合一，除了其他各种原因之外，与禅净本身也不无关系。

以上我们简述了中国几个佛教宗派与禅的关系。除此之外，律宗、密宗与三阶教等的创立和发展，亦与禅有着相当的关系，对此就不一一细述了。下面，我们将重点考察一下代表中华禅学主流的达摩系禅法的演变与发展。

---

1 《无量寿经优婆提舍愿生偈注》卷二，载《大正藏》第 40 册，第 844 页上。

第三章

从禅学到禅宗

中国禅学，始自汉末安世高。汉晋之间，禅法流行。至南北朝时，北方禅学，蔚为大观。派别众多，禅师辈出。魏末至隋初，中国佛教的发展进入了模仿世俗封建宗法制度而确立传法世系进行创宗的时期，禅家又一向特重师承，因此，以传授"南天竺一乘宗"之禅相标榜的菩提达摩，便被后世禅宗尊为东土初祖。至唐宋时，禅宗又确立了西天二十八祖说。

中土禅门论师资传授，最早可见之于佛陀跋陀罗所译的《达磨多罗禅经》，其中详细论述了佛灭度后由尊者迦叶、阿难乃至不若蜜多罗"诸持法者，以此慧灯，次第传授"的传承关系。慧观在为此经所作的序中，又进一步详述了从富若蜜罗（即不若蜜多罗，乃音译之异）到佛陀跋陀罗的传授历史。正是由于佛陀跋陀罗所传之禅学有传承，因而受到了中土的欢迎。于此可见，早在禅宗传法定祖之前，禅家就已有传法之说，甚至在印度时似就已如此。后代禅宗以"传灯"喻传法，或即本于"以此慧灯，次第传授"之说。

隋唐诸宗皆重视传法世系，力图证明自己为传佛正法，其中尤以禅宗为甚。禅宗的东土五祖之说为弘忍门下所公认，而西天二十八祖说至《宝林传》问世才逐渐成为定论。禅宗以"教外别传""以心传心"相标榜。所谓灵山会上，如来拈花，迦叶微笑，即是以心传心的秘密传法，传至第二十八祖菩提达摩。达摩来华，为东土初祖。其后有慧可、僧璨、道信、弘忍等依次相传，弘忍门下又分神秀与惠能，遂有南能北秀之分。其实，西天二十八祖次第相传之说，乃是争法统的产物，并无多少历史意义。而从达摩到弘忍，尽管人物及其资料的真伪尚有争论，但从思想上看，确实存在着一定的内在联系，并反映了从禅学到禅宗的发展，故我们下面分别对东土五祖作些具体的分析与说明。

第一节　达摩祖师西来意

在中国禅学思想史上，菩提达摩的到来是一个重大事件。尽管从历史考据学的角度看，他的生平活动及思想资料都还有进一步考证的余地，但从宗教传播学的意义上说，他在中土的活动及他的禅学思想所发生的影响，则是实实在在、确证无疑的。

一、东土初祖菩提达摩

中国禅宗奉菩提达摩（？—536，一说 528）为东土初祖，"如何是祖师西来意"曾成为禅门弟子参学的主要话头之一，仅在《五灯会元》中就出现了不下于二百次。达摩初至金陵与梁武帝的问答也在《碧岩录》中被列为第一则"颂古"而成为禅门众所周知的公案。但关于达摩的生平事迹，历来传说的成分甚多。考之于史料，各种记载的出入也很大。现存的"菩提达摩"史料，以杨衒之的《洛阳伽蓝记》为最早，其中有"西域沙门菩提达摩者，波斯国胡人也。……自云年一百五十岁"的说法，但此人是否就是后代禅宗奉为初祖者，似不能下最后定论。道宣作《续高僧传》，已时隔近百年，故其所记，已不乏传说。唐宋时所出的各种禅门典籍，更是由于派别之争而编造了不少东西。因此，中外学者对菩提达摩其人其事其思想乃至其来华的时间等，常有争议。例如，有的认为禅宗奉为初祖的实际人物是佛驮扇多，有的认为是佛陀跋陀罗所译禅经中的达磨多罗；达摩来华的时间，有的认为在宋末，有的认为在梁代。所说各异，都有所据。就现有的材料，似难作出定论。

据道宣《续高僧传·菩提达摩传》载，菩提达摩为南天竺人，属婆罗门种姓。"初达宋境南越，末又北度至魏，随其所止，诲以禅教"。遇道育、慧可二沙门，感其精诚，诲以真法，授二入四行的大乘安心壁观禅法。达摩自言年一百五十余岁，游化为务，不测所终。

《五灯会元》卷一中的记载，内容要丰富得多。据说菩提达摩为南天竺国香至王第三子，属刹帝利种姓。从二十七祖般若多罗出家，得受正法，并承祖位。奉师之命，在师入灭以后，先留本国，行化六十余年，后待震旦缘熟，乃远渡重洋，凡三载，于梁普通七年（526）至中国南海。广州刺史具主礼迎接，并表奏梁武帝。武帝览奏，遣使迎请，于梁普通八年（527）十月一日至金陵。由于与梁武帝说话不投机，遂渡江北上，应了其师"路行跨水复逢羊，独自栖栖暗渡江"的预言。达摩至北魏，寓止于嵩山少林寺，面壁而坐，终日默然。人莫之测，谓之壁观婆罗门。越九年，欲返天竺，乃唤门人至前，命各言所得。称道副"得吾皮"、尼总持"得吾肉"、道育"得吾骨"，唯独称默然无语依位而立的慧可为"得吾髓"。于是，将历代祖师依次相传的"正法眼"付于慧可，并授袈裟，以为法信。又授可《楞伽经》四卷，言是如来心地要门，令诸众生开示悟入。时有光统律师、流支三藏等，与达摩不合，"竞起害心，数加毒药"。至第六度，达摩师以化缘已毕，传法得人，遂不复救之，端居而逝。是年为梁大同二年（536）。葬于熊耳山，起塔于定林寺。传说三年后，魏宋云自西域回，于葱岭遇达摩，见其手携只履。问其何往，答曰去西天。宋云回来后，具说其事，门人启圹，唯空棺，仅存一履。举朝为之惊叹。奉诏取遗履于少林寺供养。后不知所在。梁武帝曾为之作碑文，并记宋云事。唐代宗赐谥"圆觉禅师"。

尽管对菩提达摩的生平事迹难以定论，但对菩提达摩所传的禅法，却可以有一个大致的了解。曾受学于达摩的昙林，其《略辨大乘入道四行及序》所记，由于为道宣《续高僧传》及净觉的《楞伽师资记》所引用，故一般都认为并非伪造，可以代表菩提达摩的思想。下面我们即主要依据此来对达摩的禅学思想作些简单的分析。

二、"二入四行"的安心禅法

达摩的禅法，称"大乘安心之法"，具体的修行方法则是"理入"和"行入"。所谓"入道多途，要而言之，不出二种：一是理入，二是行入"[1]。

何为理入？"藉教悟宗。深信含生同一真性，客尘障故。令舍伪归真，凝住壁观，无自无他，凡圣等一，坚住不移，不随他教。

1　净觉《楞伽师资记》引，载《大正藏》第85册，第1285页上。

与道冥符，寂然无为。名理入也。"[1]

何为行入？行人有四种：初报怨行，即逢苦不忧，将所遇诸苦皆归之于过去所作之报应而甘心受之无怨诉；二随缘行，即苦乐、得失皆随缘，不生喜乐之心；三无所求行，即对一切都无贪著，信奉"有求皆苦，无求乃乐"；四称法行，即按佛教的要求去行动，以与性净之理相契合。

理入与行入概括了达摩禅法的主要内容和思想特点。行入大致相当于传统禅学的"止"或"定"，理入是行入的理论基础与思想指导，大致相当于传统禅学的"观"或"慧"。就此而言，达摩禅法也是强调止观并重、定慧双开的。这与当时整个中国佛教发展的趋势是一致的。不过，达摩在这两个方面又都作出了一定的变革。他的"行入"，不再注重传统禅法静坐、调息等烦琐的修持形式，而是以"安心"为宗旨，要求在契悟真性的基础上无贪无著、苦乐随缘，并认为，只有在日常的道行之中才能真正体现出安心无为、称法而行。后来禅宗提倡"饥来吃饭，困来即眠"这样一种随缘任运的修行方法，就是对此的进一步发展。达摩的"理入"，强调"藉教悟宗"，其特点及其对后世禅宗的影响主要可以从三个方面来看：

第一，区分宗与教。达摩提出的"藉教悟宗"明确地对宗与教作了区分。教，指的是经教、教法；宗，即"自宗通"，指的是远离文字言说的自证自觉。达摩区分宗与教，依据的是《楞伽经》。四卷本《楞伽经》卷三提出了两种通相，即宗通与说通。远

---

1 《续高僧传》卷十六，载《大正藏》第50册，第551页下。

离言说、文字、妄想而缘自觉趋于解脱的谓宗通，随顺众生说种种教法，令得度脱的谓说通。达摩据此提出了"藉教悟宗"，要求凭借"种种教法"而证悟真理、与道冥符。藉教是手段，悟宗是目的。这里，虽不废教，却有抬高宗的倾向。这种思想方法与"得意忘言"和"依义不依语"都是一脉相承的。后代禅宗的"宗门""教下"之分和"教外别传，不立文字"的自我标榜，都可视为承此"藉教悟宗"而来。

第二，把心性本净与般若扫相结合起来作为禅法的理论基础。达摩的"藉教"，藉的是什么教法呢？从"深信含生同一真性，客尘障故，令舍伪归真"来看，这显然是佛性-如来藏系自性清净心的思想，承印度部派佛教"心性本净、客尘所染"说而来，与《楞伽经》"自性净，客尘所覆故，犹见不净"的心性论是一致的。但是，从"凝住壁观，无自无他，凡圣等一，坚住不移，不随他教"来看，达摩的禅法又融会了大乘般若系的思想。达摩把《楞伽经》心性论与般若思想结合在一起作为禅法的理论基础，这既与他所传"南天竺一乘宗"的理论渊源有关，更是受中国佛教学风影响的结果。

菩提达摩为南印度人，部派佛教大众系在南印度曾有突出的发展，空王龙树之学亦发源于南印。其后，佛性-如来藏系的思想也在印度南方一带十分普及。这些对达摩禅法都是会产生一定影响的。

达摩的禅法提出了"凝住壁观"。壁观本为印度南方瑜伽禅法所通用的"十遍处"之入门"地遍处"，就其在印度禅法中的本意来说，是以墙之土色为观想的对象，并进而在主观感觉中视天地为一色，以达到心地清净的一种方法。由此，就禅修的结果来看，壁观又有了心如墙壁、无所执著的意义。达摩来华传壁观之法，强调随缘安心，就是重在心无执著，必然抛却壁观的形式而突出"心如墙壁"之义。后世禅宗也常常是以此来理解达摩西来意的，认为"达摩以壁观教人安心，外止诸缘，内心无喘，心如墙壁，可以入道"[1]。由凝心壁观而至心如墙壁、安心无为，从一个侧面反映了印度禅到中国禅的发展，也体现了达摩禅为适应中土的需要而中国化的特色，后者最突出的特点就是对般若实相学与楞伽心性论的融会。

般若非有非无，离言扫相，破除妄执，以无所得心，无分别智，证悟诸法实相，达摩以此来指导壁观禅法，显示了与当时北方僧稠所传的重"四念处"的禅法完全不同的风格。对此，道宣曾在《续高僧传·习禅篇论》中作过论述，他认为"摩法虚宗，玄旨幽赜"，因而"理性难通"，不像"稠怀念处，清范可崇"而"情事易显"。在道宣的眼里，达摩是属于大乘空宗的，达摩禅的特点是重般若而不追求形式。据说达摩初至金陵，梁武帝曾问他："如何是圣谛第一义？"达摩答曰："廓然无圣。""廓然无圣"为魏晋般若学用语。此段问答不一定是历史事实，但它常为惠能门下所津津乐道，表明惠能禅宗是把达摩视为宗奉般若学的。但是，自晋宋之际竺道生的提倡，涅槃佛性论在中土已大受欢迎并广泛流行，因此，达摩传"廓然无圣"之禅便受到了冷遇。达摩渡江北上，"取相存见之流，乃生讥谤"，这表明，北方的禅法重修行实践，北方当时流行的义学也是谈有的"地论学派"，而不是谈空的般若学，因而

---

1 《禅源诸诠集都序》卷上之二，载《大正藏》第 48 册，第 403 页下。

对达摩以般若为主的禅仍不感兴趣。达摩在南方和北方最初都未受欢迎，此或正是他转而以四卷本《楞伽经》"传佛心印"的契机。《楞伽经》既讲到了禅法，又大讲佛性清净心，同时又着眼于破除妄执以显真如实相，这对于达摩来说是十分合适的，既可迎合当时的社会需要和佛教学风而融入心性本净的思想，又可保持自己禅法的特色而独树一帜。达摩的"藉教"乃是"悟宗"之方便法门，因此，当传达摩禅的东山法门移至般若三论盛行的地区时，便转而以《金刚经》传法了。

第三，以"与道冥符"为禅修之最高境界。达摩的理入、行入均为入道之途，那么，入道之境如何呢？从"与道冥符、寂然无为"来看，是心无所著而与宇宙实相冥然相合。在达摩看来，含生同一真性，本来清净，宇宙实相，本来无相，只要凝住壁观，安心无为，无贪无著，随缘而行，含生本来清净之真性即可与无相之实相冥然相符。然而，尽管达摩的禅法一再强调心无所著，称法而行，但既谓"入"，便有能入所入；既要"符道"，便有"道"可符。因此，达摩的"安心"禅法从根本上说，仍未完全摆脱"心注一境"的传统禅法，其所观之境，所入之境，实际上仍然是外在于人心的，清净之本心与无相之实相并没有真正合而为一。达摩以后，禅境才逐渐由外向内演变，与道冥符最终为明心见性所代替。

然而，菩提达摩继竺道生会通般若实相和涅槃佛性以后，又将实相无相与心性本净结合起来作为禅法的理论基础，这一点很值得重视，对后世禅宗的影响也是巨大的，中国禅宗，特别是惠能南宗，正是由此而进一步发展起来的。

第二节　达摩禅之渐传

菩提达摩的禅传授给了慧可，这是禅门的通说。如果说初祖达摩的禅在楞伽与般若的有机结合中开出的禅流为中国禅宗的禅学思想提供了初步的基础，那么，二祖慧可与三祖僧璨的禅，则在此基础上推进了中国特色的禅学的发展，为中国禅宗的创立提供了重要的思想资源。

一、二祖慧可与三祖僧璨

被禅宗奉为二祖与三祖的是慧可与僧璨，但他们的生平事迹和思想资料，史籍记载很不详细，内容也不一致。

关于二祖慧可（487—593），在禅门中流传最为广泛的是"立雪断臂"的故事。说慧可久居伊洛，于北魏正光（520—525）初年，闻菩提达摩在嵩山少林寺，乃往访。达摩端坐面壁，不予理睬。有一天夜晚，天降大雪，慧可坚立不动，至天明，积雪已过双膝。于是，达摩悯而问曰：你久立雪中，当求何事？慧可回答说欲求佛道。达摩告诉他，欲求诸佛无上妙道要相当勤苦才行。为表求道之至诚，慧可乃潜取利刀，自断左臂，置于达摩面前。达摩知是法器，遂收为弟子。慧可因此而得传安心法门，并受衣法，成为二祖。但一般认为，这只是传说而已。道宣在《续高僧传》中明确地记载说，慧可曾"遭贼斫臂"，他"以法御心，不觉痛苦，火烧斫处，血断帛裹，乞食如故，曾不告人"。

据道宣的《续高僧传·慧可传》载，慧可，又作僧可，俗姓姬，虎牢（今河南荥阳）人。他外览坟素，内通藏典，是一位博学之士。年登四十，遇菩提达摩游化嵩洛，一见悦之，遂奉以为师。从学六载，精究一乘。达摩入灭以后，他亦埋形，然道俗慕其名声，常来请教。可"意非建立"，仍"言满天下"。后随迁都而北至邺地。时有道恒禅师，徒侣千计，排斥慧可，贬其说法为"魔语"，甚至贿赂官府，加害于可，可几乎丧失性命。此后，可乃从容随俗，乍托吟谣。晚年"流离邺卫，亟展寒温，道竟幽而且玄，故末绪卒无荣嗣"。

但后来道宣又对《慧可传》作了补充，说有那禅师从可学道，又有慧满，遇那说法，便受其道。"那、满等师，常赍四卷《楞伽》，以为心要。"并记载说："初，达摩禅师以四卷《楞伽》授可曰：我观汉地唯有此经，仁者依行，自得度世。""每可说法竟曰：此经四世之后，变成名相，一何可悲。"可见，在道宣之时，关于慧可就已经有了种种不同的说法。

慧可去世后，隋文帝赐谥"正宗普觉大师"，唐德宗赐谥"大祖禅师"。

关于三祖僧璨（？—606），据禅宗史籍记载，慧可曾将传自达摩的正法眼藏并信衣密付于他。但道宣在《续高僧传·慧可传》中并未提及此事，后来在《法冲传》中也只有"可禅师后，璨禅师"这样简短的几个字，并且是把璨禅师与慧禅师、那禅师等从可学道者并列在一起的，丝毫没有提到他得法为"三祖"，更没有为他专门立传。因此，关于三祖僧璨，一直缺乏直接的可靠的史料，人们对他的情况颇多怀疑。

后世禅宗关于慧可与僧璨有许多不同的传说。例如，《楞伽师资记》中有慧可立雪断臂、僧璨印证道信见解等记载；《历代法宝记》中又有慧可晚年隐入司空山、"后佯狂"，僧璨得慧可传法后"亦佯狂市肆。后隐舒州司空山，遭周武帝灭佛法，隐岷公山十余年"，后又"往罗浮山隐三年"等说法[1]；《景德传灯录》中更有慧可头痛换骨，为僧璨剃度，并为之取名、受戒，晚年"韬光混迹，变易仪相，或入诸酒肆，或过于屠门，或习街谈，或随厮役"[2]等记载。这些说法，当然不一定全是信史，但其中不乏可供参考的东西。例如慧可与僧璨韬光混迹，隐入山中，皆佯狂等，反映了他们当时在北方僧稠系的排挤下以及在北周武帝毁佛的情况下所处的潦倒境遇，也说明达摩所传的禅法至此仍未得繁兴，还可以理解为什么"人世非远，碑记罕闻"，有关他们的资料是那么少。因此，对于禅门的各种记载，我们不宜简单地完全予以否定。

按照禅宗的记载，隋开皇十二年（592），有沙弥道信前来求法，从学九年，僧璨乃付衣法。隋大业二年（606），僧璨为四众宣说心要讫，于法会大树下合掌立终。唐玄宗时赐谥"鉴智禅师"。

---

1 《大正藏》第51册，第181页中—下。
2 《景德传灯录》卷三，载《大正藏》第51册，第221页上。

二、身佛不二与任性逍遥

关于慧可与僧璨的禅学思想，现有的资料不是太多。《续高僧传》中记载的慧可答向居士书，是现存最完整的有关慧可的思想资料，比较集中地反映了慧可禅学思想的特点。而《景德传灯录》所载的署名僧璨的《信心铭》，虽不能绝对肯定是僧璨所作，但考其思想与慧可的致向居士书等是相近的，均主身佛不二之说，同时又对此有新的发挥，因此，当可视为早期禅宗的思想。下面，我们即以上述资料为主，结合其他一些记载对慧可与僧璨的禅学思想及其特点略作分析。

从禅学思想的发展来看，慧可是承达摩而来的。他以四卷本《楞伽经》为传授而又"专附玄理"，不执著言相文句，他"玄籍遐览，未始经心"，继承了达摩"藉教悟宗"的传统，乃至"滞文之徒，是非纷举"，引起了魏境文学之士的不满。他从达摩学道，"理事兼融，苦乐无滞"，实践了达摩"二入四行"、苦乐随缘禅法的要求。

同时，慧可对达摩禅法也有所发展。达摩禅的最高境界是"与道冥符"，即本净的真性与真如实相冥然相符。慧可则进一步提出了万法皆如、身佛不二的思想。他在答向居士书中说："本迷摩尼谓瓦砾，豁然自觉是真珠。无明智慧等无异，当知万法即皆如。……观身与佛不差别，何须更觅彼无余？"[1]这里，慧可的思想充分体现了魏晋玄学以来本末体用一如的思辨特色，表现了以《维摩经》等为代表的生死涅槃不二、烦恼解脱不二和众生与佛不二的

---

1 《续高僧传》卷十六，载《大正藏》第 50 册，第 552 页中。

大乘佛学思想。慧可的立足点虽未脱离《楞伽经》，但更突出了修行实践上的自证自度、自我解脱。

慧可禅学思想的重心在于自觉本来清净的自性，因此，他的"身佛不二"与达摩的"凡圣等一"是有一定差异的。如前所述，达摩禅的基础是"道"，道与含生之真性本质上是一致的，但还不是一回事，众生凝住壁观，使心性返归清净而"与道冥符"，才由凡入圣。这里，道还是外在于心性的。慧可却认为，心性就是真如，自心就是佛，他把佛法僧统一于"心"，认为"是心是佛，是心是法，法佛无二，僧宝亦然"[1]，这就把"道"拉向了心性，把所观之境由外搬到了内。自觉自心本来清净，即能成佛，自性清净心成为观悟的对象。然而，只要有观，哪怕是以心观心，就含有分别。只有到了惠能南宗，才倡导"心境泯然"说，强调自性般若，无念本觉，众生与佛本来不二。

在达摩与慧可的禅学思想中，就已经表现出了中国老庄玄学自然无为、任心逍遥的意境，这种思想倾向在托名僧璨的《信心铭》中有进一步的发展。《信心铭》的思想核心虽然仍是《楞伽经》自性清净的如来藏思想，但它结合"不二法门"进一步强调了不取不舍、绝言绝虑、自然逍遥，把佛教的万法一如、即心即佛与老庄玄学的人生哲学巧妙地结合在一起，开了后代惠能禅宗的先声。

《信心铭》引进了般若三论心境两空、破邪显正的思想与方法，突出了达摩禅法中的无自无他、随缘而行，强调清净之心与真如法界本来不二，故不必追求，自然具足；它认为，心境原是一空，万

---

1 《景德传灯录》卷三，载《大正藏》第 51 册，第 220 页下。

法本来一如，自心也本来清净，所谓的是非、得失、染净，皆由妄心而起，皆是妄见，应该"得失是非，一时放却"。《信心铭》提出了一个重要的思想，叫做"不用求真，唯须息见"，意谓不必去追求真如佛性，只要扫荡封执，息除妄见，心之真性便会自然显现，若有所求，反而失之弥远。将这种思想落实在修行实践上，便要求"放之自然，体无去住，任性合道，逍遥绝恼"。[1]确立清净本心的自然自足以提倡一种无求无得、任性逍遥的自然修行生活，这是《信心铭》的一个根本思想，其中显然融入了老庄玄学自然主义的人生论。把禅学理论落实于现实的禅行生活，要求在实际生活中来把握禅理，这是中国禅的一大特色。

从菩提达摩的凡圣等一至慧可的身佛不二与僧璨的任心逍遥，这既是达摩禅本身的展开，也是达摩禅顺应当时中国佛学发展的趋势，结合中国传统思想文化而发生的演变，到隋唐时，终于形成了中国特有的禅学宗派。

第三节　禅学向禅宗的过渡

菩提达摩的禅法经慧可、僧璨而传至四祖道信，无论是禅学思想、修行方式，还是发展的规模，都发生了重大的变化。

1　以上引文均见《信心铭》，载《大正藏》第 48 册，第 376 页中—377 页上；并见于《景德传灯录》卷三十，载《大正藏》第 51 册，第 457 页上—中。

一、四祖道信与达摩禅

道信（580—651），俗姓司马，河内（治所在今河南沁阳）人。少年出家，后往舒州皖公山，以僧璨为师，静修禅业，并蒙授法。经十年，又赴吉州、江州（均在今江西省境内），曾在庐山大林寺住了十年。大林寺为三论兴皇法朗的门人智锴所创建，智锴曾从天台智顗修习禅法。道信在大林寺留止多年，受到了三论、天台等多方面的影响。后应蕲州道俗所请，渡江北上，住黄梅西北的双峰山三十余载，大弘达摩禅法，并创立自家门风，门下徒众达五百余人。湖北一带自南北朝以来就一直是三论空宗流行的地区，这对于道信更多地接近空宗思想，当有很大影响。道信的思想虽然仍不离四卷本《楞伽经》，但由于他同时又依《文殊说般若经》，进一步接近了三论空义，因而淡化了楞伽的真性之义，使真常之心更多地让位给了当下自然的现实人心，并因此而在解脱理论和禅修方便等方面也相应地对传统禅学作出了新的发展。

道信在达摩禅法的展开中以及禅宗的创立过程中所起的作用与所处的地位是特别值得重视的，他可以说是中国禅宗的实际创始人。他不仅奠定了禅宗的思想理论基础，而且在组织形式和禅行生活方面使禅宗初具宗门的特点。达摩与道信之间是否有传承关系，现虽不能最后确证，但道信以后，禅宗的传承则是很清楚的了。《楞伽师资记》中说道信"再敞禅门，宇内流布"，《续高僧传》也说道信门下徒众达百余人，这都表明，达摩禅发展到道信已具相当规模。究其原因，除了社会环境较为适宜以及道信兼摄诸经教、兼融诸方便而使其禅法更具适应性之外，与道信传法方式的改变也有很大的关系。从达摩、慧可到僧璨，都是"行无辙迹，动无彰记，法匠潜运，学徒默修"，弟子们常行头陀行，一衣一钵，住无定处。到了道信却"择地开居，营宇玄像，存没有迹，旌榜有闻"。[1] 他在双峰山一住就是三十年，依山傍林，安居传法，经济上自耕自给，在教禅的同时又传戒。这都既便于诸方学人前来学道，又利于禅法的展开，影响的扩大。另外，据说唐太宗曾多次诏请道信入京，道信均以年老多病相辞，甚至当唐太宗命使者持刀威胁，若人不来取头来时，道信仍力辞不去。由此看来，道信传法主要依靠的是下层民众，对上层统治者则采取了不合作的态度。这对于日后禅宗的勃兴，特别是唐武宗灭法以后禅宗的发展，都有莫大的关系。道信初创的宗风，到弘忍而有进一步的发展。道信传法于弘忍，死后唐代宗赐谥"大医禅师"。

二、般若与楞伽的会通

道信的禅法思想，仍然是循着菩提达摩"藉教悟宗"的安心法门而来的，但他在藉教与安心两方面都有了很大的发展。

在藉教方面，达摩所藉之教为楞伽的心性论，同时融入了般若的离言扫相，但达摩未对此作理论上的论证。道信则进一步从理论上对般若与楞伽的结合作了论述，他引入了《文殊说般若经》的"一行三昧"，明确地用般若的无相之实相来改造楞伽的心性说。

1　敦煌本《传法宝纪》，载杨曾文校写《新版敦煌新本六祖坛经》附录，宗教文化出版社 2001 年版，第 181 页。

道信在《入道安心要方便法门》中曾自述："我此法要，依《楞伽经》诸佛心第一，又依《文殊说般若经》一行三昧。"[1]这里所说的《文殊说般若经》为梁曼陀罗仙的译本。该经的主旨在于宣说"一切法无相""一切法空"的般若思想，但同时又从般若性空的观点出发，谈到了佛性、如来藏，从佛界即众生界的角度论述了众生与佛的不二。

　　众生界与佛界平等无二，这本是佛性-如来藏系的重要思想之一。但它主要是从"界"上立论的，亦即是从众生都有佛性、如来藏而立论的。"界"最初有界别、种族之义，佛界即为佛这一种族类，后来又发展出佛之体性、众生成佛之因等义，与佛性、如来藏就成为异名而同实了。佛性-如来藏系认为，一切众生都有"不生不灭""自性清净"的佛性、如来藏，因此，一切众生界、佛界即是一界，众生与佛就平等不二的清净如来藏而言，是无二无别的。

　　与此不同的是，《文殊说般若经》所说的众生与佛不二是从"性空"实相上来立论的，它从般若实相的无相无作、不可思议和一切法皆为假名而引出了众生与佛同为一界，众生与佛无二无别。因此，它并不主张众生皆有常住不变之如来藏，皆得成佛，而是把包括佛与众生以及菩提等在内的一切法统统归之于非有非无的性空实相。经中强调："世尊即是法界，……法界之相即是菩提，……一切法空即是菩提，……非有非无。""一切法相同入实际，……佛及凡夫二法相空，无取舍故。"经中还特别强调了"佛亦但有名字，名字相空"，以破除人们的执著妄见。正是基于这样的思想，经中

---

1 《楞伽师资记》引，载《大正藏》第85册，第1286页下。

提出了"一行三昧"法门，认为只要修此三昧，就与"如般若波罗蜜所说行"相同，能速得阿耨多罗三藐三菩提，亦即如实了知诸法性空的道理。[1]

《文殊说般若经》中的"一行三昧"实际上是证得般若空观的一种禅定。根据经中解释，"一行"即是"法界一相"，意谓"一切法空"的不可思议、无言说相，亦即非有非无的般若实相，这与《大乘起信论》中以真如为"法界一相"的"一行三昧"是很不一样的。经中强调，通过"系心一佛，专称名字"的念佛即能入此三昧，尽知诸佛与法界无差别，佛及凡夫二法相空，从而自身也就等佛了。道信以这种即假而空、生佛不二的"一行三昧"念佛法门与《楞伽经》的"诸佛心第一"相结合而成就了他的"安心"方便法门。

《楞伽经》所言之心具有如来藏自性清净心的意义，而将佛性与人心视而为一，又是达摩至僧璨依据四卷本《楞伽》所共有的思想倾向，这种思想倾向在道信这里有更进一步的发展。道信以《文殊说般若经》的思想来改造《楞伽》之心，更突出了当下即是的念佛之心。他把"系心一佛"与系念自心联系起来，强调心即是佛，念佛即是念心，念心即是念佛。由于所念之佛即是心，念佛之心亦即是佛，念与所念皆不离心，心就是佛。因此，念与所念其实都只是一种方便施设，剩下的只有当下念佛之心。据此，道信提出："常忆念佛，攀缘不起，则泯然无相，平等不二。入此位中，忆佛

---

1 以上引文均见《文殊师利所说摩诃般若波罗蜜经》，载《大正藏》第 8 册，第 726—732 页。

心谢，更不须证，即看此等心。"[1]这也就是"安心"。心既得安，即得解脱。道信这里所说的"心"已通过般若实相说而更多地转向了当下念佛的现实之人心，它与"如来藏"是有很大差异的，这不但表明道信禅法的所藉之教与达摩以来的禅法已有很大的不同，而且使达摩以来的安心法门之内涵也有了极大的变化。同时，这也反映了道信的修行观对达摩以来的禅法作出了很大的发展。

三、修行观与五方便

由于道信虽然以般若实相说来改造楞伽的心性论，把立足点更多地移向了般若，但他并没有完全离开楞伽心性说，因此，他的修行观一方面依于无所得心而倡导一种随心自在、无碍纵横的修行生活，另一方面又提出了观心看净的方便法门。在《入道安心要方便法门》中，道信曾同时提出两种使心得明净的禅修方便，一为"亦不念佛，亦不捉心，亦不看心，亦不计念，亦不思惟，亦不观行，亦不散乱，直任运，亦不令去，亦不令住，独一清净，究竟处心自明净"；二为"或可谛看，心即得明净。心如明镜，或可一年，心更明净。或可三五年，心更明净"。这清楚地反映了道信禅学思想的兼容性，也为日后南北禅宗的分化埋下了种子。由于无佛可念，无心可看，佛即是心，心相无相，故不念佛，不看心，清净之心便自然明净；若凝心入定，念佛看心，即有所执著，不得解脱。这种任心自运的方便法门依据的显然是无相无得、无著无舍的般若

---

1 《楞伽师资记》引《入道安心要方便法门》，载《大正藏》第 85 册，第 1287 页上。

思想，后世惠能南宗即发展了这种禅法。而"心如明镜"、"或可谛看，心即得明净"的说法，却又明言观心看净。三年五年，心更明净。这显然又是《楞伽经》自性清净心的次第渐修法门，神秀北宗的"时时勤拂拭"亦可视为是对这种禅法的继承。道信把上述禅法的差异归之为学者根机的不同，其实，从他引经据典的说明中可以看出，这实际上与他所藉之教的不同是有密切关系的，它反映了道信禅学思想中般若与楞伽的两种不同的思想倾向。

道信还曾把各种禅修方便归纳为五种。从这五种围绕着"心"而展开的修行方便法门中，我们可以清楚地看到道信用般若思想来改造如来藏自性清净心而未彻底，博采众经之说而为我所用的新禅风。

所谓五种方便，一为知心体，二为知心用。知心体是知心之体性本来清净，与佛不二；知心用是知心之作用生法宝，与理相契。知心之体用具有知自心圆满具足、即心即佛的意义。第三种方便为"常觉不停"，具体地说就是"觉心在前，觉法无相"，意即圆满自足的本觉之心念念不滞于言相，正念不断，妄念不起。第四种方便主要是"观"，要求通过观身空寂而明了诸法皆空的道理，从而入身于法界之中达到我佛一如之境。第五种方便为"守一不移"，即在了知能缘所缘皆为空幻的基础上守住清净之自心。道信在将一切归之于空幻的同时又留下了不空的清净之心，这既表明他的禅法以般若空观为指导而又未摆脱楞伽心性论，也给了惠能南宗禅以深刻的影响。

道信自云，其五种方便"皆依经文所陈"，他的《入道安心要方便法门》也确实先后引用了十多种分属不同思想体系的佛教经典，特别是开了禅门引用《金刚经》的先例，这表明道信的禅法仍然是依教明禅，并未超出"藉教悟宗"的范围。但道信特别强调"依义不依言"，认为若要真正得佛意，只有"一言亦不用"。他还把禅法的重心安放在"行"之基础上，认为"学道之法"应先知心之根源及诸体用，在了知清净之心在学道中的根本地位以后，就应该以心为源，凭借自心努力去行。只有"解行相扶"，才能明心见性，解脱成佛。

道信五方便禅法所围绕的"心"，既有真常之心的痕迹，又有空寂之心的倾向。因此，五种方便既容纳了许多传统禅法的修心内容，又以般若空观进一步发挥了慧可、僧璨禅法中即心即佛、万法一如的思想。道信在反复谈到"看心""摄心""守心"的同时又把坐禅看心等视为"初学者前方便"，认为只有在自然的生活中无心而修心，才能使清净圆满的自心自然地呈现。这充分体现了他的禅法兼摄诸经教、兼融诸方便而又以般若无所得思想为主的特色。道信把达摩以来随缘逍遥的修行观进一步置于当下即是的自然之自心的基础上而提出的随心自在、无碍纵横，成为中国禅宗修行生活的基本态度。

道信开创的新禅风在弘忍那里得到了进一步的发展。

第四节　东山法门与禅宗初创

菩提达摩系的禅法发展到道信，无论是禅法思想还是禅法开展的形式，都已初具宗门的特点，弘忍在此基础上进一步完成了禅宗的创建。中国禅宗可谓是初创于道信，基本完成于弘忍，而由弘忍的弟子神秀和惠能进一步加以发展。南能北秀为代表的南北禅宗是中国禅宗的两大基本派别，其门下为争法统而相互攻讦，甚至发展到"相见如仇雠""相敌如楚汉"的地步，但他们都公认弘忍的祖师地位，均称得到了弘忍的传授，由此也可见得弘忍在中国禅宗史上的重要地位。

一、五祖弘忍与《最上乘论》

弘忍（602—675），俗姓周，蕲州黄梅人，传道信法统而成为禅宗五祖。据说他七岁就随道信出家，"三十年不离信大师左右"。他白天劳作，夜晚坐禅，性情敦厚，与世无争。由于他独善其身，精进不懈，因此，虽然文化水平不高，不常读经，却能契悟佛法大义，深受道信器重。道信以后，弘忍定居于黄梅双峰山东去不远的冯墓山（故又称东山），弘法开禅，大启法门，门徒甚众，规模空前。《传法宝纪》称"道俗受学者，天下十八九。自东夏禅匠传化，乃莫之过。"弘忍所传的禅法被称为"东山法门"。其实，东山法门也包括了道信的禅法，因为弘忍的禅法是对道信禅法的发扬光大，道信倡导的"一行三昧"为东山法门之根本。

弘忍在东山传法二十余年，足不出山，长期养性山中，并保持了道信对统治者上层人物不合作的态度。据说显庆年间，唐高宗曾多次派遣使者前来迎请弘忍入京，均遭拒绝。弘忍继承并发展了道信倡导的山林佛教的特色，聚徒定居，生产自给，把禅的修行与生产劳动相结合，把禅修与日常生活打成一片，从而使达摩以来随缘自在的修行观具体落实到了实际的禅行生活中去，在农禅并作的修禅生活中透露出了中国禅宗特有的老庄风度。中国禅宗的基本组织形式与生活态度在弘忍之时基本得到了确立。弘忍去世后，唐代宗敕谥"大满禅师"。

弘忍的禅学思想，主要强调"守本真心"，认为"此守心者，乃是涅槃之根本，入道之要门，十二部经之宗，三世诸佛之祖"[1]。这些思想主要保存在传为弘忍所作的《最上乘论》中。敦煌本中题为"蕲州忍和尚"所作的《导凡趣圣悟解脱宗修心要论》一卷与《最上乘论》为同一作品。关于《最上乘论》是否为弘忍所作，中外学者一直有不同的看法。我们认为，净觉在《楞伽师资记》中虽曾明言"忍大师萧然净坐，不出文记，口说玄理，默授与人，在人间有禅法一本，云是忍禅师说者，谬言也"，但这并不足以否定此论或为弘忍弟子所编集。首先，净觉所否定的"禅法一本"并不一定就是现存此论。其次，"不出文记"可以是说禅师本人不事撰述，并不等于就排除了禅师"口说玄理"进行的方便之教可以由弟子记录成文的可能性。事实上，净觉在强调达摩以来的历代祖师均"不出文记"的同时，又记载了达摩有《达摩论》、慧可有《略说修道明心要法》、道信有《入道安心要方便法门》等，净觉说神秀"不出文记"也没有妨碍我们今天承认神秀有《观心论》等传世。至于《最上乘论》中部分内容的可疑更不能说明全论均非弘忍所作（或所说）。

再以达摩系禅法的发展来看，《最上乘论》提出的"守心"这个主题也是对道信禅法思想的继承与发挥。道信思想的重心虽然移

---

1 《大正藏》第 48 册，第 377 页下。

向了般若，但并未排斥楞伽，因此，在修禅实践上既强调随心自在，又兼容了观心看净、摄心守一等方便。《最上乘论》在《大乘起信论》的影响下，把摄心守一明确为"守本真心"，从而把所守之心的"真心"成分进一步突出了出来，这与《宗镜录》及《楞伽师资记》等所引述的弘忍思想基本一致。至于论中有些文句与《楞伽师资记》中记为慧可所说的很相似，这说明《最上乘论》中有部分内容是比较早出的，以至于净觉将它归到了慧可名下。即使是慧可的思想，既然已为弘忍所引述并加以发挥，也就可以同时视为代表了弘忍的思想，因此，在没有更多的材料来确证之前，我们暂时就把这些内容放在弘忍禅法中来加以分析，而在论述慧可思想时就从略了。

总之，我们认为，《最上乘论》可能是由弘忍门下根据弘忍所说集录而成，大体上可以反映弘忍禅法的特点。此论的思想与神秀北宗禅相近，若为北宗人伪托，在后来惠能南宗几乎一统天下的情况下似应有人出来辩驳，因为弘忍是南北禅宗共同尊奉的五祖。但在现有材料中并未见到此类辩驳，这也从一个方面证明了此论为弘忍所述的可信性。下面我们就以《最上乘论》为主来探讨一下弘忍禅法思想的特点。[1]

二、"守本真心"论

《最上乘论》的主题是"守心"，论文围绕着所守之心为何、为

---

1 以下引文凡不注出处者，均见《最上乘论》，载《大正藏》第48册，第377—379页。

何守心以及如何守心等展开了论述。

　　所守之心为何？论中明确提出，所守之心为"自性圆满清净自心"，亦可称之为"我心""本心""真心""真如佛性"等。这个"心"本来清净，不生不灭，圆满具足一切功德，为一切之根，一切之源。只要守住这个心，便自然与佛无二。弘忍所说的心，兼具当下自然之心和佛性两重意义。就弘忍把本来清净的自心解为"真心""真如佛性"而言，他显然把达摩系禅法中本已包含的如来藏思想倾向进一步加以发展了。如来藏思想的倾向在道信的禅法中有所淡化，道信曾以般若思想来改造如来藏自性清净心，就性空而说生佛不二。弘忍却突出了"自心"的不生不灭性，并从众生皆具真心、皆得藉此真心而成就佛之果位来说众生与佛不二。因此，他特别抬高"心"的地位，把"自然而有，不从外来"的真心视为"本师"，认为"三世诸佛以自心为本师"，众生只要"守我本心，则到彼岸"。但弘忍的禅法中也有般若性空的思想，他曾明确把法性和涅槃等都归之于空。不过，他在把一切归之于空的同时又保留了不空的真心，强调"法性虽空，要须了然守本真心"，这显然是继承了道信的思想特点而又加重了真心的成分。

　　在论证"守心"之必要性的时候，弘忍一方面引用《华严经》"三界虚幻，唯是一心作"和《涅槃经》"常乐我净"的佛性论等思想来强调"一切万法不出自心"，自心是万法之本，故必须守心，认为只要念念自识本心，守住真心，即自见佛性，解脱成佛；另一方面，弘忍又把守本真心说成是解脱成佛必不可少的条件，认为"若有一人不守真心得成佛者，无有是处"。这样，"守心"既是解脱成佛的充分条件，又是解脱成佛的必要条件。作为证得涅槃、解脱成佛的充分必要条件，"守心"的重要性与必要性不就是很清楚的了吗？

对于如何守心，弘忍也有许多论述。通过识心而守心就是他的一个重要思想。在弘忍看来，若能了知自心为万法之源，一切万法不出自心，"自识本心是佛"，从而不假外求，"但于行住坐卧中常了然守本真心"，便能"一切心义自现"，自心自度，自得成佛。为了守本真心，识心自度，弘忍也提出了一些方便禅法，从坐禅、调息到舍身、念佛等，这些方便禅法从形式上看都与道信《入道安心要方便法门》中所说的五种方便十分相似，但在内容上却是有所不同。例如道信的"守一不移"法门说的虽然也是"摄心""守心"，但道信要求的是通过观空而摄心、守心。他所说的"心"尽管仍有如来藏清净心的倾向，但般若性空的特色也是十分明显的。因此，他在引用《观无量寿经》的念佛法门时结合《般若经》的"无所念者，是名念佛"而提出了"念佛即是念心"、念心而实无所念。而弘忍的"守心"却主要强调"守真心"，他引用《观无量寿经》念佛法门也是为了教人通过念佛而使心地保持清净，念念不离真心，这与道信的无念而念心显然是不一样的。

弘忍强调"守心"的禅法对后世南能北秀都有很大的影响。"守本真心"，如果立足于"行"，突出"观心"而息妄心，便会有北宗的"息妄修心"；如果立足于"证"，突出行住坐卧真心不失，便会有南宗的"直显心性"。而弘忍在论述"守心"禅法时对"迷悟"和"经教"发表的看法对后世的影响也是特别值得重视的。

关于迷悟问题，弘忍是从众生与佛果体平等无二来加以论述的。他认为，众生与佛虽然真性无二，但众生由于迷于真性，妄起爱憎之心而丧失了真心，因而沉沦生死，不得解脱，若悟达法性，自识本心，从而守本真心，妄念不生，便能自然与佛平等无二。这就是说，对自性的迷与悟是众生与佛的根本差别之所在。在悟的顿渐问题上弘忍没有作出定说，但从《最上乘论》总的思想来看，有渐修顿悟的倾向。弘忍把识心悟性提到极重要的地位，这在禅宗发展史上有重要的意义。从此以后，迷与悟、顿与渐的问题，便与禅宗结下了不解之缘，并成为南北禅宗的核心问题之一。

弘忍对于经教的看法，也与达摩以来的"藉教悟宗"有所不同，他的禅法不再要求借助于经教来达到"理悟"，而是强调心为十二部经之宗，处处显示出了直契心性的禅宗特色。弘忍认为，佛的一切言说教法都是引导众生"守本真心"的方便教化，"千经万论，莫过于守本真心是要也"，故众生可以不必凭借教法，"但守一心"，即得成佛。经教至多只是用来"印证"守心之必要性的方便而不是"悟宗"的必要条件。弘忍对自心的强调和对经教的看法，确立了禅宗"教外别传"、以心命宗的基调，弘忍以后，南北禅宗皆由此而展开教法。

三、禅宗的创立

我们前面已经提到，从道信到弘忍，无论是禅法思想还是传法的方式，都已具备禅宗的各种特点。但是，目前学术界有一种比较普遍的看法，认为中国禅宗始创于惠能。这实际上是受宋代以来依惠能南宗而作的各种禅宗灯录的影响，把禅宗主流惠能一系视为禅宗的唯一流派而排斥了神秀北宗。固然，惠能南宗的发展规模与影响都是神秀北宗所不可比拟的，但这并不等于神秀系就算不得"禅宗"。若把惠能视为中国禅宗的实际创始人，那么势必将神秀北宗排斥于"禅宗"之外，无论从何种角度看，这显然都是不合适的。事实上，作为弘忍门下的南能北秀两系争法统这一历史事实本身，就已从一个侧面反映了禅宗在弘忍之时已经完成了创宗。若无禅宗创立在前，以惠能嫡传自居的神会要树惠能，何须先破神秀北宗？正是有弘忍完成创宗在前，才有门下的旁正之争在后。根据现有资料和大家比较公认的判别宗派形成的标准，我们可以从如下几个方面来看道信与弘忍"东山法门"的出现就已标志着禅宗的创立。

首先，东山法门已经包含了以后南北禅宗的基本禅学思想和方便法门。南能北秀皆以正传东山法门相标榜，道信所倡导的"一行三昧"成为南北禅宗的共同禅法。尽管神秀以真如、真心解"一行"，惠能以实相、自心解"一行"，空有的思想倾向各不相同，但他们立足于真空妙有契合无间、真心人心本来不二的立场，这一点却是共同的。无论是北宗的重观心看净，还是南宗的重随缘任运，都可以在东山法门中找到源头。

其次，东山法门已奠定了禅宗生产和生活的基本方式，开创了中国禅宗特有的宗风。从道信到弘忍，都有了比较固定的徒众，团体生活，农禅并作，经济上实行自给自足等，也都成为禅行生活的规范，体现在禅门百丈清规中的中国禅宗丛林制度的基本原则思想，实际上已于此时初步形成。道宣作为一个持戒严谨的律师在《续高僧传·习禅篇论》中曾批评当时禅门不遵戒律的一些情况，其中说到聚结山门、自食其力、将修禅与劳作打成一片等，这不正是中国禅宗的基本特色吗？道宣卒于 667 年，当时惠能尚未出家行化，道宣指的显然不是惠能及惠能门下。

第三，佛教宗派一般都有自己一定的势力范围，从东山法门的传播情况来看，当时以蕲州黄梅为中心，湖北一带已成为弘忍及其门下的主要活动区域。例如弘忍的弟子有荆州玉泉神秀、安州寿山玄颐、随州玄约、蕲州显、襄州通、业州法等，形成了一定的势力范围，以后才逐渐向广东、湖南、江西乃至全国进一步传播发展。

第四，禅宗的传法定祖之说已于弘忍之时完成，这是禅宗创立的一个重要标志。根据现有资料，东山法门已开始打出"传佛心印"的"教外别传"之旗号，东土五祖的传法世系也在弘忍时成为定说。"教外别传"实际上是禅宗特有的"判教"，强调息言离经而突出"心印"是传东山法门的各系所共同坚持的宗风，他们借此而把自己与当时教下的各派区别开来。道宣在《续高僧传·习禅篇论》中也对当时排斥大小乘义学、"正经罕读"而"独建一家"的禅学宗派有所记载。另外，现存的《唐中岳沙门释法如禅师行状》碑文为我们提供的资料表明，在神秀尚未入京、惠能远在岭南之时，达摩所传的"南天竺一乘宗"已具相当规模，达摩至弘忍的传法世系已经确立。在禅宗以后的发展中，弘忍其他弟子的门人都纷纷出来争法统，以传东山之法的正宗自居，并先后提出了许多不同的传承说法，特别是神秀系和惠能系之间的争论尤为激烈。但他们所争夺的都是"六祖"的桂冠，至于东土五祖的法统则为各家所共同认可，弘忍的五祖地位也没有任何人提出异议。禅家虽然一向重视师承，但"定祖"争法统、确立传法世系却是宗派所特有的。因此，我们认为，东山法门已初具佛教宗派的特征，中国禅宗于弘忍之时已正式形成。

第四章

禅宗的分化与
禅学的推展

弘忍以后，禅宗得到了进一步的发展，同时，也开始出现了分化，逐渐形成了不同的派系，禅学思想也同步在各禅系中展开。在众多的派别中，以惠能为代表的"南宗"因倡导直了见性、顿悟成佛的简便法门而得到了极大的发展，中唐以后，更是一统天下禅门，取得了独尊的地位，乃至宋代以来的禅史灯录皆依南宗而作，包括神秀北宗在内的弘忍门下其他各系的情况则几近湮没。20世纪初，敦煌新发现了大量唐代写本的禅宗资料，比较重要的有净觉的《楞伽师资记》、杜胐的《传法宝纪》、神秀的《观心论》和《大乘无生方便门》、惠能的《坛经》、神会的语录及《南宗定是非论》、智诜门下的《历代法宝记》等。这些多出于弘忍弟子或再传弟子之手的作品，虽不乏门户之见，却为我们了解弘忍以后的禅宗发展提供了极有价值的参考材料。如果结合有关的金石资料与考古的新发现，再参考宗密的一些记载，我们就有可能对弘忍门下各派的分化以及南北禅宗的形成等情况有个大致的了解。

　　由于江南牛头禅一向被认为是旁出于四祖道信门下，且牛头禅法与惠能南宗禅的形成关系密切，因此，本章将先探牛头禅的主要特点，次述弘忍门下各系的概况，最后，再重点分析一下南能北秀对峙的形成，以求对中国禅宗的分化演变与发展有一个比较全面的了解。

第一节　四祖下旁出的牛头禅

魏晋以后，江南地区就一直是老庄玄学和般若三论之学比较流行的地区。中国禅宗的独特风格，在很大程度上就在于融合了庄玄与般若的精神。作为江南文化重镇的古都金陵不仅产生过在佛教史上有较大影响的摄岭三论学派，而且培育了在禅学思想史上独树一帜的法融牛头宗。牛头宗融庄玄般若与禅为一体的特色对惠能南宗禅产生了深刻的影响。

一、旁出于四祖及六代传承

牛头宗的创始人为法融（594—657）。据道宣的《续高僧传·法融传》载，法融俗姓韦，润州延陵（治所在今江苏丹阳市西南）人。年十九，"翰林坟典，探索将尽"，乃叹曰："儒道俗文，信同糠秕，般若止观，实可舟航。"遂入茅山，依三论之匠炅法师出家。又往金陵牛头山，曾住佛窟寺八年，遍读寺内所藏的内外经书。后又移住幽栖寺。法融认为，"如不凝想，妄虑难摧"，因而"凝心宴默于空静林，二十年中专精匪懈"。唐太宗贞观十七年（643），于牛头山幽栖寺北岩下别立茅茨禅室，"日夕思择，无缺寸阴"。数年之中，息心之众，百有余人。曾于岩下讲《法华经》，并受邑宰之请而在建初寺讲扬《大品》。修禅讲经，屡有神异之事。

由此可见，法融是一个由般若而入禅门，弘法与躬行并重的大师。《宋高僧传·昙璀传》中称他为"东夏之达摩"。

关于法融创牛头宗，《续高僧传》中并无明确的记载。然按禅门的通说，法融为四祖道信门下旁出，受道信印可而于牛头山别建一宗。身当初祖，传法六代，即法融—智岩—慧方—法持—智威—慧忠。这种说法主要依据的是宗密所说。宗密在《圆觉经大疏钞》卷三之下中略述牛头宗义时称，法融是五祖弘忍大师的同学，四祖委嘱忍大师继位之后，方与法融相见。法融久精般若空宗，于一切法皆无计著，深得道信器重，并得印证。道信语曰：此法从上以来，只委一人，吾已有嗣，汝可自行建立。法融遂于牛头山别开禅宗一派，传法六代。智威的弟子有润州鹤林寺玄素，玄素的弟子有径山道钦，皆相袭传授牛头禅的宗旨。

近代学者对于牛头宗六代传法的世系和道信与法融之间的传授问题颇有怀疑，考之于史籍记载，确实不无可疑之处。在被后世视为定说的宗密的说法出现之前，就有着道信印可法融和牛头宗传法世系的种种不同说法。现存最早的说法见之于李华作于天宝十一年（752）的《润州鹤林寺故径山大师碑铭》，其中说到了道信印证法融见解之事，但未提时间，并以法融—智岩—慧方—法持—智威—玄素为六代传承。刘禹锡所撰的《牛头山第一祖融大师新塔记》（约作于大和三年，即公元 829 年）中所列的传承次第与此稍有不同，六代中没有慧方，而在鹤林玄素之后，加上了径山道钦，并把道信会法融的时间明确记为"贞观中"。《景德传灯录》卷四《法融传》承袭了"贞观中"的说法，但在卷三《道信传》中又有"武德中"的记载。以上种种不同的说法均于法融去世百年之后才出现，且明显带有夸张的传说成分，而在与道信、法融和智岩为同时代人的道宣的《续高僧传》中却完全没有这类记载。《续高僧传》分别为道信、法融和智岩列了传，但其中不但没有提到法融受道信印可并创牛头宗的事，而且也没有说到法融和智岩之间有任何传授关系。因此，上述各种传说的可靠性就很成问题了。当然，从法融和智岩晚年均在建业弘化的情况来看，并不能排除他们之间有传授的可能性。再从道信在双峰山传禅形成了一个禅学中心，而法融门下也有成百上千的徒众等情况来看，道信与法融相遇也并非完全没有可能。不过，如果联系牛头宗至慧忠、玄素之时才勃兴以及各种传说也都于此时才出现等事实来看，与其说道信印可法融及牛头宗六代传法为确有其事，不如说这些都是后世禅者的编造或"追认"。

如果说，六代相承的说法可以理解为是牛头宗人为了抬高自己、表明自己受真传、得正法而进行的追祖认师，那么，牛头宗旁出于达摩系的说法则反映了禅宗内部的分化发展与演变。

牛头宗的禅法出自江南盛行的般若三论系，这与达摩系自僧璨、道信以来南下流传发展的趋势有相一致之处，特别是与惠能南宗禅的思想有许多相通之处。达摩禅系的活动区域自南移以后，与南方般若三论系的禅法接触的机会就多了起来。中唐以后，禅宗有了很大的发展，继神秀北宗盛行中原以后，神会又大弘曹溪门风，接下来又有江西马祖、湖南石头大兴。在东山门下各系争法统、定传承之时而出现牛头宗的传法世系就不是偶然的了。一方面，在禅宗各系皆以达摩禅之正宗自诩的时代风尚下，牛头宗也需要借助于当时已成定说的达摩系传承来抬高自己。另一方面，在南方流传的惠能禅宗由于更多地融合吸收了般若三论系的思想与方法，也有必要把这种思想说成是得到了祖师的"印可"，以便名正言顺地引用发挥，并可据此而更好地与继续坚持《楞伽经》传授的神秀北宗相对抗。这样，法融受到了道信的传授或者道信印可了法融的般若见解这种说法便应运而生了。在牛头系与达摩系之间已经有过的一些交往联系也正好为这种说法提供了依据。

法融是否旁出于道信门下虽然颇可怀疑，但法融的禅法思想对惠能南宗禅的形成与发展产生过重要的影响，这是历史事实。研究法融为代表的牛头禅法对于理解南能北秀的分化以及惠能禅学的特点都是有重要意义的。

二、法融牛头禅的特点

法融牛头禅的思想重心是"心境本寂，绝观忘守"，并在此基础上强调无心可安、以不安为安的禅修方便。

宗密在《中华传心地禅门师资承袭图》中曾对牛头禅作过概述，认为牛头宗意者，体诸法如梦如幻，心境本来空寂。执著有为迷，本无事为悟。迷即情生受苦，悟则忘情绝苦。把苦因归之于执有而情生，从而"以本无事为悟，忘情为修"，这显然依据的是般若三论的无所得思想。这与魏晋般若学者慧远所说的有情于化则其化弥广而形弥积，情弥滞而累弥深，故受苦无穷，在思想上是一致的。所不同的是，作为义学沙门的慧远要求通过"反本求宗"而"不以生累其神"，"不以情累其生"，以达到精神上的解脱，证入涅槃；法融则要求以忘情为修，通过"丧己忘情"的禅修而体悟万法如幻的真谛，体现了法融既是一个义学沙门，又是一个禅者的特色。

对照《续高僧传》上所说的法融由般若而入禅门的记载以及现存的有关法融的思想资料，上述宗密所作的概括是大致符合法融的禅学思想的。法融的思想资料，除了《绝观论》（有敦煌本）和一些零星的记载之外，主要有《心铭》一篇集中反映了法融的禅学思想，下面我们即以此为主对法融禅法的特点再作些说明。

在《心铭》中，法融开门见山就提出"心性不生，何须知见？本无一法，谁论熏炼？"[1]表明了其禅法立足于"心境本寂"的般若三论思想而展开的特色。这里的"本无一法"是指包括心与境、众生与佛、世间法与出世间法在内的"一切"法皆本无，皆如梦如幻。在法融看来，"境随心灭，心随境无"，无心无境，心寂境如，便是世界的本来面目。因此，无心可守，无境可观，在禅修实践上就应该"绝观忘守"。绝观忘守要求的是"一切莫作""一切莫执"的"无心用功"，是无心、无修、无证。法融反对任何有计较执著的修习，认为道是不待求、无可求的，求之弥远，而不求即是，修习得之的道皆非真道，只有无修而修，才能证入"灭尽生死，冥心入理"的解脱之境。

法融所说的"理"或"道"并不是一个精神实体，而是离一切限量分别的空，是无二无别的如。它不在内，不在外，同时又无处而不在。作为禅者的法融又将此道引入心性论，在他看来，万法如

---

1 《心铭》，载《景德传灯录》卷三十，《大正藏》第51册，第457—458页，以下所引凡不注出版者，均与此同。

如为道，自心无心亦为道，无心之心即是空寂之心，空寂之心就是般若的本无，就是性空。法融在《绝观论》中曾提出"心为体……心为宗……心为本"[1]，这里的"心"就是指空寂之心。基于这种空寂之心来修禅，法融便赋予了传统禅法所强调的"安心""修心"以新的含义，主张以不修为修，以不安为安，认为既不须立心，亦不须安心，可谓安矣！这种思想对惠能南宗的影响是巨大而深刻的。我们从后世编造流传的从达摩至道信历代祖师之间皆有"觅心了不可得，无心可安"之类的问答以及惠能"无念为宗，无相为体，无住为本"这种宗、体、本三者并举而统一于人们当下之心的思想中，皆可以看到法融牛头禅影响的存在。惠能"本来无一物"的得法偈与法融的"本来无事""本无一法"在一定程度上思想旨趣也是相通的。

　　由心境本寂、绝观忘守而至以不安为安心，这充分体现了法融由般若三论之义解而趋于禅心之证悟的禅宗特色。法融对心境本寂，特别是对空寂之心的论述，更多地不是从哲学本体论或宇宙论，而是从修心契入的禅家立场来加以说明的。法融将般若的本寂、本觉和本净等思想引入禅观，对觉智、迷悟和定慧等都作了独到的解释。他认为，知即是无知，即是迷；无知才是觉，才是悟。无虚妄之知，便显正觉妙智。无心取舍，取舍两忘，本净的心性自然显现的便是觉，便是智。这里，法融从心性本寂而趋向了心性本觉、自性觉悟。他在《绝观论》中用这种思想解释了定慧、智境等问题。他以心的寂灭与静止为定，为卷，为境；以心的照用与起解

---

1 《宗镜录》卷九十七引，载《大正藏》第 48 册，第 941 页上。

为慧，为舒，为智；将定慧、智境归之于一心的卷舒、寂照。这样，所谓迷与悟、定与慧的区分当然就是相对的方便说法了。惠能南宗的定慧等学、自性般若、识心见性、自心作佛等思想显然已在这里张了本。法融还曾谈到顿悟的问题，他认为通过无修而修可以"顿息"诸缘，以达涅槃解脱之境，这对南宗顿悟说的影响也是值得重视的。

法融以后，牛头禅进一步发展了"心为宗"、"识心见性"、"顿了心原，明见佛性，即心即佛，非妄非真"等思想而与惠能南宗禅合流。宗密在《禅源诸诠集都序》中把牛头与惠能门下石头一系同归入"泯然无寄宗"，就两家均具般若无所得思想而有一致之处而言，宗密的看法是有一定道理的。

第二节　五祖门下的分头弘化

五祖弘忍实际创立了禅宗，并"法门大启，根机不择"，广接天下学人。弘忍去世后，他的门下"堪为人师"者皆分头弘化，大江南北遍布禅者之足迹。禅门弟子在把东山法门传向全国的同时，禅宗内部也酝酿着分化，逐渐形成了不同的派系。其中影响较大而现今又可考者，就有法如系（在安徽、河南）、神秀系（由荆州而入两京）、惠能系（由广东曹溪而至全国）、智诜系（在四川）等。鉴于南能北秀在中国禅学思想史上的重要地位，我们将在下面对他们分章专述。这里先对弘忍其他弟子以及他们的禅学思想略作介绍。

一、十大弟子

弘忍门下，弟子众多，较突出的，有"十大弟子"之说。这"十大弟子"具体指何人，说法不一。较早的记载有净觉的《楞伽师资记》引玄赜的《楞伽人法志》，其中记弘忍临终语曰：

> 如吾一生，教人无数，好者并亡，后传吾道者，只可十耳。我与神秀，论《楞伽经》，玄理通快，必多利益。资州智侁，白松山刘主簿，兼有文性。莘州慧藏，随州玄约，忆不见之。嵩山老安，深有道行。潞州法如，韶州惠能，扬州高丽僧智德，此并堪为人师，但一方人物。越州义方，仍便讲说。又语玄赜曰：汝之兼行，善自保爱。吾涅槃后，汝与神秀，当以佛日再晖，心灯重照。

这里，除玄赜之外，列出了弘忍的十位大弟子。玄赜认为自己受到了弘忍专门的付嘱，因而地位也就特殊一些，不与其他十人并列了。但当时神秀系已发展到相当规模，明显地超过了弘忍门下的其他各系，神秀作为"两京法主，三帝门师"的显赫地位也已经确立。因此，玄赜才同时又说，弘忍嘱他与神秀两人"当以佛日再晖，心灯重照"！

出于智侁系的《历代法宝记》所列出的不离忍大师左右的"十人"与《楞伽师资记》所引完全相同，但由于《历代法宝记》作于惠能付法传衣说盛行之时，因而其中明言"除惠能，余有十尔"，把惠能突出在他人之上。而宗密的《禅门师资承袭图》和《圆觉经大疏钞》等所列的人物则与上述的有所不同，但记弘忍门下有十人"升堂入室"也是相同的，并以惠能为禅门正宗。

弘忍门下"十大弟子"的具体人物虽然说法不一，但弘忍"传吾道者，只可十耳"的说法却反映了这样一个事实，即东山法门的传授是并不拘于"一代只许一人"的。"一代只许一人"是惠能门下神会北上与神秀系争正统时才正式提出来的，它是禅门法统之争的产物。

二、法如系

法如（638—689）是弘忍的上首弟子之一。在弘忍去世后的一段时间里，他曾享有极高的声誉。据严挺之的《大唐故大智禅师碑铭并序》与李邕的《大照禅师塔铭》所记，神秀的大弟子义福与普寂都是先寻法如，因如公迁谢才改投神秀门下的。裴漼所撰的《皇唐嵩岳少林寺碑》（作于开元十六年，即公元728年）中则将法如誉为"定门之首"。

关于法如的生平事迹和禅学思想，僧传中无载，现有《唐中岳沙门释法如禅师行状》和敦煌本《传法宝纪》等可以参考。据载，法如俗姓王，上党（今山西长治）人。"幼随舅任澧阳（今湖南澧县），因事青布明为师（青布明即惠明，《续高僧传》卷二十六有传），年十九出家，博穷经论，游方求道。"后闻蕲州弘忍禅师"开佛知见"，遂往师之。约于显庆三年（658），法如投至东山弘忍门下，始终奉持，经十六载，直至弘忍去世。此后，法如先在淮南，后北游中岳，居嵩山少林寺。"垂拱二年（686），四海标领僧众，集少林精舍，请开禅法。"时"学侣日广，千里向会"。永昌元年（689）七月，法如寂然卒世，春秋五十有二。"瘗于少室山之原也。诸受业沙门北就高顶起塔，置石优填王释迦像并累师之行状，勒在佛碑。"

法如的禅学思想，就现有的资料来看，是承袭了达摩以来融会楞伽心性论和般若实相说的思想倾向并有所发展的，同时，法如保持了早期禅宗的素朴禅风。《法如禅师行状》记述说，法如来到弘忍门下，"稽请毕已，祖师默辩先机，即授其道，开佛密意，顿入一乘。……后居少林寺，处众三年，人不知其高，所以守本全朴，弃世浮荣。廉让之德，贤士之灵也。外藏名器，内洽玄功，庶几之道，高遁之风也。对问辞简，穷精入微，出有之计，解空之围也。"可见，法如是个根器灵利，操行严谨，独善其身，不尚浮华的禅师。尽管他早年"博穷经论"，但他并不以文辞相夸。他认为："言寂则意不亡，以智则虑未灭。"他十分强调自心的证悟。《法如禅师行状》中说："今唯以一法能令圣凡同入决定，勇猛当应谛受，如人出火，不容中断。众皆屈申臂顷，便得本心。师以一印之法，密印于众意。世界不现，则是法界。此法如空中月影，出现应度者心。子勤行之，道在其中矣。"[1] 东山法门以"一行三昧"而著称。法如以"世界不现"为法界一相，以"空中月影"来喻禅修之法，以自得本心为禅修之境，体现了他兼传道信重《文殊般若》的禅法与弘忍重"守本真心"的禅法之特色。法如所说的"本心"是息除了妄念的清净心。智俨在为法如的弟子李元珪所撰的《大唐中岳东闲

1　王昶：《金石续编》卷六《唐中岳沙门释法如禅师行状》，陕西人民美术出版社1990年版。

居寺故大德珪和尚纪德幢》（此幢现存洛阳龙门）中记述法如的禅法说："诸余禅观，并心想不妄。入此门者，妄想永息。"修禅在于息妄想、得本心，若起心修禅，当仍有所执著。任心而行，道即在其中。法如的禅法不重口说而重心行，这与惠能南宗的禅修途径是很一致的。同时，法如的禅法也有"顿悟心性"的特色。例如，法如受弘忍传授即"顿入一乘"；他在少林寺开禅要，"众皆屈申臂顷便得本心"；李元珪蒙其启发，"豁然会意""契彼宿心"，等等。

法如是个朴实无华、重视行证的禅师。一方面，他自己守本全朴，弃世浮荣，在少林寺处众三年，人尚不知其高，请开禅法，犹谦让再三。另一方面，他也要求门人以行证为要，"子勤行之，道在其中矣"。法如门人众多，但他传法谨慎，机缘未至，并不轻易授人，他认为"当传之不可言者，非曰其人，孰能传哉！"据《传法宝纪》载，他临终前曾嘱门人"而今已后，当往荆州玉泉寺秀禅师下咨禀"。法如既不以弟子众多为荣，也不以受人赞誉（包括被帝王宠信）为耀。从现有材料来看，法如始终保持了东山法门的朴实禅风，"晦名寄迹""弃世浮荣"，与帝王政治也毫无联系。然而，也正因为此，法如未能如以后的南能北秀那样在禅宗史上有地位，有影响。

从法如学法者虽然不少，但传法如禅法者，知名的却很少。据《皇唐嵩岳少林寺碑》载，法如有弟子惠超、妙思、奇拔、远契、无纵等人，"文翰焕然，宗途易晓"，但关于他们的详情，僧传禅史上皆无载。另据作于开元十三年（725）的《大唐中岳东闲居寺故大德珪和尚纪德幢》，法如有弟子李元珪（644—716），与都城大德同造少林，请法如开禅要，"遂蒙启发，豁然会意"。碑文在追溯李元珪的师承时说："自达摩入魏，首传慧可，可传璨，璨传信，信传忍，忍传如，至和尚，凡历七代，皆为法主，累世一时。永昌中，（法如）大师既殁，暂之荆府，寻及嵩山。……常钦昧《楞伽经》以为心镜。"元珪门下又有灵运，据说是梁武帝的后代，从珪大师习禅，"知夫心外无法，所得者皆梦幻耳。"崔淇的《唐少林寺灵运禅师功德塔碑铭并序》略载其事。灵运有弟子坚顺，曾为灵运建塔。坚顺以下，法如系便无可考了。

三、老安系

老安（582—709），亦称道安、慧安，因年长（比弘忍大二十岁）而称其为老安。据《宋高僧传》卷十八，俗姓卫，荆州支江（即枝江，今湖北枝江西南）人，生于开皇二年（582）。"受性宽裕，不染俗尘，修学法门，无不该贯。"为避隋炀帝之征诏而潜入太和山，不久又杖锡登衡岳寺，行头陀法。贞观中，至蕲州，礼弘忍大师。麟德元年（664）游终南山，石壁而止。唐高宗曾召之，安不奉诏。于是遍历名迹。永淳二年（683）至滑台，草亭居止，中坐绳床，四方坦露。敕造招提寺以处之。如是却还家乡玉泉寺，时神秀禅师新归寂，咸请住持，安弗从命。另据记载，久视元年（700），武则天在巡幸途中曾召老安于辇下，待以师礼，与神秀禅师同加钦重。[1]中宗神龙二年（706），敕令中官赐紫袈裟并绢，度

---

1 《宋高僧传》未记此事的时间与地点。有关情况可参见宋儋的《唐嵩山故道安禅师碑》《景德传灯录》和《旧唐书》等。

弟子二七人。复诏入禁中供养。三年，赐摩纳一副，便辞归嵩岳少林寺。景龙三年（709），寂然辞世，春秋一百二十八岁（《宋高僧传》作二百三十，推算有误）。

老安的禅法，现已不可详考，但《景德传灯录》卷四记载了他接引学人的一段问答。有坦然、怀让二人来参。问曰："如何是祖师西来意？"老安答曰："何不问自己意？"又问："如何是自己意？"答曰："当观密作用。"问曰："如何是密作用？"老安"以目开合示之"。坦然"言下知归，更不他适"，而怀让却"机缘不逗，辞往曹溪"。就这段问答来看，老安的禅风显然与惠能南宗相近。他不重禅定的渐修而重当下的顿悟自证，并注意以行为动作来启发学人摆脱言相的执著。也许正因为此，所以他才时常推荐门人去惠能处参学。除了上面提到的怀让后成为惠能著名的高足之一以外，在老安门下"亲承咨问，十有余年"的净藏也在老安去世后前往惠能处问道，并得惠能"印可"。

另外，有关老安弟子的记载也可反映老安系禅法的特点。例如，据《历代法宝记》载，老安的俗弟子陈楚章"说顿教法"，并"默传心法"，将顿教法传给了保唐寺无住，而无住的禅法思想和禅行生活都是与惠能南宗很相近的（详后）。此外还有破灶堕，"通彻禅法，逍遥弗羁"；圆寂，"恒以禅观为务，勤修匪懈，就嵩山老安禅师请决心疑，一皆明焕"。从这些记载中我们可以看到，老安系的禅法与弘忍门下"顿悟心性"的普遍倾向是基本一致的，在禅行生活方面也有南宗禅逍遥自在的特色。

附带说一下，前面提到，法如的弟子李元珪在法如殁后，"暂之荆府，寻及嵩山"，《景德传灯录》卷四则明说他"复谒安国师，印以真宗，顿悟玄旨"，所以过去一向把他列为嵩山老安的弟子。李元珪的禅法与惠能南宗禅也是有相通之处的。

老安系的传承，据宗密《禅门师资承袭图》中"子孙承嗣，至今不绝"的记载可知，至少在宗密时代（780—841）仍在延续。

四、玄赜系

玄赜也是弘忍的"十大弟子"之一，但关于玄赜的生平事迹和玄赜系的禅法，现均已不可详考。据玄赜的大弟子净觉（688—746）所撰的《楞伽师资记》载，玄赜是弘忍晚年的弟子，咸亨元年（670）才至双峰山，"恭承教诲，敢奉驱驰，首尾五年，往还三觐，道俗齐会，仿身供养。蒙示《楞伽》义云，此经唯心证了知，非文疏能解"。玄赜虽然在弘忍晚年才投至东山门下，但却是为弘忍建塔者，因为弘忍临终时，神秀、惠能等均不在身边。《楞伽师资记》记载说，咸亨五年（674）二月，弘忍"命玄赜等起塔，与门人运天然方石，累构严丽。月十四日，问：塔成未？奉答：已了。"接着，弘忍便在对十大弟子一一加以评论以后，又语玄赜曰："汝之兼行，善自保爱，吾涅槃后，汝与神秀，当以佛日再晖，心灯重照。"这里显然暗示了玄赜在弘忍门下的特殊地位，具有抬高玄赜的意义。弘忍去世后，玄赜住安州寿山寺。景龙二年（708），玄赜应中宗之召入西京，后于东都广开禅法，韦后之弟净觉即于此时"当众归依，一心承事"。玄赜、神秀与老安，"此三大师，是则天大圣皇后，应天神龙皇帝，太上皇，前后为三主国师也"。玄赜曾著《楞伽人法志》，许多资料均为净觉《楞伽师资记》所引用。

玄赜系的禅学思想，我们可以从净觉的有关论述中略见一斑。作为玄赜的弟子，净觉对其师是十分推崇的。他在《楞伽师资记·原序》中曾称玄赜"形类凡僧，证同佛地，帝师国宝，宇内归依"。并自述："净觉宿世有缘，亲蒙指授，始知方寸之内，具足真如，昔所未闻，今乃知耳。"净觉在玄赜的指授下，主要知了些什么道理呢？

　　首先，净觉认为，"真如无相，知亦无知，无知之知，岂离知也，无相之相，岂离相也"。在以"无知之知"和"无相之相"来解说真正的知和相之后，他便把整个世界的真实本质归结为此真如实相，认为"人法皆如，说亦如也"。"如"是不可言说、不可思议的，"如自无说，说则非如"，"至道无言，言即乖至"，但它却是作用无限，永恒常住的："空、用虽殊，而无心可异，即真如性净，常住不灭也。"作为禅师，净觉又将此"真如"统一到"心性""心体"上来。他引《大乘起信论》说："心真如者，即是一法界总相法门体。所谓心性，不生不灭。一切法，唯因妄念，而有差别；若离心念，别无境界之相。是故一切法，从本已来，离言说相，离名字相，离心缘相，毕竟平等，无有变异，不可破坏，唯是一心，故名真如。"这个不生不灭、自性清净的"心"不仅是生起万法的最终根源，而且是众生得解脱的根本依持，因为它"从本性自满足一切功德，自体有大智慧光明义故"。因此，一切众生，只要"动处常寂，寂即无求，念处常真，真无染著"，即能解脱成佛、证得菩提之果："无染是净，无系是脱，染即生死之因，净即菩提之果。"净觉的这些思想显然是承弘忍的禅法而来，深受《楞伽经》和《起信论》的影响。在禅修方便上，净觉也谈到了依持清净心的"坐禅"自证，认为"此中坐禅，证者之自知，不由三乘之所说也"。这与东山法门乃至神秀北宗的禅法也有相通之处。

同时，在净觉的《楞伽师资记·原序》中，中道般若和无所得的思想也是随处可见。例如净觉认为，"无法可得，无相可求"，一切都是"非有非无"的。他曾以这种"非有非无"的中观般若思想来解说菩提和涅槃之道。在他看来，空和有都是人执著的产物，"有本不有"，"空本不空"，"离有离空，清净解脱，无为无事，无住无著。寂灭之中，一物不作，斯乃菩提之道。然涅槃之道，果不在于有无之内，亦不出于有无之外。"他曾感叹地说："天下有不解修道者，被有无系然也。"他用缘起论来说明有和无都不是"本有"，而是"待缘"的结果，因此都不可执著。他说："有不自有，缘未生时无有；无不自无，缘散之后故无。有若本有，有自常有，不待缘而后有；无若本无，无自常无，岂待缘尽后始无也。……有无之法，妄想之域，岂足以标圣道？"净觉这里对有、无"待缘"的论证与东晋"解空第一"的般若学者僧肇的思想与方法是十分相似的。净觉还进一步引《放光般若经》来说明，菩提既不从"有"得，也不从"无"得，亦不从"有无"或"离有无"得，"此义云何得？答曰：无所得，得无所得者，谓之得菩提也。"基于这种思想，净觉在禅行方面便提出"无法可说，无心可言，自性空闲，返归于本"，这与惠能南宗随心自在的修行观又有一定的相通之处。[1]

从上述净觉的禅学思想中我们可以看到，玄赜系的禅法继承了达摩系兼容般若和楞伽两种思想倾向的禅学特色，其中虽有许多

---

[1] 以上引文均见净觉《楞伽师资记·原序》，载《大正藏》第 85 册，第 1283 页。

与神秀北宗相近的思想，但与惠能南宗的相似之处也是不少的。同时，玄赜系的禅法与东山门下强调自性觉悟的发展趋势也是基本一致的。

五、智诜系

传东山法门而在四川弘化的资州智诜系由于分化发展出了有影响的净众系和保唐系，而成为弘忍门下值得重视的重要派系。据《历代法宝记》载，资州德纯寺智诜禅师（609—702），俗姓周，汝南（指今河南省鲁山县以东、宝丰县以南、叶县西北一带地区）人。随祖官至蜀。年十岁常好释教，不食薰莘，志操高标，不为童戏。年十三，辞亲入道场。初事玄奘法师学经论，后闻双峰山忍大师，便辞去玄奘法师，舍经论。遂于凭茂山投弘忍大师。可见，智诜是由义学转向禅门的。弘忍临终时对他的评价是"兼有文性"，看来是反映了智诜之特点的。智诜从弘忍处得法后，便回归资州德纯寺，化导众生。据说他曾造《虚融观》三卷、《缘起》一卷、《般若心（经）疏》一卷等。万岁通天二年（697）七月，武则天敕天冠郎中张昌期往资州德纯寺请智诜禅师，智诜受请赴京，入内道场供养。后因疾进奏表，却归德纯寺。智诜在德纯寺化导众生，"首尾三十余年"。长安二年（702），智诜将受之于武则天的禅宗传法袈裟授予大弟子处寂（648—734，一作665—732），嘱其云："此衣是达摩祖师所传袈裟，则天赐吾，吾今付汝，善自保爱。"至其年七月六日夜，奄然坐化，时年九十四。

处寂门下有净众寺无相禅师（680—756，一作684—762），无相又传保唐寺无住禅师（714—774）。净众系和保唐系都是当时影响较大的禅宗派别。宗密在《圆觉经大疏钞》卷三之下述禅家"七家"义时曾分别将他们列为第二、第三家。关于他们的禅法，宗密也作了比较详细的记载，现在更有敦煌本《历代法宝记》可资参考。综合起来看，"无忆无念莫妄"三句语代表了他们的禅要，时人称此为"顿教法"。

宗密在记述净众寺无相的禅法时说："有三句用心为戒定慧者，第二家也。根元是五祖下分出，名为智诜。……弟子处寂，俗姓唐，承后。唐生四子，成都府净众寺金和尚，法名无相，是其一也。……言三句者，无忆无念莫忘也。……虽开示演说，方便多端，而宗旨所归，在此三句。"[1]这里的"莫忘"，《历代法宝记》引作"莫妄"。从"常与智相应，不昏不错"等解说来看，"忘"，应该作"妄"。宗密说保唐寺无住"亦传金和上三句言教，但改忘字为妄字，云诸同学错预（领？）先师言旨。意谓无忆无念即真，忆念即妄。不许忆念，故云莫妄。"[2]无住的说法是符合其师原意的。"无忆无念莫妄"三句实际上也就是《坛经》中所说的"无相无念无住"。首先，莫妄即无相，《金刚经》云："凡所有相，皆是虚妄。"无相当然就是无妄了。其次，无忆即与无住相当，无忆者，"令勿追忆已过之境"，这与《坛经》所说的"无住者……念念之中，不思前境"，显然是一致的。最后，"无念"的提法完全相同。据《历代法宝记》载，无相禅师又以三句语与戒定慧相配，认为"无忆是戒，

---

1 《圆觉经大疏钞》卷三之下，载《卍新纂续藏经》第 9 册，第 533 页下。
2 《圆觉经大疏钞》卷三之下，载《卍新纂续藏经》第 9 册，第 534 页上。

无念是定，莫妄是慧"，最后又以"无念"来统摄三句语和戒定慧，认为"无念即是戒定慧具足"。对照可知，这些说法与惠能门下荷泽神会的思想乃至语言都是十分相似的。无相禅师门下有一弟子亦名神会，据《宋高僧传》卷九载，其禅法之大略为"寂照灭境，超证离念，即心是佛，不见有身"，由于他"利根顿悟，冥契心印"，无相曾叹曰："吾道今在汝矣。"联系无相留下的"见性成佛"等法语可知，即心是佛、顿悟心性等代表了无相的禅法，这与惠能南宗禅是十分相近的，而与神秀北宗禅则是相异的。但无相的禅法在形式上却又与神秀的重视坐禅相同而与南宗的反对执著坐禅不合。据有关记载，无相不但自己常坐禅，"每入定，多是五日为度"，而且每授法了，便令人"息念坐禅"。

保唐寺无住的禅法与无相大体相同，只是在禅学思想和禅行生活上更接近惠能南宗。据《历代法宝记》载，无住禅师主张"见性成佛道，无念即见性"，认为"众生本性，见性即成佛道，著相即沉沦"。"其门传其法，示无念之义，不动不寂；说顿悟之门，无忆无念。"[1]宗密在《圆觉经大疏钞》中称无住的禅法为"教行不拘而灭识"。他记述说，无住先遇老安的俗弟子陈楚章开示而领悟，"后游蜀中，遇金和上开禅，亦预其会。便更咨问，见非改前悟，将欲传之于未闻，意以禀承俗人，恐非宜便，遂认金和上为师。指示法意大同，其传授仪式，与金门下全异"。相异在何处呢？"异者，谓释门事相，一切不行。剃发了便挂七条，不受禁戒。至于礼忏、转读、画佛、写经，一切毁之，皆为妄想。所住之院，不置佛

---

1 《大正藏》第 51 册，第 193 页中，第 195 页中，第 195 页下。

事。……故所住持，不议衣食，任人供送。送即暖衣饱食，不送即任饥任寒。亦不求化，亦不乞饭。"[1]保唐寺无住"教行不拘"的禅法破除释门一切事相，所住之院亦不置佛事，唯以"不起心""无分别"为妙道，主张行住坐卧一切时总是禅而心又不住于禅，这显然是发展了达摩以来禅法中"任运为修"的修行观，与惠能南宗的禅风十分相近。不过，无住的禅行生活虽然不求化，不乞饭，却仍然受人供养而不是自食其力，这与南宗门下的"农禅并作"仍然有一定的距离。

从上述净众寺无相和保唐寺无住的禅法，我们可以大致了解到智诜系禅学的特色与风格之大概。智诜系的禅法在中国南方曾盛行一时，至宗密的时代，"子孙承嗣"仍然绵延不绝。

六、宣什宗

据宗密的记载，弘忍门下还有宣什宗，主要在今四川省境内传播。但它的师资传承，在宗密时代已不可详考，宗密也仅是知道它为"五祖下分出"而已。《圆觉经大疏钞》卷三之下记载说："即南山念佛门禅宗也。其先亦五祖下分出，法名宣什。果州（今四川南充市北）未和上、阆州（今四川阆中市）蕴玉、相如县（今四川蓬安县锦屏镇）尼一乘皆弘之。余不的知禀承师资绍穆。"

关于宣什宗的禅法，从宗密的记载来看，是以"传香"为师资之信，以念佛为净心之方便的。《圆觉经大疏钞》曾概要地记述了

---

1 《圆觉经大疏钞》卷三之下，载《卍新纂续藏经》第 9 册，第 534 页上。

此宗的授法仪式和念佛方便。据载，"其初集众、礼忏等仪式，如金和上门下"，而其欲授法时，却很别致地先要"传香"，"以传香为师资之信"。如何传香？"和上手付（弟子），弟子却授和上，和上却授弟子。如是三遍，人皆如此。"然后才进行"授法"。"正授法时，先说法门道理，修行意趣，然后令一字念佛。"据此可知，该宗是慧解与行证并重的，既要懂得法门道理，又要明白修行意趣，同时以"念佛"为方便进行实际的修习。这里充分体现了四祖道信《入道安心要方便法门》中所强调的"解行相扶"的禅修要求。对于如何念佛，宗密也作了进一步的说明："初引声由念，后渐渐没声，微声，乃至无声，送佛至意，意念犹粗，又送至心，念念存想，有佛恒在心中，乃至无想，盍得道。"[1]这就是说，念佛要由口念、意念而至心念，最后，一切意念心想均不起，便能"净心"而得道解脱了。这种"念佛"净心的禅修方便与道信《入道安心要方便法门》中依于《文殊说般若经》而提出的"念佛"禅也是十分相近的。由此可知，宣什宗的禅法确实是承道信、弘忍的东山法门而来的。

宗密的《禅源诸诠集都序》曾把宣什与南诜、北秀、保唐等禅系同归入"背境观心，息灭妄念"的"息妄修心宗"，由于资料有限，现在就很难对此作出评价了。

1　以上引文见《卍新纂续藏经》第 9 册，第 534 页下—535 页上。

第三节　南北宗对立的形成

　　弘忍门下虽然弟子众多，派别林立，但最有影响的还是以惠能为代表的南宗和以神秀为代表的北宗。禅门争法统的斗争主要也是在此两宗之间进行，后来甚至发展到"南北宗中，相敌如楚汉"的地步。南北禅宗的分化以及对峙的形成，既有禅法差异上的原因，也有政治上、宗教上争权势的原因。探讨其中之所以然，对于全面了解中国禅宗的分化演变与发展，是极其重要的，故在此略加叙述。至于南北禅宗的禅法特点，我们将在后面专章另述。

一、南能北秀与南北禅宗

　　弘忍门下的分头弘化，使东山法门的传播范围由湖北一带扩大到了河南、安徽、四川乃至广东等地。同时，随着因人因地而传的禅法所出现的差异，各派系之间争法统、争权势的斗争也渐趋激烈，特别是以惠能派嫡传自居的神会北上入洛发起对神秀的挑战、攻击神秀系"师承是傍，法门是渐"以后，南能北秀的门下更是水火不相容，展开了激烈的傍正之争。裴休在《禅源诸诠集都序叙》中曾指出过禅门相争的情况。他说："诸宗门下，通少局多。故数十年来，师法益坏。以承禀为户牖，各自开张，以经论为干戈，互相攻击。"[1]宗密在《禅源诸诠集都序》中也指出："顿渐门下，相见如仇雠；南北宗中，相敌如楚汉。"[2]

由于惠能系的禅法主要流传于中国南方，惠能的弟子神会又以菩提达摩"南天竺一乘宗"正传自诩，而不许神秀的弟子普寂禅师"妄称南宗"，因此，惠能禅便获得了"南宗"的称号，而主要流传于中国北方的神秀一系则被称之为"北宗"。

关于南能北秀或南北禅宗之号，据宗密《禅门师资承袭图》的说法，"其南北二宗，自出于五祖门下，五祖已前都未有南北之称"；神秀之时，"但称达摩之宗，亦不出南北之号"[3]。直至荷泽神会入洛，才开始标南北之名："天宝初，荷泽入洛，大播斯门，方显秀门下师承是傍，法门是渐。既二宗双行，时人欲拣其异故，标南北之名，自此而始。"[4]但据神会的《菩提达摩南宗定是非论》，则神秀在日，即已有"南能北秀"之称。神会在回答崇远法师"何故不许普寂禅师称为南宗"的提问时说："为秀和上在日，天下学道者号此二大师为南能北秀，天下知闻。因此号，遂有南北两宗。普寂禅师实是玉泉学徒，实不到韶州。今口妄称南宗，所以不许。"[5]也许，在神秀、惠能之时，已有南能北秀之号，但尚未有南北禅宗之称，到神会北上，特别是滑台大会以后，"南能北秀"才正式演变为南北二宗。

---

1 《大正藏》第 48 册，第 398 页中。

2 《大正藏》第 48 册，第 402 页中。

3 《卍新纂续藏经》第 63 册，第 31 页上—中。

4 《卍新纂续藏经》第 63 册，第 31 页下。

5 胡适：《新校定的敦煌写本神会和尚遗著两种》，载《大藏经补编》第 25 册，第 70 页上。

神秀北宗更多的是禀承了东山法门观心、守心的渐修禅法，而惠能南宗则倡导直了心性、顿悟成佛的简便法门。因此，南宗禅吸引了更多的信徒，得到了更大的发展。特别是南宗禅保持了道信以来山林佛教的禅风，受王室政治的影响较小，在日后的发展中，门下又流出了江西马祖与湖南石头两大系，并递嬗演变而成五家七宗，在全国形成巨大规模，乃至天下"凡言禅，皆本曹溪"，成为中国禅宗的主流，其影响所及，远非神秀北宗所能比拟。

神秀北宗曾在帝王的支持下盛极一时，成为弘忍门下最有势力的一支，但不久即逐渐让位于惠能南宗。中唐以后，惠能一系蔚为大宗，势力大，范围广，完全取代了北宗的地位，乃至成为禅门的唯一正宗。因此，宋以后的各种禅史灯录，均依南宗而作，抬高惠能，吹捧南宗，实际上记载的都只是南宗的情况，特别是广泛记载了唐五代时兴起的五家七宗之禅，而曾经盛行于秦洛的神秀北宗的禅法及其流传发展情况却几乎湮没无闻，弘忍以后禅宗发展的史实亦被歪曲，以至于人们在很长的时期内只能从《坛经》等对神秀北宗禅的贬斥中才能略知北宗情况一二，而无从窥其全貌，也无法详细了解南能北秀两系的分化与对峙的形成。敦煌卷子中的禅宗史料，不仅为我们了解弘忍以后禅门弟子的分头弘化提供了帮助，而且也为我们进一步了解南北禅宗对立的形成提供了资料。

二、诸系并存与法统之争

从现有资料来看，弘忍以后，禅门出现了分化，逐渐形成了不同的派系，但不同的派系最初只是由于因人因地的施化设教之不同而在禅法与禅风上出现差异，各派之间虽然也都自我标榜，但门户之见并不是很深，法统之争也未提到议事日程上来。即使是日后形同水火的南能北秀两系之间，也没有相互攻击和排斥，情况倒正好相反。据有关记载，神秀、老安等人先后被迎入京城，受到帝室的礼遇，他们非但没有排斥在南方传法的惠能一系，反而还曾多次向武则天和唐中宗举荐过惠能，并介绍自己的弟子去惠能处修学。例如《全唐文》卷十七载唐中宗《召曹溪惠能入京御札》云："朕请安、秀二师宫中供养，万机之暇，每究一乘。二师并推让云：南方有能禅师，密受忍大师衣法，可就彼问。"《曹溪大师别传》所载内容与此相同，只是文字稍有小异。《宋高僧传》中也记载了神秀推荐惠能之事。《神秀传》中说："初，秀同学能禅师与之德行相埒，互得发扬无私于道也。尝奏天后请追能赴都，能恳而固辞。秀又自作尺牍序帝意征之，终不能起。"《惠能传》中也说："武太后孝和皇帝，咸降玺书，诏赴京阙，盖神秀禅师之奏举也。"这些记载都反映了弘忍门下最初相互之间的并存关系。

神秀在弘忍的众弟子中是出类拔萃的人物，他不仅学问高深，而且深受帝王宠信，我们从作于神会北上挑起南北宗之争以前的《传法宝纪》和《楞伽师资记》等的有关记载中可以看到，无论是法如门下，还是玄赜门下，对神秀的地位都是公认的。法如的弟子杜朏在《传法宝纪》中将神秀与其师并列于弘忍之后，认为菩提达摩来东土传法于慧可，"慧可传僧璨，僧璨传道信，道信传弘忍，弘忍传法如，法如及乎大通（即神秀）"。玄赜的弟子净觉则在《楞伽师资记》中将神秀、老安与其师并列于弘忍之后，并引玄赜《楞伽人法志》云："时荆州神秀禅师，伏膺高轨，亲受付嘱"，并记弘忍临终嘱玄赜："吾涅槃后，汝与神秀，当以佛日再晖。"但直到神秀去世，禅门的法统问题仍不突出，神秀也未被戴上"六祖"的桂冠。当时在追溯禅师的师承时，都还只提东土五祖。例如张说的《大通禅师碑》（作于706年）[1]虽然记述了神秀身为"两京法主，三帝国师"的显赫地位，但在追述其师承时也只是说到达摩至弘忍的"继明重迹，相承五光"，并暗示了神秀在弘忍门下的特殊地位："（弘忍）大师叹曰：东山之法，尽在秀矣。命之洗足，引之并坐"，却并没有明确神秀的"六祖"地位，也没有把神秀说成是弘忍的唯一嫡传。

我们还可以从法如系的有关记载中来看禅宗的法统之争。现存最早谈到中国禅宗传法世系的是《唐中岳沙门释法如禅师行状》，此碑作于弘忍去世后不久（约689），其中在记述法如的师承时说："菩提达摩……传可，可传粲，粲传信，信传忍，忍传如。"这里肯定了弘忍传法于法如的事实，但并没有把法如说为"六祖"，也没有排除他人得法于弘忍的可能性，这正是弘忍以后禅宗发展的最初状况。有人根据这里"忍传如"的记载，就认为法如为"六祖"是弘忍门下最早的说法，这是值得推敲的。其实，记载死者的生平而追述其师承是很普通的事，由当时已成定论的五祖推下来写法如为第六代，也并不意味着就否定其他同门可以为第六代，因为当时还没有"一代只许一人"的说法。"一代只许一人"的说法是后来神会在为惠能争正统时才提出来的。法如的大弟子李元珪去世后，作于开元十三年（725）的《珪和尚纪德幢》在述其师承时也曾说：

---

1 《全唐文》卷二百三十一，上海古籍出版社1990年版，第1030—1031页。

"自达摩入魏，首传慧可，可传粲，粲传信，信传忍，忍传如，至和尚凡历七代，皆为法主，累世一时。"这同样不能说是把李元珪定为"七祖"。李元珪卒于716年，其时神秀的地位及名声均已大大超过了法如。李元珪尽管在法如殁后曾在神秀门下待过，但碑中仍明言其为法如门下，这只能说当时"六祖"说尚未成定说，而不能说明当时人们"仍普遍认为是法如才得了弘忍的真传"。

正因为当时"六祖"之说尚未有定论，所以，不但法如系、玄赜系承认神秀的地位，而且，神秀门下也承认法如等人的地位。据神会的《菩提达摩南宗定是非论》的记载，神秀的大弟子普寂禅师"为秀和上竖碑铭，立秀和上为第六代。今修《法宝纪》，又立如禅师为第六代"，这说明神秀门下对其师的同门法如的"第六代"地位也是承认的。胡适在校写《南宗定是非论》的后记中曾认为，神会这里提到的普寂所修的《法宝纪》，其实就是现存的署名为杜朏的敦煌本《传法宝纪并序》，杜朏为代笔或借名的人。若然，则抬高法如的《传法宝纪》便不是出自法如门下，而本来就是神秀门下所作了，于此更可见当时弘忍门下各系的关系。

上述各种资料都表明，在南北禅宗分化以前，弘忍门下各禅系之间是相互并存、互相容忍的。这些记载中之所以都提到了神秀而没有提到惠能，是因为神秀在京城声名大振，而惠能由于拒帝室之诏请，活动范围始终只限于曹溪一隅，因而默默无闻。这也就是宗密《圆觉经大疏钞》卷三中所说的"能大师灭后二十年中，曹溪顿旨，沉废于荆吴，嵩岳渐门，炽盛于秦洛"。这种局面至神会北上入洛而告终结。

三、南北宗的对立与抗争

南北宗的对立与抗争实际上是在神会与普寂及其门下之间展开的。神会是于开元八年（720）传惠能禅法于北土，并开始为惠能争法统而向神秀系发起挑战的。自此以后，弘忍门下各系相互并存的情况便发生了根本的改变，"六祖"之争也就在惠能系与神秀系之间激烈地展开了。据《宋高僧传》卷八《神会传》载，"释神会，……居曹溪数载，后遍寻名迹。开元八年，敕配住南阳龙兴寺。续于洛阳大行禅法，声彩发挥。先是两京之间皆宗神秀，若不淰之鱼鲔附沼龙也。从见会明心六祖之风，荡其渐修之道矣。南北二宗时始判焉。致普寂之门盈而后虚。"

神会在南阳住了近十年，他在南阳传惠能的顿教法门，并开始对弘忍传法付衣于惠能的事大加宣扬。在神会咄咄逼人的攻势下，在嵩洛地区颇有根基的神秀门下当然不甘示弱，于是有"普寂禅师在嵩山竖碑铭，立七祖堂，修《法宝纪》，排七代数，不见著能禅师"等一系列的活动。这显然是对神会的攻势作出的一种反应。为了进一步确立惠能的六祖地位，神会便把当时实际上已被公认为弘忍门下之主脉的神秀一系作为主要的攻击目标。

神会采取的一个重大行动，就是于开元二十年（732）左右在滑台（今河南滑县东旧滑城）大云寺设无遮大会，与"两京名播，海外知闻"的山东崇远法师进行了一场关于南北禅宗是非邪正的大辩论。神会自称不为功德，而"为天下学道者辨其是非，为天下学道者定其宗旨"，公开指责神秀一系"师承是傍，法门是渐"。在这次大会上，神会反复强调了禅门师资传授"一代只许一人"的观点。在他看来，"从上已来六代，一代只许一人，终无有二。终有千万学徒，只许一人承后"。因此，同时有数人为"第六代"是不能容许的，只有惠能大师才堪称第六代，其根据就是惠能得着了历代祖师以心传心的达摩袈裟。他说："从上已来，具有相传付嘱。……唐朝忍禅师在东山将袈裟付嘱与能禅师。经今六代。内传法契，以印证心。外传袈裟，以定宗旨。从上相传，一一皆与达摩袈裟为信。其袈裟今见在韶州，更不与人。……忍禅师无传授付嘱在秀禅师处，纵使后得道果，亦不许充为第六代。"这样，神会一手举起"一代只许一人"的利剑，另一手祭起惠能"得法受衣"的法宝，剥夺了包括神秀在内的其他任何人"充为第六代"的资格，为惠能争得了唯一正统的地位。为了彻底压倒神秀为代表的北宗，神会还比较了南能北秀禅法上的差异与优劣，大力宣扬惠能的"顿悟"法门为历代祖师的心传，贬斥神秀的"渐修"法门为不了义。他说："我六代大师一一皆言单刀直入，直了见性，不言阶渐"，而神秀禅师却教人"凝心入定，住心看净，起心外照，摄心内证"，这种渐修法显然与历代祖师的禅法不相合，因此，神秀系不可能是禅门的正宗。[1] 自神会在滑台大会上提出顿渐的区分后，"南顿北渐"便成了南能北秀对立的重要标志，"顿渐门下相见如仇雠"的局面也逐渐形成。

神会把北宗系斥为"师承是傍，法门是渐"，神秀门下岂能容忍？因此，滑台大会以后，南能北秀门下争夺嫡系的斗争愈演愈

1　以上引文均见胡适校定的《菩提达摩南宗定是非论》，载《大藏经补编》第25册，第42—100页。

烈。双方不但立碑作记、论师定祖，而且都力图借助于政治势力来抬高自己，甚至不惜将对方置于死地。据宗密《圆觉经大疏钞》卷三载，神会在滑台演两宗之真伪以后，"便有难起，开法不得"，甚至"三度几死。商旅缞服，曾易服执秤负归，百种艰难"。后来，神会由于得到兵部侍郎宋鼎的支持而于天宝四年（745）得以入洛。于是，曹溪了义，大播于洛阳，荷泽顿门，派流于天下。神会来到洛阳这一北宗活动的中心以后不久，又于洛阳荷泽寺，崇树惠能之真堂，兵部侍郎宋鼎为碑焉。"会序宗脉，从如来下西域诸祖外，震旦凡六祖，尽图缋其影。太尉房琯作《六叶图序》。"[1]神会通过宋鼎、房琯等人而声名大振，致使普寂之门"盈而后虚"。普寂及其门下亦针锋相对地采取了一系列的行动。开元二十四年（736）义福去世而立的碑文中说："禅师法轮，始自天竺达摩。……自可、粲、信、忍至大通，递相印属。大通之传付者河东普寂与禅师二人，即东山继德，七代于兹矣。"[2]这是对神会于滑台定宗旨的一个回答。不久以后，李邕所作的《嵩岳寺碑》再次强调弘忍传法于神秀，"秀钟于今和尚寂"。势力连天的北宗门下并未就此罢休，他们必欲置神会于死地而后快。据《宋高僧传·神会传》，"天宝中，御史卢奕阿比于寂，诬奏会聚徒，疑萌不利"，朝廷便对神会产生了怀疑，神会最终被赶出了洛阳，并在不到两年的时间里先后移住了四处，其中艰辛，可以想见。

1　《宋高僧传》卷八《惠能传》。

2　王昶：《金石萃编》卷八十一《大唐故大智禅师碑铭并序》，陕西人民美术出版社1990年版。

安史之乱起，两京沦陷。次年，郭子仪收复两京。唐王朝由于财政困难，便在各大府置戒坛度僧，收香水钱以助军需。神会被推出来主持此事，"所获财帛，顿支军费。代宗、郭子仪收复两京，会之济用，颇有力焉"[1]。这样，神会算是为唐王朝立了一功，因而受到了帝室的重视，肃宗皇帝诏入内供养，为其造禅宇于荷泽寺中。不久，神会病死，敕赐祖堂额、塔额，谥真宗。"贞元十二年（796），敕皇太子集诸禅师，楷定禅门宗旨，遂立神会禅师为第七祖。"[2]至此，南北宗之争告一段落。在此以后，北宗虽然不绝如缕，但南宗得到了更快的发展。这虽然与神会的推动作用有关，但更重要的是由惠能禅的特点以及当时的社会历史状况等多种因素决定的。

四、神会论南北宗之异

神会在滑台大会上为天下学道者"定宗旨，辨是非"，提出了南北宗的许多对立与差异。根据《菩提达摩南宗定是非论》，归纳起来主要有如下几点：

其一，传承的傍正：历代祖师相传，皆以传衣为信，惠能得到了弘忍付嘱的衣法，故惠能是达摩以来以心传心的第六代祖师。而神秀未得弘忍的付法授衣，因此神秀只能是傍出而不是正传。

---

1 《宋高僧传》卷八《神会传》。

2 宗密：《圆觉经大疏钞》卷三之下，载《卍新纂续藏经》第 9 册，第 532 页下。《禅门师资承袭图》中有相同的说法，但胡适曾对这一说法的真实性表示怀疑，详见胡适《跋裴休的唐故圭峰定慧禅师传法碑》。

其二，法门的顿渐：六代大师皆言单刀直入，直了见性，不言阶渐，神秀北宗却教人住心入定的渐修法。南北之异"皆为顿渐不同"。

其三，修习的禅法不同：神秀禅师教人"凝心入定，住心看净"的坐禅方法是有所执著，是妄心法缚，从上以来的六代祖师是无有一人如此修习的。六代祖师皆以念不起为坐，以见本性为禅，"所以不教人坐身住心入定"，而是教人但修般若波罗蜜法。

其四，与帝室的关系不同：达摩至惠能，六代大师无有一人为帝师者，即使帝王诏请也加以拒绝，神秀却成为"两京法主，三帝门师"。

其五，地域上的不同：神秀在日，即有南能北秀之称。神秀及其门下均在北方，实不到韶州，故不得妄称"南宗"，南宗是韶州惠能一系的专称。

其六，一代一人还是多人的不同：南宗认为，自达摩大师之后，一代只许一人，"中间倘有二三，即是谬行佛法"；而北宗却同时并立神秀、法如为第六代，此实属"饰鱼目以充珍，将夜光而为宝"！

五、弘忍门下禅法综论

神会这里说的南北宗是指惠能系与神秀系。那么，怎样看待除此之外的弘忍门下其他禅系？现在有种观点认为，惠能对达摩禅作出了根本性的变革，是中国禅宗的实际创始人。除惠能外，弘忍的诸弟子基本上固守东山法门，都可以归入神秀的北宗。有的在把法如、老安和玄赜等人包括进北宗的同时，还概括了北宗的基本特征，这就是"禅法上的守旧和政治上的依附"。我认为这些看法值得商榷。如前所述，弘忍以后，"顿悟心性说"逐渐成为禅宗发展的趋势，禅门各系在分头弘化中均表现出了这种思想倾向，而并非惠能南宗所独有。例如，号称"定门之首"的弘忍门下的大弟子法如，不仅保持了早期禅宗的素朴禅风，终身未依附唐王朝，而且在禅法上也有顿悟心性的特色；老安、玄赜等人虽然都在北方传禅，与帝室的关系也相当密切，并都依持《楞伽经》，但他们的禅学思想和修行态度都与惠能南宗颇多相近之处，是否可以归入北宗，亦值得考虑；至于在四川弘化的智诜系，无论是净众寺无相禅，还是保唐寺无住禅，将他们"三句语"的"顿教法"归入北宗是肯定不合适的，归入南宗也未必恰当，就实论之，应该说他们是弘忍门下独立的一支。

关于智诜系，据《历代法宝记》载，智诜曾以"生则有欲"的回答赢得了武则天的"倍加敬重"，武则天还将从惠能处取来的达摩祖师传信袈裟赐予智诜"将归故乡，永为供养"，从此以后，智诜门下便"嫡嫡相传付授"这一"表其法正，令后学者有其禀承"的法衣了。这表明，由于神会在滑台大会上为天下定宗旨造成了巨大的影响，"天下知闻曹溪法最不思议"，因此，智诜门下也承认惠能得着了弘忍的付法传衣而成为正统。但同时智诜门下又利用神会在滑台大会上自己承认的"会和上不得信袈裟""其袈裟今见在韶州"而提出，自惠能以后，本系得到了袈裟，因而本系便代表了达摩以来的正宗。这充分反映了智诜系想独立于南北宗之外的企图。

因此，根据弘忍门下分头弘化的事实，当时禅宗的派系是不能仅以南北宗来加以概括的。当然也不可否认，即便排除神会与神秀门下争正统的因素，南能北秀仍然代表着中国禅学思想中的两大基本倾向，即观心守心的渐修禅和直了心性的顿悟禅。前者重"息妄"的修习，后者重"显真"的证悟。而这实际上也就是达摩系禅法中一直包含着的般若与楞伽这两种思想倾向分化发展的结果。

融会般若实相说与涅槃佛性论，这是晋宋以后中国佛学发展的基本趋势与特色。中国禅学思想的发展，与此也是相一致的。从达摩到南能北秀，他们的禅学思想无不兼容着般若与楞伽这两种思想，只是侧重点各有不同而已。例如，达摩以下，慧可、弘忍和神秀有重楞伽的倾向，而僧璨、道信和惠能则有重般若的倾向。因此，我们认为，说达摩到弘忍的禅法属"楞伽系"，惠能以下南宗才转为"般若系"，这并不合乎史实。惠能顺应中国佛教发展的趋势而把禅宗进一步中国化，其贡献是值得肯定的，但他提倡的顿悟心性说并不是他的独创，而是对达摩以来禅法的继承、变革与发展，这也是应该加以说明的。

第五章

神秀北宗禅

神秀在弘忍的十大弟子中居于特殊的地位，他是弘忍百千徒众中大家公认的禅学理论家。当五祖弘忍要弟子作偈呈心，以便挑选法嗣传法付衣定六祖时，众门人曾一致认为"神秀上座是教授师"，衣法必是他得，故我等不须澄心用意作偈，只须到时依止秀禅师即可。由此可以见得神秀当年在弘忍门下的地位与威望。弘忍以后，神秀一系盛行于北方崇洛地区，以神秀为代表的"北宗"与日后兴起的惠能"南宗"成为中国禅宗的两大基本派别。虽然在以后的发展中，南宗大大超过了北宗，但曾经盛极一时且产生过较大影响的神秀北宗仍然是值得重视的。本章即主要根据敦煌本中有关禅宗的资料来对神秀北宗的禅法特色作些探讨，以求对弘忍以后中国禅宗的发展有一个更加全面的了解。

第一节　神秀生平与北宗资料

神秀（606—706），据《宋高僧传》卷九、《景德传灯录》卷四和张说的《大通禅师碑》等记载，俗姓李，开封尉氏（今属河南）人。少览经史，博综多闻。既而奋志出家，剃染受法。他"老庄玄旨，《书》《易》大义，三乘经论，四分律仪，说通训诂"，无不通晓。后到蕲州双峰山东山寺见五祖弘忍禅师，以坐禅为务，乃叹服曰:"此真吾师也。"开始以打柴汲水等杂役服勤六年,不舍昼夜,深得弘忍的器重。弘忍曾认为,"东山之法,尽在秀矣",并对神秀说:"吾度人多矣,至于悬解圆照,无先汝者。"神秀被引为上座,且为"教授师"。弘忍卒后,神秀住荆州当阳山玉泉寺传法,归之者甚众,"四海缁徒,向风而靡,道誉馨香,普蒙熏灼"。久视年中(700年,一说大足元年,即701年),武则天诏请神秀入京,"肩舆上殿,亲加跪礼,内道场丰其供施,时时问道。敕于昔住山置度门寺以旌其德。时王公已下,京邑士庶,竞至礼谒,望尘拜伏,日有万计。洎中宗孝和帝即位,尤加宠重",被推为"两京法主,三帝国师"。神秀在京城所受到的尊崇礼遇,对于扩大北宗的影响和推动北宗禅法的传播都起了很大的作用。神龙二年(706),神秀去世,士庶前来送葬者无数。唐中宗赐羽衣法物,亲自送殡至洛阳午桥,并敕中书令张说制碑文,下诏书于嵩阳之辅山顶为神秀造十三级浮屠,并诏赐谥曰"大通禅师",是为帝王赐谥僧人之始,由此可以见得神秀当时的声望及其与帝王的密切关系。

关于神秀的禅法,史传上虽略有记载,但各种记载都未曾言及神秀有何专门的禅学著作存世。《楞伽师资记》中则明确地说神秀"禅灯默照,言语道断,心行处灭,不出文记",否定了神秀有著作流传于世。但近代新发现的敦煌经卷中有几个本子,一般认为是神秀所述,而由弟子记录整理,可以代表神秀北宗的禅法。它们是:(1)《大乘无生方便门》。(2)《大乘五方便(北宗)》,亦名《北宗五方便门》。(3)《无题》(一),此与《大乘五方便(北宗)》为同一种资料,在文字和内容上互有增补。(4)《无题》(二),附《赞禅门诗》一首。以上四种资料叙述的都是"五方便"法门。(5)《大乘北宗论》。（6）《观心论》。《观心论》一向在日本有流传，在中国却失传已久。现在敦煌经卷中发现了好几个本子。例如，《大正藏》第八十五卷就收录了其中的一种，《大正藏》第四十八卷收录的《少室六门》之二《破相论》，实际上也是《观心论》的一个异抄本。现有黄永武博士主编的《敦煌宝藏》一百四十册，将各种敦煌经卷汇集出版，并附有一卷《敦煌遗书最新目录》，查考颇为方便。下面，我们就根据敦煌的有关资料[1]，并结合宗密、净觉、张说等人的记载与《景德传灯录》《宗镜录》中的一些内容，对以神秀为代表的北宗禅法作一概要的叙述。

第二节　神秀北宗的禅法

　　神秀的禅法可以从两个方面来认识：一是他禅法的理论基础，这主要表现在他的《观心论》中，从中可以看到他对弘忍"守本真心"说的继承和发挥；二是他禅法的方便法门，主要体现在《大乘无生方便门》等本子中，这部分叙述"五方便"的内容，清楚地反映了神秀对道信以来禅法的发展。《楞伽师资记》曾引神秀语云："我之道法，总会归体用两字。"从总体上看，"体用"二字确实可

1　本书所引用的敦煌本《观心论》主要为《大正藏》第 85 册和第 48 册收录的两个本子，《大乘无生方便门》等则主要依据日本学者宇井伯寿著《禅学史研究》（岩波书店 1939 年版）第八部分"北宗残卷"所附的校刊本。

以作为理解神秀全部禅法的纲领，神秀的禅学理论与方便教法都是依此而展开的。神秀的"体用"说是从《大乘起信论》的"一心二门"而来的。他的《观心论》是通过对心之体用的理解而强调观心、守心的必要性，他的"五方便"则是体用不二说在修禅实践中的具体贯彻。

一、拂尘看净的观心论

神秀《观心论》的宗旨可说是与弘忍的《最上乘论》基本无二，论证方法却是有所不同的。弘忍的"守本真心"论依据的也是《大乘起信论》的真妄二心说，以妄心不起、真心不失为解脱。但他主要是就清净的心本体立论的，强调只要守住这一自性圆满的清净心就能获得解脱。而神秀却是遵循着"学道之法，必须……先知心之根源及诸体用"的思路，依据《大乘起信论》的思想，从体用相即出发，论证了真妄二心的一体同源，互不相生，从而强调了息妄显真这一"观心"修行法的可能性与必要性。

首先，神秀从"一切善恶，皆由于心"出发，强调观心的重要性。他认为，心者，万法之根本也，心既是"众善之源"，也是"万恶之主"，"一切诸法，唯心所生，若能了心，万法俱备"[1]，因此，无论是修心解脱还是沉沦三界，所依持的都是一心。此心人人本自有之，"自心起用"即有净心和染心两种差别。若随染造恶，受其缠覆，则名之为凡，于是沉沦三界，受种种苦。若通过观心的修

1　以下引文凡不注出处者，均引自《观心论》。

行，息妄显真，除染还净，了悟本觉真心，即得解脱。因此，神秀得出结论说，唯观心一法，总摄诸行，是求佛道最为省要的修行之法。所谓"观心"，就是要明了自心起用而有染净二心的道理，摄心守真，观心看净。

由于依净心即得解脱，依染心则轮回受苦。因此，"观心"的最根本的要求就是摄心守净，去恶离染。对于众生来说，明白自己沉沦的原因从而自觉地"观心"修禅也就显得特别重要。为此，神秀的观心论突出了对真如之体受无明妄心障覆、众生轮回受苦的论述，显示了他的禅法重心在于"息妄"渐修的特色。神秀把贪、瞋、痴"三毒"视为无明之心的种种烦恼和邪恶的根本，把依于眼、耳、鼻、舌、身、意"六根"而生起的"六识"称为"贪著万境，能成恶业，损真如体"的"六贼"，认为一切众生由此三毒及六贼而惑乱身心，沉没生死，轮回六道，受诸苦恼。求解脱者，就是要除三毒、净六根，以除一切诸苦。而除三毒、净六根实际上也就是观心禅法的主要修习内容和所要达到的目标。因此，神秀强调，"知一切恶业由自心生，但能摄心离诸邪恶"，便能灭苦得解脱。摄心就是身心不起，常守真心；离邪恶就是心体离念，六根清净。

在强调观心、摄心、去除邪恶的重要性和必要性之后，神秀又把观心与念佛联系在一起。他依《大乘起信论》的思想把念佛解释为"觉察心源，勿令起恶"，这里的"心"即自性清净心，亦即本觉的真如之体，神秀认为此心即是佛。因此，他所说的念佛，就其即心即佛，把向外求佛转为反观自心而言，与四祖道信倡导的念佛相同，但就其即心即佛的基点为真心而言，又与道信具有般若思想倾向的念佛有一定的差异。在神秀这里，念佛实际上就是观心看净。他是用"观心"统摄了念佛法门。为此，神秀还特别区分了口诵与心念的不同，认为在口曰诵，在心曰念，诵在口中，执著音声之相，是邪念；念在于心，念从心起，"坚持戒行"，"觉察心源"，了知自心清净，才是正念。只有"正念"才能达到心体离念、妄想并除、常守本觉之心的"观心"要求，最终实现解脱。因此，神秀的这种思想，与其说是对道信念佛禅的继承，不如说是对弘忍守本真心说的发挥。

神秀不仅以"观心"统摄了念佛法门，而且还进一步以"观心"来统摄佛教的其他一切修行活动，并从善恶染净凡圣皆依一心出发，反对"修伽蓝，铸形像，烧香，散花，燃长明灯"等外在的形式主义的求佛道之行，认为"若不内行，唯只外求"是不可能达到解脱的。他把佛经中所说的"修伽蓝，铸形像"等都解释为是佛要求众生"观心""修心"的方便譬喻说法。例如，"永除三毒，常净六根"就是"修伽蓝"，因为"伽蓝"就是"清净处地"的意思；依教修行，常守真心，"熔炼身心真如佛性"，就是"铸形像"，因为观心解脱就是"自然成就真容之像"。神秀这种不劳外求，只须就自己身心上修炼的思维途径，与惠能南宗禅法是一致的。

谈到神秀观心禅法与惠能禅的一致之处，还值得一提的是，神秀也主张"顿悟"。既然善恶凡圣皆依于一心，只要摄心离念，便能消灭轮回，获得解脱，那么，解脱当然就无须累世修行了。为此，神秀专门作过理论上的论证，他把佛所言的"三大阿僧祇劫"解释为"三毒心"，认为通过观心而去除一念之中的"三毒心"就是度得三大阿僧祇劫了。这样，神秀的观心法门便将解脱从遥远的未来移到了当世，他在强调"时时勤拂拭"时，就一再提到"一念净心，顿超佛地"，认为只要能摄心内照，绝三毒心，那么，"悟在须臾，何烦皓首"？当然，神秀的"顿悟"与惠能南宗的"顿悟"也是有差别的。两者的主要区别在于，神秀虽然认为可以顿悟，但他主要着眼于"息妄"的渐修，而惠能南宗却始终着眼于不假修习、直了心性的"顿悟"。从南、北禅宗的立足点来看，神会在滑台大会上提出的"南顿北渐"仍可视为南、北禅宗禅法上差异的重要标志。神会攻击北宗"法门是渐"并不等于说北宗不讲顿悟，而是说北宗注重"渐修"，有所执著，最终不能契悟心性。神秀的渐修顿悟说显然来自于对《楞伽经》思想的继承与发挥。《楞伽阿跋多罗宝经》卷一中曾专门谈到"如来净除一切众生自心现流"的息妄修行，犹如磨镜，是"渐净非顿"的，而净除之时，"顿现无相无有所有清净境界"，则犹如明镜现像，是"顿"而非"渐"的。[1] 神秀北宗的渐修顿悟说曾对朱熹等理学家的思想产生过深刻的影响。

二、会通经教的五方便门

宗密在《圆觉经大疏钞》中曾以"拂尘看净，方便通经"来概括神秀北宗禅法的特点，这是符合实际情况的。拂尘看净，即"时时勤拂拭，莫使有尘埃"的观心、守心。那么，方便通经呢？方便，即指道信以来禅法的五方便。神秀将五方便门与经教会通起来，所以叫做方便通经。据《大乘五方便（北宗）》的记载，五方

---

1 《大正藏》第 16 册，第 485 页下—486 页上。

便为:"第一总彰佛体,亦名离念门;第二开智慧门,亦名不动门;第三显不思议门;第四明诸法正性门;第五了无异门。"它们依次分别会通《大乘起信论》《法华经》《维摩经》《思益梵天所问经》《华严经》等佛教经论。从总体上看,五方便门也是按照心之体用组织起来的。下面我们分别予以简单的介绍。

第一总彰佛体,是依《大乘起信论》的心体本觉立论的。《大乘起信论》的一心二门说以心真如为心之体,并认为心体是本觉的。同时,它又以"心体离念"释"觉"义,认为众生未曾离念,故不名为觉,离念即觉,觉者即佛。因此,神秀北宗的总彰佛体又名离念门,它所要求的就是通过"看净"的坐禅方便而离妄念,了心性,恢复本觉。"看净"须先净心地,然后以净心眼看净,由观四维上下一切外境皆是虚妄,"清净无一物",进而返照清净本心,以心摄心,以心观心,以心守心。最后,身心不起,心色一如,能观所观,能守所守,皆为净心,以净心观净心,实即无观,此即离念之净心体,即得"入佛道"。总彰佛体的"离念门",主要是依本觉的净心体而说的,余四门则进一步就心之用而说修禅之方便。

第二开智慧门,是依《法华经》的开示悟入佛之知见而立的从定发慧的禅修方便。神秀北宗认为,身心不动,豁然无念,便能"从定发慧",即开佛知见,本觉的净心体即得佛之知见的净心之用。因此,开智慧门又名不动门。神秀把《法华经》强调的佛对众生的开示以及众生在佛开示下的悟入,发展为完全依靠自己本具的智慧性而摄心开佛知见,充分体现了他对慧可以来"众生识心自度"思想的发挥与强调。由于心体本觉,离念即觉,因此,神秀所言的身心离念,六根不动,并不是证入绝对的空寂之定,而是还包括由定发慧、开佛知见。"身心不动"是恢复本觉，得知见之用，亦即智慧门开，得佛知。《大乘无生方便门》曾明确以"不动"来统摄定与慧，并把"定中有慧""定慧双等"的"定"称为菩萨的"正定"，以区别于二乘人"有定无慧"、贪著禅味的"邪定"。定慧双等、定中有慧之说，实际上是由身心不动、离念即觉得出的必然结论。

就神秀北宗依心性本觉而说"定慧双等"论之，与惠能南宗的主张并没有什么根本的不同。定慧相依相即实际上是中国禅宗的普遍主张，定慧双修为南北宗所共同强调。自胡适以来，人们往往把"定慧等"视为南宗（特别是神会）特有的观点，这是值得商榷的。当然，南北宗的定慧观也有不同之处。北宗虽然主张"正定"之时就是智慧门开，但要达到"离念""不动"的正定则必须凭借一定形式的修禅方便，必须经过观心看净的渐次修习，且北宗的观心离念、定慧双等，仍然是有心可观、有定可入、有慧可发，亦即有所执著的。神会说过："众生本自心净，若更欲起心有修，即是妄心，不可得解脱。"[1]南宗则是以般若无所得为指导思想，以任运为修，无证为证的。因此，南北宗在定慧观上的差异，并不在主张定慧等还是定慧别，而是在于他们对修习定慧持不同的态度。这种不同的态度与他们把本觉的心性理解为"自性清净心"或"当下之心"的不同又有很大的关系。对此，我们将在下章中详说。

---

1 《荷泽神会禅师语录》第二十九节，石峻等编：《中国佛教思想资料选编》第二卷第四册，中华书局 1983 年版，第 90 页；杨曾文：《神会和尚禅话录》，中华书局 1996 年版，第 85 页。

第三显不思议解脱门，是依《维摩经》而立论的。《维摩经》又名《不可思议解脱经》，以其明不可思议解脱之法门故。神秀北宗以"心体离念"的思想对不思议解脱法门作了自由的解释发挥，提出了"不起心"即为解脱的观点。《大乘无生方便门》结合《维摩经》"一切法皆如"的基本思想，反复强调"不思不议""不起心思议"，认为"心不思，心如，心离系缚，心得解脱；口不议，色如，色离系缚，色得解脱。心色俱离系缚，是名不可思议解脱"。以不思不议、诸法如如为"显不思议解脱门"，这显然是总彰佛体离念门和不动开智慧门的进一步深入，是从不同的角度在发挥观心、守心的意旨。

第四明诸法正性门，这是依《思益梵天所问经》而提出来的。《思益经》中有"诸法离自性，离欲际，是名正性"的说法，神秀北宗进一步从心体本觉、离念即得智慧之用的思想出发，以心有所执著为自性，以识缘五尘为欲际，提出"心不起是离自性，识不生是离欲际，心识俱不起是诸法正性"[1]的观点。显然，神秀在这里是借释经文而强调身心离念、恢复本觉的观心看净。由此我们可以看到，神秀对经教的会通，采取的也是"六经注我"的态度，与惠能的"心转《法华》"很相近，这反映了弘忍以后禅宗对经教的基本态度。

第五了无异自然无碍解脱门，这是依《华严经》"圆融无碍"的思想提出来的。《华严经》以"法界缘起"来说明世界万象的相即相入、圆融无碍。"了无异自然无碍解脱门"依这种诸法圆融无

1　敦煌本《无题》（一）。

碍的思想而将种种禅修方便及其所证之境统统融摄于"自心"之中，强调心不起念，心无分别，便一切法无异，了凡圣、生死涅槃等一切法悉皆无异，便自然无碍解脱。这里，心无分别、诸法无异云云，体现的仍然是观心离念的要求，只是更突出了禅修的境界而已。

综观神秀北宗的五方便门，其内容不外是"观心"禅法的展开，其理论依据则始终不离《大乘起信论》的一心二门体用说。由于各种禅修方便的着眼点都是息妄离念，恢复本觉。因此，北宗禅注重"时时勤拂拭"的渐修，就是很自然的了。"凝心入定，住心看净，起心外照，摄心内证"概括了北宗禅法的主要特征。

第三节　北宗的传法世系

神秀开创的北宗是中国禅宗的重要派别，其师资传授，上承东山之法，下传普寂、义福等，并辗转相传，法脉不断，几与唐王朝相始终，还远播海外。神秀被北宗排为"六祖"，神秀以后北宗百多年的传法系统，则由于头绪众多，资料不足，而难以详考。现只能根据有限的资料，略作叙述。

一、七代递相印属

从现有的资料来看，禅宗传法世系的提出，最早是在弘忍时代。作于弘忍去世后不久的《唐中岳沙门释法如禅师行状》碑为我们提供了如下的传法世系表："南天竺三藏法师菩提达摩……入魏传可，可传粲，粲传信，信传忍，忍传如。"此碑作于唐武则天永昌元年（689），距弘忍去世才十五年，当时神秀尚未入京，惠能则远在岭南行化，南、北禅宗的分化还不明显，纷争亦未肇始。因此，此碑所记，值得重视。由于此碑为弘忍弟子法如门下所作，因此传法世系表中将法如列为禅宗的第六代传人。随着禅宗的分化，弘忍其他弟子的门人都纷纷出来争法统，因而先后出现了许多不同的传承说法。但种种不同说法有一个共同点，即都肯定从达摩到弘忍的"东土五祖"之传承，并以传东山宗的正统自居，争"六祖"的桂冠，这表明"东土五祖"之说在弘忍时已经确立，弘忍的地位已为禅宗各系所共同认可。

在众多禅系的法统之争中，神秀北宗是最强有力的竞争者。但神秀的"六祖"地位却并不是由他本人争得，而是由其弟子论定的。神秀在日，尽管曾受到帝王的礼遇，得到僧俗的敬重，地位显赫，但他与惠能等同门并未互相排斥，唯我独尊。在东山门下，最初也没有一代只许一人的说法。弘忍本人就"法门大启，根机不择"，广接天下学人，传其法者成百上千，被认可"传吾道者"即有十大弟子。神秀北宗继承了这一传统，一般也不主张一代只许一人。因此，神秀在强调自己禀受蕲州东山法门的同时，并不排斥法如、老安和惠能等人得弘忍之传授。神秀门下，例如普寂禅师，也曾同时立神秀和法如为第六代。即使是在法统之争激烈展开之时，北宗仍有普寂、义福同受神秀付嘱而为禅宗第七代的说法。但面对神会为惠能系争唯一嫡传的咄咄逼人的攻势，北宗门下也不断突出着神秀的地位，特别是通过立普寂、义福为第七代而进一步强调了神秀的"六祖"的地位。

据神会在滑台大会上说,普寂禅师曾为神秀竖碑铭,立神秀为第六代,又修《法宝纪》,立法如为第六代,并排斥惠能系,"在嵩山竖碑铭,立七祖堂,修《法宝纪》,排七代数,不见著能禅师"。

滑台大会以后,禅门的法统之争更趋激烈。不久,义福去世,严挺之为之撰的碑铭中说:"禅师法轮,始自天竺达摩。大教东流,三百余年,独称东山学门也。自可、璨、信、忍至大通,递相印属。大通之传付者河东普寂与禅师二人,即东山继德,七代于兹矣。"[1]这里,强调达摩、慧可、僧璨、道信、弘忍等历代祖师与神秀递相印属的传授关系,肯定神秀的"六祖"地位,当然也就肯定了普寂与义福的嫡传,维护了北宗的正统,而北宗最初的传法系统也就于此得到了确立。

二、神秀的众多弟子

神秀的弟子很多,《景德传灯录》卷四列得法者十九人,其中巨方、智封、降魔藏、道树、全植等五人有传,其他人则只具名而未列章次。但道树(734—825)和全植(752—844)就其生活的年代来看,显然不可能是神秀的弟子而只能是神秀的再传。其他三人的简况如下:巨方(646—727),安陆(今属湖北)人,俗姓曹,幼禀业于明福院朗禅师,听诵《法华》《维摩》二经,禅会必

---

1 王昶:《金石萃编》卷八十一《大唐故大智禅师碑铭并序》,陕西人民美术出版社1990年版。

参。后往访神秀师事之，问答之间，得默许之。后辞师游方，至上党寒岭而居，数年之间，学徒上千。"凡所提唱，真妄同源，迟速异剂，得心助道，在乎修治。"后于五台山阐化，涉二十余年入灭，年八十一。智封，怀安人。中年学道，励操谨躬，行头陀之行。初习《唯识论》，滞于名相，为人所诘。乃发愤罢讲，游行登武当山见神秀禅师，疑心顿释。思养圣胎，乃辞去，居于蒲津安峰山。禁足十年，木食涧饮。属州牧卫文升请归城内，建新安国院居之。缁素归依，憧憧不绝。师来往中条山二十余年，得其道者，不可胜记。降魔藏，赵郡（今河北邯郸市西南）人，俗姓王。七岁时，只影闲房，孤形迥野，尝无少畏。至年长，弥见挺拔，故号为降魔藏。依广福院明赞禅师出家，服勤受法，诵《法华经》等。后遇北宗盛化，便投至神秀门下，众莫不异而钦之。寻入泰山，数年学者云集。无疾而终，春秋九十一。

神秀的弟子，有些从僧传上还可略知其情况一二，例如香育，《宋高僧传》卷八就记载了他常习庄老，留神释典，削染具戒，精力律学，参神秀禅师，夙心相契，入山修禅，徒众千计等事迹。神秀弟子中也有些人各僧传上虽无记载，但我们根据有关碑铭石刻仍可知其一二。例如景贤（660—723），据羊愉撰《唐嵩山会善寺故景贤大师身塔石记》，为汾阴（今山西万荣县西南）人，本姓薛，曾问道于智宝禅师，后投神秀门下，得赏识，成为神秀的大弟子之一。另外，神秀门下还有不少人，各种史料均无记载，现已无从了解他们的情况了。

在神秀众多的弟子中，普寂、义福最为著名，也最为重要。他们两人也曾先后受召入京，受到王公士庶的礼遇，并为朝野所重。

神秀去世后，他们在帝王的支持下继续率众传神秀宗风，时天下好释氏者咸师事之，盛况不减神秀之时。

普寂（651—739），据李邕的《大照禅师塔铭》和《宋高僧传》卷九等载，俗姓冯，蒲州河东（今山西永济）人。年少时即博览经籍，殚极天人。以为《洪范》九畴，《周易》十翼，虽奥旨玄妙，然大略回疑，不若别求法缘，幽寻释教。于是四方求师，先后学《法华经》《唯识论》《大乘起信论》等，并受戒习律。慕少林法如禅师之名，前往归依，"未臻止居，已承往化，追攀不及，感绝无时"。闻神秀在荆州玉泉寺，乃往师事，"膜拜披露，涕祈咨禀"，精勤思修，凡六年。神秀奇之，尽以其道相授，令看《思益》《楞伽》等经，并语之曰："此两部经，禅学所宗要者。"普寂在神秀门下深得赏重，成为上首大弟子之一。久视年（700），武则天召神秀至东都论道，神秀因荐普寂，乃度为僧。唐中宗闻神秀年高，曾特敕普寂代神秀统其法众。唐玄宗开元十三年（725），敕普寂于都城居止，时王公士庶，竞来礼谒。开元二十七年（739），怡然坐灭于长安兴唐寺，终年八十九岁。安葬之日，士庶倾城哭送，闾里为之空焉。有制赐谥曰"大照禅师"。大弟子有惟政、惠空、胜缘等。

义福（658—736），据严挺之《大唐故大智禅师碑铭并序》、杜昱《大唐故大智禅师塔铭》和《宋高僧传》卷九等载，俗姓姜，潞州铜鞮（今山西沁县西南）人。"幼慕空门，黍累世务"，"初好老庄、书易之说"，"稍有识，便离贪取"。年十五，便四出求学，广习大乘经论，先后读《法华》《维摩》等经。时嵩岳大师法如，演不思议要用，特生信重。夕惕不遑，既至而如公迁谢，怅然悲愤。追践经行者久之。载初岁（689），遂落发具戒，律行贞苦。闻荆州玉泉道场神秀禅师，以禅慧兼化，乃往访之。既谒神秀大师，率呈操业，一面尽敬，以为真吾师也。积年钻求，确然大悟。大通印可，密弘付嘱。"授以空藏，印以总持，周旋十年，不失一念。"久视年（700），神秀大师应召至东都天宫寺，"现疾，因广明有身之患，唯禅师亲在左右。密有传付，人莫能知"。神龙岁（705—707），自嵩山嵩岳寺为群公所请，邀至京师，游于终南化感寺，宴居寥廓二十年，前来求道者甚众。禅师由是开演先师之业。开元十年（722），长安道俗请禅师住京城慈恩寺。十三年（725），皇帝东巡河洛，特令赴东都，居福先寺。十五年（727），放还京师。廿一年（733），恩旨复令入都，至南龙兴寺。沙门四辈，靡然向风者，日有千数。曾示众云："道在心不在事，法由己非由人。"二十四年（736）五月二十五日，因疾而终，寿七十九岁。有制谥号曰"大智禅师"。七月六日，迁神于龙门奉先寺之北冈，"威仪法事，尽令官给，缙绅缟素者数百人，士庶丧服者有万计"。弟子有庄济、思睿等。

三、北宗的法脉延续

神秀众多的弟子在继续阐扬北宗禅风的同时，又各自收徒授法，师承相续，使北宗的法脉得以绵延。各系的传法，延续的时间长短不一，师承的关系错综复杂，由于资料的限制，现大都已无法详考。在现知的神秀十多位弟子中，不知传法于何人的占多数，其他也大都仅知传法一代而已，且不明详情。例如，义福有弟子思睿、庄济；景贤有弟子法宣、慧巘、敬言、慧休；辞朗有弟子慎微、玄宗和车禅师，等等。

在北宗弟子的多头传法中，以普寂一系的影响最大，流传也较广，且法脉延续略有资料可考，下面我们就以普寂系为主，来看一下北宗禅的绵延发展和向海外的传播。

普寂的弟子很多，《景德传灯录》卷四载录的有二十四人，其中仅惟政一人有传。惟政（757—843），《宋高僧传》卷十一作"恒政"，平原人，俗姓周，初于本州延和寺诠澄法师处受诵经法，后得法于嵩山普寂禅师。大和（827—835）中，受召入内答问，并被留住内道场。累辞入山，诏住圣寿寺。至唐武宗即位，忽入终南山，会昌三年（843）卒于山舍，年八十七。从惟政的生卒年代来看，他显然不可能是普寂的弟子而只能是再传。

类似惟政的还有甄公（740—829）和法融（746—835）等，僧传上虽然说他们从普寂受法，但他们都出生于普寂卒后，应该是普寂的再传弟子。《宋高僧传》中也保留了不少关于普寂弟子的情况，主要有：慧空（696—773），一作惠空，俗姓崔，江陵（今属湖北）人。家世儒雅，后入空门，投普寂门下，豁如开悟。唐代宗闻其有道，下诏俾居京师广福寺，朝廷公卿，罔不倾信。后终于寺，春秋七十八。灵著（691—746），俗姓刘，绵州巴西（今四川绵阳市东）人。少年时便外出求学，年四十，精律学，兼讲《涅槃》，晚年请问普寂禅师，领悟宗风，守志弥笃。后至长安，诞敷禅法，慕道求师者不减千计，若鱼龙之会渊泽也。天宝五年（746），示灭于安国寺，享年五十六。真亮（701—788），俗姓侯，景城（今河北沧州市西景城）人。家训儒雅，辞彩粲然。于本州开元寺智休师下披染服，行头陀行。受具已，游嵩洛，遇普寂奖训，顿开蒙昧。入龙门山，居而禅默，问津者交集，声望日隆。"居留守尚书王公铎保釐，闻而钦奉，召入广爱寺，别住居焉。"贞元四年（788）去世，年八十八。石藏（718—800），俗姓吕，汉东（今湖北随州市西北）人。年少好佛，愿为佛子，遂削染受戒，礼嵩山普寂为师，豁悟禅法。曾入中山大像峰间石室，孤坐冥寂，数夏安然，同好者望风而至，蔚成丛众。州帅李公卓命入城住，谢不从命。后坐化于大像山定真院，春秋八十二。思公（701—784），俗姓李，恒阳（今河北曲阳）人。早年出家于本府龙兴寺。得度后，游伊洛间，见普寂禅师，开畅禅法。后隐入山中，倏然自处，拒请入城。兴元初（784）示寂归灭，春秋八十四。另外，《宋高僧传》还提到了昙真（？—791）、恒月（702—780）、丁居士（？—724）和明瓒等人从普寂学禅的经历。

普寂还有些弟子未见载于历代僧传，一些碑铭石刻却保留了有关他们的重要资料。例如，禅律兼弘的同光禅师（700—770），据郭湜撰《唐少林寺同光禅师塔铭并序》载，曾屡蒙普寂授记，并许为人师，开大法门，二十余年，震动中外。从师受业，不可胜言。三十余禅僧，尽了心地。弟子中有少林寺主惟济、上座昙则等人。再如法玩（715—790），据李充的《大唐东都敬爱寺故开法临坛大德法玩禅师塔铭并序》载，年十八学道于普寂禅师，二十岁受具戒。他总戒定慧三学，济彼群生。或居嵩岳，或住洛邑，道俗师仰，遐迩攸归。弟子中著名的有少林寺上座净业、寺主灵凑、都维那智寰和善才寺上座法液、寺主法俊等多人。当然，普寂众多的弟子中也有些人由于资料缺乏而情况已经失传，例如李邕的《大照禅师碑》中提到的普寂的大弟子胜缘，我们现在就无从了解其更多的情况。

从上述对普寂弟子的简单介绍中我们可以看到，神秀北宗门下虽然有人隐遁山林，独居修禅，拒请入城，但也有人仍保持了北宗与帝王、朝廷公卿关系密切的传统，受到社会上层人物的礼遇。从现有资料来看，北宗中最后一位曾高居"国师"地位的是普寂的再传弟子昙真。昙真（704—763），据王缙的《东京大敬爱寺大证禅师碑》记载，俗姓边，陈留开封（今属河南）人。先投大照禅师（普寂）门下，心地顿开。大照迁化后，又寻广德禅师。其传承为："始自达摩，传付慧可，可传僧璨，璨传道信，信传弘忍，忍传大通，大通传大照，大照传广德，广德传大师。"自达摩以来，历代祖师，"一一授香，一一摩项，相承如嫡，密付法印"[1]。宝应二年（763），昙真去世，终年六十岁。大历二年（767），谥曰"大证禅师"。昙真的弟子很多，有著名的所谓"十哲"之称。密宗大师惠果（752—805）年幼时曾从昙真习经。《大唐青龙寺三朝供奉大德行状》记载说，惠果"幼年九岁，便随圣佛院故三朝国师、内道场持念赐紫沙门昙真和尚，立志习经"。昙真在玄宗、肃宗、代宗三朝均被礼为"国师"，由此可见，北宗在神秀去世半个多世纪以后，在京城里和社会上仍有相当的势力。

普寂系还将神秀北宗的禅法远播日本和朝鲜。普寂有弟子道璿（702—768），俗姓卫，许州（今河南许昌）人。先从东都大福先寺定宾律师受戒学律，又于普寂处学习禅法。开元二十四年（736），应日本学僧荣叡、普照之请，赍《华严》章疏东渡日本传法，兼弘教律，成为日本华严宗第一传，同时将北宗禅法传行表，行表又

---

1 《全唐文》卷三百七十，上海古籍出版社 1990 年版，第 1662 页。

传比叡山传教大师最澄（767—822），使北宗禅法在日本得以流传。又有新罗僧人神行（704—779），渡海来唐，从普寂的入室弟子之一志空和尚学禅，学成后归国开禅，将北宗禅法传到了朝鲜。

另外，我国古代著名的天文学家一行（673—727）也曾是普寂的弟子。他先从普寂学习禅法，后又随密宗大师善无畏（637—735）和金刚智（660—741）学密法，并参与了善无畏的译场，协助翻译了密宗的主要经典之一《大日经》。联系义福曾对金刚智行弟子之礼，景贤曾从善无畏受菩萨戒羯磨仪轨等，可以认为，神秀以后，北宗确实与密宗有交涉，有学者认为北宗最终有与密宗合流的趋势，这并非无据之谈。

谈到神秀北宗的法脉延续，有一点需要特别提出来的是，神会传惠能禅于北土以后，南宗的影响日益扩大，势力日增，并最终完全取代了北宗的地位，这是历史事实。但是，这是由惠能禅的特点以及当时的社会历史状况等多种因素决定的，并不能仅仅归之于神会所起的作用。同时，南宗的兴起并不就是北宗的灭亡。史实表明，安史之乱以后，北宗仍然绵延发展了百年之久。北宗门人独孤及于大历七年（772）所作的《舒州山谷寺觉寂塔隋故镜智禅师碑铭并序》中说："忍公传惠能、神秀。能公退而老曹溪，其嗣无闻焉。秀公传普寂，寂公之门徒万人，升堂者六十有三，得自在慧者一，曰弘正。正公之廊庑，龙象又倍焉。或化嵩洛，或之荆吴。"[1] 此碑作于神会去世后不久，独孤及无视神会系的存在，却对普寂门下的兴盛大加夸张，这正如胡适在《致柳田圣山书》中所曾指出的那

---

1 《全唐文》卷三百九十，上海古籍出版社 1990 年版，第 1758 页。

样，说明"在大历初期，北宗普寂门下的弘正一支势力还很大，还有压抑能大师一支的企图"。直到唐文宗开成年间（836—840）仍有北宗僧人活跃于嵩洛地区。《宋高僧传》卷九《崇珪传》记载说："开成元年（836），赞皇公摄冢宰，请珪于洛龙兴寺化徒。两京缁白往来问道，檀施交骈。其所谈法，宗秀之提唱。获益明心者多矣。"这也证明宗密在《禅门师资承袭图》中所说的神秀之"子孙承嗣，至今不绝"是符合实际情况的。唐武宗灭法（845）以后，以寺院为主要依托的北宗禅才完全衰落下去，而最终与北宗一样走上了依附帝室政治道路的神会一系自此也一蹶不振。取代北宗禅而在全国得到极大发展的是南宗门下保持山林佛教特色的江西马祖和湖南石头两大系。对此，我们将在以后的章节中详述。

第六章

惠能南宗禅

中国禅宗发展至惠能而面貌为之一新。惠能在继承达摩系禅法特色的同时又对传统的禅学作出了很大的变革。他创立的南宗，不仅沿着佛教中国化的道路进一步发展了心性之学，而且在会通大乘佛教各家学说的基础上，融摄了传统的儒、道之学。"不立文字"的惠能南宗实际上有一个比较完整的禅学思想体系，只是其禅学理论是依非有非无的空而建立起来的，因而它通过破除各种执著的形式表现出来。"不立文字"者，不执著言相文句也。落实在禅行生活上，就是任心自在，无得无修，突出当下一念，心上顿现真如本性，顿悟自性是佛，形成了南宗特有的不假修习、直了见性的简捷明快的禅风。惠能提倡的禅理禅行，为绵延发展上千年之久的南宗奠定了禅学理论基础和禅行生活之原则。

　　惠能南宗的禅学思想大致由三个部分组成：一是以空融有、空有相摄的禅学理论基础；二是即心即佛、自在解脱的解脱论；三是识心见性、顿悟成佛的修行观。这三方面的内容主要保存在南宗的代表作《坛经》中。由于人们对惠能的行历及对《坛经》的看法很不一致，而这又关系到对惠能所创的南宗禅的理解，因此，我们下面先对此作出说明。

第一节　惠能与《坛经》

惠能的禅学思想主要保存在《坛经》中，惠能的禅学思想特色及其对传统禅修方法的变革，则与他个人的成长环境和人生经历密切相关。

一、惠能行历与得法传衣

惠能（638—713），或作慧能，本姓卢，原籍范阳（今河北涿州），因父"左降迁流岭南"而成了新州（今广东新兴）百姓。早年丧父，老母遗孤，移至南海。由于家境贫困，惠能便于市卖柴以供家用。后于市上偶闻一客诵《金刚经》，"惠能一闻，心明便悟"，得知客从黄梅弘忍处来，即辞别老母，前往黄梅礼拜五祖弘忍大师。初见弘忍，惠能便直言"唯求作佛"。弘忍责之曰："汝是岭南人，又是獦獠，若为堪作佛？"惠能回答说："人即有南北，佛性即无南北。獦獠身与和尚不同，佛性有何差别？"弘忍很器重惠能，便把他留下了。

惠能先在弘忍门下随众作务，踏碓八月有余。后弘忍为付衣法，命众门人各作一偈以呈各自见解。众人皆言，我等不须澄心用意作偈，神秀上座是教授师，待他得法后，我等自可依止。神秀上座良久思维后作偈曰："身是菩提树，心如明镜台；时时勤拂拭，莫使有尘埃。"弘忍对此的评价是只到门前，尚未入得门见自本性，认为："凡夫依此偈修行，即不堕落；作此见解，若觅无上菩提，即未可得。"惠能亦作一偈："菩提本无树，明镜亦非台；佛性常清净，何处有尘埃。"惠能所呈心地得弘忍印可，并因此而密受衣法，成为禅宗六祖。惠能得法后，为防人争夺法衣，领弘忍"将法向南，三年勿弘"之训，回到南方。后在曹溪行化四十余年，门徒三五千人。

以上就是敦煌本《坛经》所记的惠能行历之大概。这也是现存最早的（约成书于 780 年）有关惠能生平事迹的记载。与此差不多同时的《曹溪大师别传》（约作于 781 年）也有类似的记载，但内容上有一定的差异，其中有两处与敦煌本《坛经》的差异特别值得我们注意。一是不提惠能闻《金刚经》而发心求法的事，而是记载说，惠能在见弘忍之前，曾有过一段学佛经历，特别是曾听无尽藏尼诵《涅槃经》并为之释经义，初步形成了自己对佛性等问题的见解。二是较详细地记述了惠能回到南方避难五年后出家开法的一段经历，说惠能到广州制旨寺（亦名龙兴寺或法性寺），正值印宗法师讲《涅槃经》。时有风吹幡动，一僧曰风动，一僧曰幡动，还有僧曰风幡俱不动，众人议论不已。惠能以"仁者心动"一语引起了印宗法师的注意，一问方知是佛法南来，便问及弘忍的指授言教。惠能即引用《涅槃经》为印宗法师说了一通"佛性是不二之法"的道理。印宗法师闻说，便为惠能剃发，愿事为师。惠能出家受戒后，即为众人开东山法门。

《曹溪大师别传》虽有许多谬误，编造的东西也不少，但有些记载还是很有参考价值的。例如，联系惠能初见弘忍时对佛性所发表的见解来看，上述关于惠能在见弘忍之前已有过一段学佛经历的说法就更可信些。上述惠能在法性寺与印宗法师论《涅槃经》经义一事，在王维的《六祖能禅师碑铭》中也已有所记载，因而也不能轻易否定。从思想上看，突出《金刚经》和《涅槃经》，在惠能这里是并不矛盾的，因为融般若实相义与涅槃佛性论为一体，这正是惠能禅学的重要特色之一。惠能是以"非有非无"的般若中道思想来解释佛性义的，其后学由于争法统的需要或对般若与涅槃思想的重视程度不一样，而在各自的有关记载中表现出对两者强调的不同，这也是可以理解的。

在惠能一生的经历中，得法传衣是一个重大事件。自王维的《六祖能禅师碑铭》开始，南宗所传的各种有关资料中均记载了此事，而在北宗文献中却未发现任何否定此说的文字。但自胡适以来，认为此说是神会为争法统而捏造出来的便不乏其人，这种看法并非没有道理。不过，从当时的历史情况来看，弘忍传法付衣给惠能的可能性是确实存在的。禅者重师承，但东山法门的传授是并不限于一代一人的。惠能不识文字，凭着对佛教义理的悟性而主张不立文字、直了心性之禅，这种见地得到同样是文化水平不高而继承了道信朴实禅风的弘忍之印可并受到特别的赞赏是不奇怪的。惠能是南方人，当时东山法门尚未扩大到广州一带，弘忍为了支持惠能回南方传法，而利用传衣这一可追溯至释迦时代的古老方式使惠能获得学有传承的凭信，这应该也是可能的。至于弘忍传衣给惠能是否如神会日后所说的表明惠能为唯一嫡传，那是另一回事。从现有资料来看，很可能是神会利用了传衣一事来争法统。

惠能得法传衣后回南方开东山法门，始终保持了道信以来山林佛教的特色。据说武则天和唐中宗曾多次召请惠能进京，惠能均托病力辞。唐玄宗先天二年（713）八月三日，惠能奄然迁化于新州国恩寺，春秋七十有六。惠能的遗体不久即被他的弟子迎归曹溪宝林寺。宝林寺今称南华寺，惠能的遗体至今仍保存完好，在寺中受人供养。寺内的六祖殿所供奉的惠能肉身像一般认为就是惠能的真身。惠能去世后，唐宪宗时被追谥为"大鉴禅师"，世称六祖。王维、柳宗元和刘禹锡等都曾为其撰写碑铭。惠能的言行说教则由其门人汇集整理而编成《坛经》一书，成为惠能南宗的重要代表作。

二、《坛经》略辨

惠能所创的南宗的禅学思想主要体现在《坛经》中。《坛经》是惠能黄梅得法后回到曹溪宝林寺，又应韶州刺史韦璩等人之请到韶州大梵寺说法，由其弟子记录整理当时的开法情况而成，但现存的《坛经》还包括了惠能平时与弟子的问答以及惠能临终的付嘱等内容。《坛经》在长期的流传过程中经人不断修订补充，形成了许多不同的版本。明代的通行本为元代僧人宗宝的改编本。20世纪初，敦煌本《坛经》被发现，以后在中日两国学者的努力下，又先后发现了一些新的《坛经》本子。现存的《坛经》本子虽然很多，但根据研究，许多只是版本不同而已，内容上并无多大差异。真正有代表性的只有敦煌本、惠昕本和契嵩本。

在三个具有代表性的《坛经》本子中，以敦煌本为最早，大约是780年的写本。其次是惠昕本，大约改编于晚唐或宋初。另外就是契嵩改编的本子，从郎简为之作的序中可推知此本约成于宋仁宗至和三年（1056）。但序中称契嵩得曹溪古本，"校之，勒成三卷"，而现存本只有一卷，且是明代的本子，因此，中外学者也有不称其为契嵩本而称其为"明藏本"或"曹溪原本"的。元代的德异本、宗宝本，从内容上看，都属于这一个系统。由于宗宝本是明代以后的通行本，因此我们在下面论述时也把它作为一个独立的本子。

《坛经》在流传过程中不断被修订补充，这是历史事实。从字数上看，时间越往后，字数越多。敦煌本约一万两千字，惠昕本约一万四千字，而契嵩本与宗宝本则都超过了两万字。但是，我们并不能把后来的添改一概视为是窜改或伪造。因为在大梵寺听惠能说法的弟子很多，平时得到惠能开示的亦不在少数，众弟子对形成的《坛经》各有修订补充，这是很自然的事。在此过程中加进一些抬高惠能和自己一系的东西，这也在情理之中，并不能由此而得出结论，说晚出的本子所记载的东西就一定不如先出的本子真实。例如，较早出的敦煌本与惠昕本都有神会将于惠能死后二十年出来定南宗是非的悬记，而较后出的契嵩本与宗宝本则均改为惠能灭度后七十年有两位菩萨东来重建南宗。这种不同的记载只反映了惠能门下传宗的情况，而很难从《坛经》本子的先后上区别它们的真伪。

现存最早的敦煌本，是由法海记录而经神会或神会弟子整理补充过的本子，它距惠能入灭已有近七十年的时间。在敦煌本之前，《坛经》就已经有过被人改换的历史。据《景德传灯录》卷二十八载，南阳慧忠国师曾对当时有人自称是"南方宗旨"而"把他《坛经》改换，添糅鄙谭，削除圣意，惑乱后徒"的做法大为不满。慧忠卒于唐大历十年（775）。据此，则在惠能以后的五六十年间，至少已有两个《坛经》本子在流传，一个是慧忠早年见到过的本子，另一个就是经"南方宗旨"改换过的本子。从慧忠与南方来的禅客之间的问答中可以了解到，所谓"南方宗旨"，就其主张"无情无佛性"而言，与神会的思想是一致的，而就其以佛性为常、以不灭的灵觉之性离无常之身而为解脱的思想而言，却与神会的主张有异，与现存敦煌本强调于自色身归依三身佛的思想也是不一样的。因此，以"南方宗旨"改换《坛经》与神会门下对《坛经》的增删看来并不完全是一回事。神会门下据以改编的本子是否就是"南方宗旨"本，就现有的资料来看，也还难下定论，不过，这种可能是存在的。

神会门下对《坛经》作了一定的增删后将其作为传宗的凭信依据，这在史籍中是早已有记载的。韦处厚（卒于 828 年）的《兴福寺内道场供奉大德大义禅师碑铭》在述及神会时曾有"习徒迷真，橘枳变体，竟成《坛经》传宗"[1]的说法。这种说法当然并不像胡适所认为的那样，是"明说《坛经》是神会门下的习徒所作"，而是指神会系利用《坛经》作为传宗付法的依承。对此，敦煌本《坛经》中有明确的记载。神会系之所以抬出《坛经》以取代达摩袈裟，是因为神会在滑台大会上以传袈裟为禅门正宗的标志，但他又不得不承认袈裟"在韶州"而不在自己身边，为了给自己寻找新的传承根据，抬出《坛经》就是很必要的了。"竟成《坛经》传宗"以后，在《坛经》中添加些传宗的内容，并抬高神会，这是很自然的事，但这并不意味着从根本上改变《坛经》的基本内容。

敦煌本和惠昕本都有关于惠能弟子次第传授《坛经》的记载，虽然两者所记有所不同，前者为法海—道漈—悟真，后者为法海—志道—彼岸—悟真—圆会，但从法海传到悟真则是相同的。这表明，这两种本子可能是从同一个底本发展而来。从敦煌本中"悟真在

---

1 《全唐文》卷七百十五，上海古籍出版社 1990 年版，第 3258 页。

岭南曹溪山法兴寺，见今传授此法"的记载来看，这一底本当形成于惠能的再传弟子悟真活着的时候，时间是比较早的。我们可以假设它就是惠能死后三五十年内所流传的《坛经》原本。经神会一系修订后"竟成《坛经》传宗"的敦煌本中有关以《坛经》传宗的记载，几乎都为惠昕本所沿袭，这又表明，惠昕本是参考过敦煌本的，两个本子至少应该是交叉关系，而不应该像有人认为的那样，是并列关系。

那么，如何解释惠昕本所列的《坛经》传授次第有异于敦煌本呢？这很可能是因为惠昕本参照另一个文繁的古本进行了修订，而那个文繁的古本与敦煌本属于两个不同的系统。惠昕本在《六祖坛经序》中曾表示了对古本文繁的不满，这个古本当然不会是比现存惠昕本还要少近两千字的敦煌本。如果这个文繁的古本为惠能的另一个弟子志道的门下所编，那么，以志道、彼岸等人取代道漈就是可以理解的了。从据以改编的惠昕本、契嵩本分别增加了"志道传承"和"志道机缘"等内容来看，这种可能性是存在的。

关于契嵩改编本，据郎简为之作的序中说，当时的《坛经》"为俗所增损，而文字鄙俚繁杂"，后契嵩得曹溪古本，勒之而成三卷。胡适先生认为，这里的"曹溪古本"是指《曹溪大师别传》，这里所说的"文字鄙但繁杂"的《坛经》本，则可能是惠昕本，而郭朋先生则认为这个繁杂的本子可能是敦煌本。我们认为，现存的契嵩本一卷就有两万余字，超过了敦煌本和惠昕本，因此，"文字鄙俚繁杂"的本子似不太可能是敦煌本或惠昕本，而很可能就是惠昕据以改编的文繁之古本。契嵩参考《曹溪大师别传》和《历代法宝记》等不同的本子对之进行了校改，并称自己得到了"曹溪古本"以助其流传。契嵩"勒成三卷"的《坛经》本子，现已不存。现存的德异本和曹溪原本（即我们为了叙述方便仍称其为契嵩本的）均为一卷。德异在《坛经序》（作于元至元二十七年，即 1290 年）中说："惜乎《坛经》为后人节略太多，不见六祖大全之旨。德异幼年，尝见古本。自后遍求三十余载，近得通上人寻到全文，遂刊于吴中休休禅庵。"据此则可知，在元至元年间，社会上流传着一种"为后人节略太多"的《坛经》本子，是否就是惠昕改编本，不能下断语，但有这种可能。而德异从通上人处得到的早年曾见到过的"古本"，则很可能就是契嵩的改编本。

通行的宗宝本，据宗宝《跋》云，因见《坛经》"三本不同，互有得失"，遂"取其本校雠，讹者正之，略者详之"。从内容上看，宗宝本与现存契嵩本相近，但在内容的编排上略有改动。可以推论，宗宝所校雠的三个本子中可能也包括了惠昕本。

综合以上所说，我们可以将现存有代表性的各本《坛经》之间的关系用下列图表来表示（表中加方框者，表示现今不存）， 实线表示用作底本或比较直接的联系，虚线则表示作为参考或某种可能的联系。

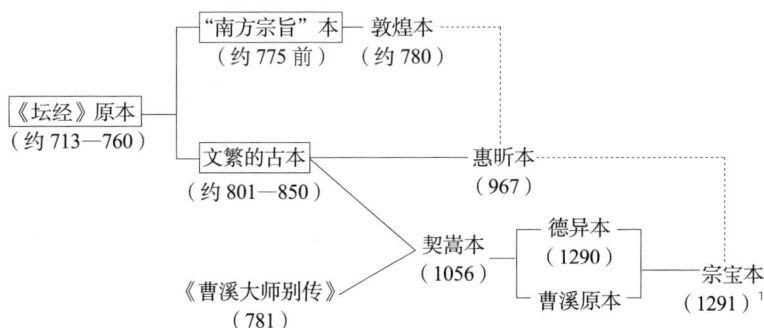

需要说明的是，上图所示各《坛经》本之间的关系，有的还只是根据现有材料的一种推测，尚有待于进一步的研究和新材料的验证。我们只是想借此表明：《坛经》在实际流传过程中，由于时间和空间的复杂性，其各种版本的形成情况也是复杂的，现存各本《坛经》之间并不一定仅是直线关系。晚出的版本所增加的内容，既有可能是后人伪造的，也有可能是来源于较早的传说或记载，因此不能简单地一概否定。我们认为，在分析研究惠能所创的南宗的禅学思想时，以早出的敦煌本《坛经》为主要依据，同时也参考其他各本及有关资料，这样做是比较恰当的，也是必要的。

第二节　融摄空有的禅学理论

空和有，主要是分别指空宗和有宗的理论。在印度佛教发展中，空宗即中观学派，主要发挥般若类经典的缘起性空说，有宗即瑜伽行派，主要是法相唯识学。但在中国佛教语境中，谈"有宗"往往更多的是指向涅槃佛性论这一系的思想。空、有这两种思想有很大的差别，但这种差别主要是学理上和方法上的，并不导致佛教解脱精神上的根本对立。中国佛教的重要特色之一，就是它更强调大小、空有、性相的圆融。作为禅者的惠能，他的禅学理论的最重要特色也就在于它的以空融有、空有相摄。

一、佛陀精神与中国特色

禅宗渊源于印度佛教而形成于中国传统思想文化之中。禅宗在许多方面都与佛陀精神相通而又深深地打上了中国文化的烙印。

从总体上看，惠能南宗禅学理论的核心是解脱论，主要说明人的解脱问题。它一般并不涉及宇宙的生成或构成等问题，本体论和认识论问题也只是在解脱论中有所体现，并没有专门展开论述。惠能南宗的解脱论又是和修行实践紧密结合在一起的，它反对任何理智的探讨与追求，认为人的解脱问题从根本上来说并不是一个理论问题，而是一个实践问题。"教外别传，不立文字"之说，除去其自立门户的宗教见识之外，确实反映了南宗重宗教实践的特色。从某种意义上来说，南宗的解脱论可称为实践的解脱论，其哲学也可称为实践的哲学，而这正充分体现了佛陀时代原始佛教的人生哲学之基本精神。佛陀创立佛教之始，就曾把本体论等问题悬置起来，着重强调通过宗教实践获得人生解脱的重要性与迫切性。

南宗的解脱论又是围绕着自心的迷悟展开的，其修行实践是建立在识心见性、顿悟成佛的解脱修行观基础上的。把人的解脱归结为心的解脱，这本是早期佛教各派的解脱论共同坚持的一个基本观点，所谓"若心不解脱，人非解脱相应……若心解脱，人解脱相应"[1]。但后来的大乘佛教过多地发展了对万法虚幻性及解脱成佛可能性的理论论证，围绕着"心的解脱"也展开了对心理活动、精神现象的理论分析和对心体、心性净染问题的理论研究。而南宗则直指

---

1 《舍利弗阿毗昙论》卷二十七，载《大正藏》第28册，第698页中。

人心，直倡顿悟，强调"前念迷即凡夫，后念悟即佛"，更突出了佛教以"心的解脱"为本的"心的宗教"的特色。

就惠能南宗对宗教实践的重视和对心的解脱的强调而言，它确实要比佛教的其他一些宗派更接近于释迦时代佛教的精神，它所标榜的以心传心、历代相传的"传佛心印"之说虽不具有历史意义，却多少反映了它与佛陀精神相通的历史事实。

但是，惠能南宗是根植于中国传统文化的土壤之中的，是在佛教中国化的过程中形成并发展起来的，因此，它虽然在许多方面与佛陀精神相通，却并不是简单地向原始佛教复归。在它的禅学理论与禅行实践中，融入了大量传统思想文化的精神，特别是老庄的自然无为之道与儒家的至善、至诚之性等，成为惠能南宗禅学思想的重要理论来源。这就决定了惠能南宗在理论和实践上都表现出了许多与传统禅学相异的中国化的特色。它重视宗教实践，但并不主张遁迹山林、摄心入定的苦修苦行，也反对呼吸数息、四禅八定等烦琐的禅法与修持形式。它强调心的解脱，但并不对人心作烦琐的理论分析，也反对对心性有任何执著。从禅学理论上看，继魏晋般若学与南北朝佛性论之后发展成熟的惠能南宗，融大乘佛教空有两大系的思想为一体是它最显著的中国化特色之一。

二、空有相异与相通

惠能南宗的全部禅学思想都是建立在空有相摄的理论基础之上的。这里的空有主要是指空宗与有宗的思想。空宗与有宗本来是印度大乘佛教的两大基本派别。空宗，即龙树和提婆所创立的中观学派，主要发挥般若类经典的思想，主张一切皆空。这里的空并不是不存在，而是不真实，即认为包括涅槃、佛性在内的一切法皆缘起而有，缘起则无自性，无自性即空。空即是宇宙的实相。中观学派以"八不"来破除人们的邪见，用真俗二谛义把性空与假有统一起来，要求人们"离有离无处中道"。这种中道般若思想经罗什系统介绍到中国以后，对中国佛教的发展产生了深刻的影响，其不落两边的遮诠方法成为惠能南宗的立宗之本。有宗在印度佛教中主要是指瑜伽行派，即无著和世亲的法相唯识学。但在中国，讲有宗，一般都还包括了涅槃佛性说这一系的思想。瑜伽行派的主要观点是境无识有，万法唯识，即认为万法皆由"识"所变现，离识无外境。这种思想在南北朝时就已传入我国，唐代由玄奘大师传入后期瑜伽行派的理论后，在中国还形成了法相唯识宗。但由于该宗的理论十分烦琐，又坚持"五种性"之说，反对一切众生皆有佛性，因此在中国盛极一时后很快就衰微了。在中国获得极大发展的是涅槃类经典的佛性论思想。这种思想强调人人皆有佛性，认为佛性具有"常乐我净"四德。常乐我净的佛性不仅是佛之体性，是众生成佛的内在根据，而且也是宇宙万法的本性。因此，它又可以称为"法性"。佛性有时也称为"如来藏"，即如来在胎藏中，一切众生藏有本来清净的如来法身，这更突出了佛与众生的体性不二。当佛性如来藏与"净心解脱"的理论结合在一起时，佛性如来藏与自性清净心也就合而为一了。这种心性论思想在印度佛教中并不占重要地位，甚至被斥为"不了义"，但在中国却由于与传统思想有许多相契合之处而受到了广泛的欢迎，晋宋时传入以后，经竺道生等人的改造、发展，并与般若思想相会通而成为中国佛学的主流。惠能南宗的思想也是这种心性论的进一步发展，其主要特点就是与般若实相说的融摄。

惠能南宗以非有非无的中道般若空观来破除人们的一切执著，又以般若学的无相之实相来会通涅槃学的本净之心性，把真如佛性与现实人心融而为一，使自心佛性不再是一个可以观或可以修的"真心"，而是就体现在念念不断又无所执著之中，从而把解脱之源指向了人们当下的无念无著之自心。基于这种无念无著之自心而起的修行，便是融禅行于日常行住坐卧之中的不修为修，便是反对拂尘看净的顿悟成佛。

有种观点认为，空有属于两种根本不同的思想体系，不能混同，禅宗是典型的佛性论者，是有宗而不是空宗。这种看法其实并不完全符合实际情况。空有两大系的思想并不是截然对立的，它们有相通之处，在一定意义上甚至可以说是相互补充、互为发明的。它们是分别从肯定的和否定的方面来说宇宙实相，并由此而展开对解脱问题的论述。

从印度佛教的发展来看，早期大乘般若学以诸法性空来发挥"心性本净、客尘所染"的理论，目的是为了论证转染成净、解脱成佛的可能性与必要性。由于它把"本净"解为"本空"，不免失之空洞，因此，继之而起的如来藏佛性论便在般若学否定万法真实性的基础上转向了对解脱主体的肯定。但这种对本净心性的肯定有外道神我论的色彩，且缺乏对"客尘所染"的说明，因此，随之而出现的大乘瑜伽行派便以阿赖耶识的理论弥补了这方面的不足。可见，有宗的出现并不是对空宗的简单否定或排斥，而是在空宗基础上的进一步发展。

再从理论上看，般若扫相，在非有非无的遮诠之中显中道实相，虽然未明确肯定"有"，却包含着通向涅槃之有的契机。因此，《涅槃经》中有"从般若波罗蜜出大涅槃"[1]的说法，这是有道理的。般若学说万法性空，从根本上还是为了显万法实相，为涅槃解脱作论证（尽管它说了涅槃空之类的话），而佛性论为了突出清净佛性的唯一真实，亦有必要先论证万法的空。正因为此，印度大乘佛教发展到后来，就出现了调和空有的趋势，"瑜伽中观派"的出现就是一个很好的说明。在中国，由于传统思想文化的融摄性和包容性等特点，调和空有的倾向就更加明显，但这种调和并非毫无经论之依据。

三、融摄空有与"心"义种种

中国佛教的发展，在晋宋时经历了理论上由真空向妙有的过渡。但涅槃佛性论继般若学而兴起，并不等于般若性空说的绝迹。相反，两种思想作为中国佛学的理论主干，始终发挥着各自的作用。

在涅槃佛性说刚传入我国之时，罗什的高足僧叡就是把般若性空与涅槃妙有作为佛教理论不可缺少的组成部分来理解的。有"涅槃圣"之称的竺道生更从理论上对空有两系的思想加以会通，在离言扫相的基础上又直指含生之真性，在融摄空有的基础上提出了他的涅槃佛性论和顿悟说。隋唐时建立的佛教各宗派，也大都对空有作出了不同程度的调和与折中。天台宗的性具实相说，华严宗的无尽缘起说和禅宗的心性论，无不是融摄空有的产物。对大小乘、空

---

1 《大般涅槃经》卷十四，载《大正藏》第 12 册，第 449 页上。

有宗等不同理论的调和，是中国佛教的一大特点。

　　禅宗作为一个比较典型的中国化佛教宗派，融摄空有的特点表现得最为明显。注重体悟心印而不拘言相，这本来就是禅者与义学之士的区别之一。菩提达摩东来，顺应着竺道生以来融会空有的中国佛教发展趋势，将实相无相与心性本净结合起来，作为"安心"禅法的所藉之教，奠定了中国禅宗心性论的基本路子。从达摩到南能北秀，中国禅的全部理论基础始终不离般若学与心性说的融摄，只是思想侧重点时有不同而已。而说到底，经典教义对于禅者来说，都只不过是一种方便假借的手段，并不能由此而得出什么《楞伽》"有宗"或《金刚》"空宗"之类的结论。

　　南宗禅的创始人惠能，"一生以来，不识文字"，没有受过佛学方面的系统训练，这对于他自由地解释发挥经义，为我所用，倡不立文字、直了心性的简便法门，当有极大的影响。融摄空有在他所创的南宗禅学理论中也表现得更为充分。对此，我们可以来看一下惠能禅学理论体系中的"心"这个重要概念。"心"不仅是南宗整个解脱论的理论基石，而且也集中体现了惠能以空融有、空有相摄的禅法特色。

　　在佛教中，"心"一向有多种含义。宗密的《禅源诸诠集都序》在述及心的"名同义别"时，曾将心的不同含义概括为最基本的四种：一为肉团心；二为缘虑心；三为集起心，指第八识；四为真心。宗密虽主禅教一致之说，但毕竟是一个华严学者，是依"真心"立论的。在他看来，达摩以来，六代相传，皆真心也。事实是否如此呢？

　　从现存《坛经》的有关记载来看，惠能所言之心的含义也是十分复杂的，其中比较多的是指"妄心""邪心"，另外还有"善心""正心"等。这些"心"大体上与宗密所说的缘虑心相当，指的主要是一种心念活动、心理状态，它们的基础则是可正可邪、可净可不净之心，所谓"心正转《法华》，心邪《法华》转"就说明了这一点。这个可正可邪的心实际上指的是人们当下的一念之心，于此心上除却各种邪心，不起任何执著之心，便能于心地上常自开佛知见，从而获得解脱。可见，当下的一念之心就是众生的解脱之心。《坛经》中常说的自心迷、自心悟，都是就此心而言的。既然迷悟皆依当下的一念之心，那么惠能主当下顿悟说就是很自然的了。

上述种种心，并非指"真心"，那么它们是否以"真心"为体性呢？答案也是否定的。在惠能那儿，具有真心意义的心，一般称做"本性"或"自性"。由于惠能融摄了般若实相无相说而将真心引向了人们的当下之心，因此，他对"本性""自性"的解释又有异于传统的如来藏佛性论。他所说的本净的自性、人性，主要是指众生之心念念不起妄心执著的本性，一般并不具有什么实体的意义。正是在这一点上，惠能批评了神秀北宗的起心看净，认为若言看净，就是执著"净相"了，而净是无形相的。惠能以觉性释心体，以般若为心之性，这看似不离印度佛教的原义，其实却是中国佛教特有的一种观点，其主要特点就在于以非有非无、色空双离所显的般若实相来融通人性、佛性。因此，在敦煌本《坛经》中，一般都用"自心""自性"来确立众生自身的价值，而很少使用"佛性"一词。《曹溪大师别传》虽多用"佛性"，但大都也是从"不二之法"的角度去加以发挥的，这与《坛经》所表现出来的般若无所得的思想倾向是基本一致的。

　　概括起来看，在惠能的禅学思想体系中，真心与妄心本质上其实是一回事，它们都统一于人们当下之自心。这看起来与《大乘起信论》的一心二门说十分相似，细究起来却是有很大差别的。《大乘起信论》从一心开二门，重点在于阐述心真如与心生灭的关系，它立论的基础是真如、真心，众生心实际上成为真心的代名词。而惠能则把真心与妄心又拉回到众生当下的心念上来，他注重的是当下活泼泼的众生之人格，而不是去追求一个抽象的精神实体；他关心的是众生当下的解脱，而不是真如与万法的关系。惠能与《大乘起信论》的思想差异，我们可以用如下图式来表示：

　　由此可见，惠能的思维框架受《大乘起信论》的影响很大，而思维途径与思想特点却有很大的不同。最大的不同就在于惠能所言之心并不以"真心"为体性，而是以众生现实之心为基础。惠能的思想之所以表现出与《大乘起信论》有很大不同，关键就在于惠能用般若实相说对"真心"加以了会通。

四、得法偈与"三无"论

　　谈到惠能禅学思想的特点，人们很自然会想到他的得法偈。惠能的得法偈是与神秀的"身是菩提树，心如明镜台；时时勤拂拭，莫使有尘埃"相对立而提出来的，敦煌本《坛经》记为两首，其一为：

菩提本无树，明镜亦无台；
佛性常清净，何处有尘埃。

其二为：

心是菩提树，身为明镜台；
明镜本清净，何处染尘埃。

但敦煌本以后的各本《坛经》都将惠能偈记为一首，这首流传极其广泛的偈文如下：

菩提本无树，明镜亦非台；
本来无一物，何处惹尘埃。

这里改动最大、最引起后人争议的是将"佛性常清净"句改为"本来无一物"。这个改法是否如有人认为的那样是以般若思想或不准确的般若思想窜改了惠能本来的佛性论思想呢？我认为并非如此。因为在惠能的禅学思想体系中，"佛性常清净"所表达的并不是传统意义上的佛性论思想，而是经般若实相说改造过了的佛性论思想。在般若学的思想体系中，"清净"与"空"是异名而同义的，"毕竟空即是毕竟清净，以人畏空，故言清净"[1]。因此，"佛性常清净"也就具有"佛性空"的意思。它与"本来无一物"一样，发挥的是般若无所得、无可执著的思想。正因为心性空寂，佛性即体现在人们自心的念念不断、念念无著之中，并没有一个绝对的清净物存在，所以惠能反对神秀北宗的"时时勤拂拭"。由于"佛性常清净"的说法仍容易被理解为有一个清净物的存在，惠能后学遂将它改为"本来无一物"，更突出了无可执著、无可得之义，这不能说是窜改了惠能的原义。从敦煌本的第一首偈文来看，前两句"菩提本无树，明镜亦无台"所否定的正是把菩提、明镜执著为有的观点，蕴含着"本来无一物"的思想；而第二首偈中"明镜本清净"显然也就是第一首偈中"明镜亦无台"的思想。因此，用"本来无一物"替换"佛性常清净"，义旨并无二致，对于文化程度不高的南宗广大普通信徒来说，反而更能按照惠能的本义去加以理解。

惠能反对执著佛性或清净心，他把心与性都理解为不离人们的当下之心念，因此，他所提倡的修行或要追求的解脱也就不是排除任何思虑的心注一境或观心看净，也不是断绝心念的与道冥符或返本归真，而是念念不住、念念相续的无著无缚、任心自运。惠能曾以"无相、无念、无住"来概括这种思想。

一般认为，无相、无念、无住是惠能南宗的认识论或修行法，这都不算错。但实际上，这"三无"也是对惠能整个禅学理论的一种概括。惠能自己说："我此法门，从上已来，顿渐皆立无念为宗，

---

1 《大智度论》卷六十三，载《大正藏》第 25 册，第 508 页下。

无相为体，无住为本。"[1]这里的宗、体、本皆是心要之义，表明了无相、无念、无住在惠能禅学体系中的地位。

何名无相？"无相者于相而离相。"这里主要包含两层意思：第一，"凡所有相，皆是虚妄"。万相非真，故谓无相。第二，实相无相，"性体清净"。这是以破邪来显正，以无相之实相来表无相之自心。所以说，"但离一切相是无相，但能离相，性体清净，此是以无相为体"[2]。

何为无念？"无念者于念而不念。"这是说，任心自念而不起妄念，也就是说，有正念而无妄念。由于惠能是以般若实相来解说自心之体性的，因此，正念不断，念念相续，既是真如自性起念，又是"念念般若观照，常离法相"[3]。这种"无念"要求任心自运，不能起心有任何追求，因为起心即是妄；也不能百物不思，念尽除却，那样无异于草木瓦石，还谈什么人的解脱呢？"无念为宗"实际上是以自己当下之心念为宗。

最后，何为无住？"无住者，为人本性。"这说明无住也是就人的心性而言的。但从它的内容上看，主要也包含了两层意思：第一，万法无常，迁流不止。般若学从性空、无相的角度强调万法无住，"无住则如幻，如幻则不实，不实则为空，空则常净"[4]。惠能由此"无住"而进一步提出了无所住心。因此，第二，"无住者，为

1　敦煌本《坛经》第十七节，载郭朋《坛经校释》，中华书局 1983 版，第 31—32 页。

2　敦煌本《坛经》第十七节，载郭朋《坛经校释》，中华书局 1983 版，第 32 页。

3　敦煌本《坛经》第四十一节，载郭朋《坛经校释》，中华书局 1983 版，第 79 页。

4　僧肇：《维摩经·弟子品》注，载《大正藏》第 38 册，第 356 页中。

人本性"，这是惠能思想的重心所在。这里的"无住"，既有心念迁流不息之义，又有心念不滞留在虚假的万法上，不执著妄相之义。惠能说的"心不住法即通流，住即被缚"[1]就是这个意思。"无住为本"就是以"内外不住，来去自由"的自然任运之心为本。

从惠能整个禅学思想体系来看，"无念"和"无住"说的都是任心自运的意思，只是角度有所不同。无念重在说明妄念不起，无住则是强调正念不断。而无念和无住又都立足于实相无相的基础上。因此，"三无"不仅是惠能南宗的认识论和修行法，而且也集中体现了惠能禅的思想理论基础及其特色。它表明：作为惠能禅法之基础的是念念不断、念念无住的当下现实之心。这个心既非真心，又非妄心，同时又可以说既是真心（无念无住即真），又是妄心（起念有著即妄）。作为真心，它是解脱的主体；作为妄心，它是系缚的根源。迷悟凡圣，就在自己的一念之中。从哲学上看，惠能超越了传统的本末、体用之二分对立，突出了活泼泼的人之为人的本性，把活生生的人的生命抬到了唯一的至高无上的地位，形成了他所特有的唯当下现实之心的本体论思想。从传统佛教的心性论来看，惠能所言的当下之心又是真心佛性与般若实相相结合的产物。作为真心，它具足一切功德，是一切善恶之法的依持；作为实相，它又不可修，不可守，无可执著。这也就决定了惠能虽然主张人人皆有佛性，却是从识心见性、自成佛道的解脱论角度提出来的，而不是从缘起论来展开对世界的来源或构成的论述。惠能在解脱论上是一个佛性论者，而在哲学世界观上却并不是一个"真如"

1　敦煌本《坛经》第十四节，载郭朋《坛经校释》，中华书局 1983 版，第 28 页。

缘起论者，这正体现了他的禅学理论中国化的一大特点，也体现了惠能关心人类自我拯救的禅师的本色。

第三节 顿悟心性的解脱修行观

惠能以般若实相说改造了佛性论，把佛性、真心统一于人们念念无住的当下之心，以人们的自心自性为成佛的根据，把主体完全从内外束缚中摆脱出来以及精神上的彻底逍遥自在作为解脱成佛道的境界，因而他的禅学思想突出的是即心即佛、生佛不二和自在解脱，强调的是对自心自性的体悟心证，从而形成了他所独具的顿悟心性的解脱修行观。

一、即心即佛与自在解脱

惠能在解脱论上是一个佛性论者，他从关注每一个现实的人的解脱出发，主张人人皆有佛性。但由于惠能的佛性论思想融摄了般若的实相说，以非有非无的不二之性来释佛性，以众生当下之心的念念无著为解脱成佛道，把自心佛性、众生与佛都归之于人们的当下之心，因此，它突出的是即心即佛、生佛不二，把自心的迷悟作为凡圣的唯一区别，强调识心见性，自在解脱，从而形成了种种与传统的涅槃佛性义迥异的思想特点。

南北朝时期的佛性论种种，分别从人、心或理（境）等不同的方面来理解佛性，说法虽然各异，但把佛性作为思辨、探究、解说的对象，却是各家共有的特点，因而他们都有把佛性理解为一种特殊的"存在物"的倾向。惠能则与此有异。在惠能看来，佛性（自性）并不是一个外在于主体的客体，也不是理论思维可以把握的对象，它是凡圣、内外一切法的基础，只有在宗教实践中才能体悟或把握它。因此，惠能一般并不从理论上给佛性（自性）下什么定义或判断，而是强调在念念无著的实际生活中"自识本心，自见本性"，"于自心顿现真如本性"。在敦煌本《坛经》中，惠能大都是用描述性的语言来说明佛性（自性）"如何"或"怎么样"，而从不说佛性是"什么"。只有一次，惠能说到了"心即是地，性即是王"[1]，而这显然是一种譬喻说法。在契嵩改编后的《坛经》本子中，虽有"什么是佛性"的说法，却是以"不二之性"来解释佛性的，认为"无二之性，即是佛性"，这正是惠能临终付嘱的"出没即离两边"的中道方法的具体运用。就此而言，惠能对佛性的看法，与三论大师吉藏的"以中道为佛性"不无相通之处，与解空大师僧肇的"入一空不二法门"的般若空观思想也是一脉相承的。

但是，僧肇是个地道的般若学者，他主要热衷于阐发般若性空理论；吉藏也是个标准的义学沙门，他的中道佛性论实际上仍然是以"理"为佛性的。而惠能却是一个禅学大师，他所关注的不是"理"，而是活生生的现实的人；他所关注的不是"境"，而是人们现实的当下之心。因此，惠能并没有停留在以"不二"释佛性上，而是把"不二"之理与现实的人及人心结合在一起，以"无相无念

1　敦煌本《坛经》第三十五节，载郭朋《坛经校释》，中华书局 1983 版，第 66 页。

无住"的本觉之心把众生与佛"圆融无碍"地融摄为一体，从而突出了人们的当下解脱，并赋予了"即心即佛""见性成佛"以新的含义，使这些命题主要地不再是从"理"立言，而是就"行"立论、由"果"而说。

惠能即心即佛、生佛不二的主要特点就表现在对心、佛与众生的解释上。惠能认为，众生与佛的差别仅在于自心（性）迷悟的不同，"自性迷，佛即众生；自性悟，众生即是佛"[1]。把众生与佛归于一心，这本是天台、华严等宗派的共同思想。惠能的不同之处在于，他所说的"心"既不是性体清净的真心，也不是具含一切善恶的真妄和合之心，而是众生现实的当下之心。这个当下之心圆满具足一切，众生只要在行住坐卧之中念念无著，自识本心，自见本性，便能自然解脱成佛道。

既然人们现实的当下之心就是涅槃妙心，解脱真心，就是生佛统一的基础，那当然就是人人有佛性，人人能成佛了。由于惠能融般若实相与涅槃佛性于一体，因此，他在主张人人有佛性的同时，又以般若智慧性来说心性（佛性），强调人心本觉，认为只要一念觉悟，识心见性，即能于一刹那间起般若观照，顿至佛地，而这又必须是在"行"中得以实现的，要"修般若行"。这里的"行"并不是一般意义上的实践活动，而是立足于自心之基础上不待思虑、不假修持的体悟心证。由于般若无形相，智慧性即是，因此，任心自行，念念无著，便是常行智慧，即名般若行。若起心而修，口念而行，那就是著相的迷人愚行了。

1　敦煌本《坛经》第三十五节，载郭朋《坛经校释》，中华书局1983版，第66页。

惠能把众生与佛都拉向人们当下的一念之心，认为"前念迷即凡，后念悟即佛"[1]，众生之所以未成佛道，"只缘心迷，不能自悟"[2]，而自心的觉悟就是自心般若智慧性的自然显现。因此，惠能特别反对"百物不思"的绝念和各种有所执著的观心看净，强调人心念念相续、念念无著的自然任运，自在解脱。惠能用"自在解脱"而不用"涅槃解脱"来表示解脱境，充分体现了他的解脱论要求人们在现实的行住坐卧中去体悟自家生命之本然，把自己完美具足的人格与人性充分显现出来的重要特点。

二、识心与见性

惠能从他唯当下现实之心的即心即佛的自在解脱论出发，在如何解脱成佛、解脱的途径与方法、解脱的步骤与阶次等许多问题上，提出了一系列与传统佛教相异的思想与主张，形成了他富有特色的识心见性的修行观。

识心见性是惠能修行观的总原则。既然自心有佛，自性是佛，那么，识心见性，即能自成佛道。这里的"识心"，主要有两层意思：一是自识本心有佛，本心即佛；二是由了知自心本来清净、万法尽在自性而自净其心，念念无著，还得本心。这里的"见性"亦有两层意思：一是了悟、彻见之义，即自见自心真如本性，自见本

---

1 敦煌本《坛经》第二十六节，载郭朋《坛经校释》，中华书局 1983 版，第 51 页。
2 宗宝本《坛经·般若品》，载洪修平、白光注评《坛经》，凤凰出版社 2010 年版，第 26 页。

性般若之知；二是显现义，即通过净心、明心而使自心本性显现出来。识心即能见性，见性即成佛道。因此，从根本上说，识心见性是一回事。需要指出的是，这里的"识"与"见"都不是一般意义上的知见，而是一种证悟，它是不以任何言语概念或思维形式为中介的直观。在这种"识"与"见"中，没有识与被识、见与被见，它是自心自性的自我观照、自我显现。

见性即得解脱，见性即能成佛，这本是佛教中早已有之的思想，甚至在印度数论哲学的原始经典中，就已有"如是我者，见自性时，即得解脱"[1]的说法。佛教传入中国后，在南北朝时期有些涅槃学者也提出了"见性成佛"的观点。据说菩提达摩来华传禅即以"见性成佛"为重要的标帜，五祖弘忍更是留下了大量有关识心、见性的法语。但惠能的"识心见性"是有其新内容和新特点的。

惠能的"识心见性"并不像《涅槃经》那样从"当果"说佛性，认为心、佛与众生是"理"无二致，而非本来不二；也不像《楞伽经》那样从自性清净心出发，围绕着"心净尘染"来展开论述；与弘忍的"守本真心"为归趣的"识心见性"亦不同。弘忍的"识心见性"只是要人了知自心本来清净，自心为本师，从而"守本真心，妄念不生"，换言之，弘忍的识心见性是为"守本真心"服务的，"守本真心"才是弘忍禅法的根本要求与目的。而惠能的识心见性既没有一个"心"可以识，也没有一个"性"可以见，而且惠能是以识心见性为修行的全部内容，以识心见性为解脱成佛道的。由于惠能所言之心与性都以人们的当下之心为依持，识心见性

1　真谛译《金七十论》卷上，载《大正藏》第 54 册，第 1250 页中。

只是自心本性的自然显现，是人们自心的自在任运，因此，惠能反对执著心性的观心看净，反对"时时勤拂拭"的修行，认为起心欲修就是妄，只有智慧观照，于一切法不取不舍，才是见性成佛道。

在惠能的禅法体系中，识心、见性与开悟、解脱具有相同的意义。"识心见性"既是修行法，也是解脱境，同时，它又不离现实的生活。惠能把心与性的统一落实在人们当下的宗教体悟之中。识心见性并不是一个理论问题，而是一个实践问题。作为修行法，"识心见性"要求任心自运，内外无著，行"无念"法。无念即是无妄念，至于正念则是念念不断的，正念是超越真妄的"本念"——本心之念，本然之念，亦即人的自家生命的显现。念念不失本念而无妄念，便是见性成佛道。这样，修行法与解脱境在这里也就合而为一了。

三、唯心净土与顿悟成佛

从"识心见性"的解脱修行观出发，惠能主张"唯心净土"说。"唯心净土"本是印度佛教中早已有之的思想。对中国佛教有较大影响的《维摩经》宣扬的一个重要观点就是"唯其心净，则佛土净"，强调佛国就在尘世，佛国净土与尘世的差别仅在于人们的心念之净与不净。这种思想经僧肇、道生等人的发挥而在魏晋南北朝时期相当盛行。但惠能的"唯心净土"说是有其特点的，这主要表现在两个方面：一是对宗教体悟的强调；二是对西方净土说的融摄。

般若学者僧肇曾从万法性空的基本观点出发，反对西方净土说，认为净土秽土皆是心之影响，都是不真实的。涅槃学者道生则从真空妙有契合无间的思想出发，在把净秽系之于心的同时，并不否定净土的存在，因此他主张"行致净土"。而惠能作为一个融摄空有的禅者，一方面继承了道生的思想，把"唯心净土"说落实在"行"上，另一方面又进一步把"唯心净土"发展为"自净其心""自心顿悟"的修行法。惠能从他"即心即佛"、凡圣不二的解脱理论出发，当然不主张传统的西方净土说，他反对于世间之外去追求出世间。但从"万法在自性"、自心圆满具足一切法的禅学理论出发，他又不否定西方净土的存在，而是以"唯心净土"去融摄"西方净土"，认为"迷人念佛生彼，悟者自净其心"[1]。他把往生西方与自心的迷悟联系在一起，认为佛法本无差别，只缘人的迷悟有殊，见有迟疾，才说西方有远有近。迷人想通过念佛往生，因而西方路途遥远，很难到达。若自净其心，自性顿悟，那么刹那间便见西方，弹指顷即登佛地。惠能把往生西方归之于自心的迷悟，强调自净其心，这正是他"即心即佛"的解脱论和"识心见性"的修行观在宗教实践中的具体贯彻。

在惠能的禅法体系中，自净其心便能自识其性，"若识自性，一悟即至佛地"[2]，便与西方无二。在这里，"见性"与"悟"实际上是同义语，见性是"直了"，悟为"顿"。顿悟是惠能解脱修行观的一个极重要的组成部分，"顿悟成佛"甚至成为惠能南宗特有的

1　敦煌本《坛经》第三十五节，载郭朋《坛经校释》，中华书局1983版，第66页。

2　宗宝本《坛经·般若品》，载洪修平、白光注评《坛经》，凤凰出版社2010年版，第34—35页。

标帜。

虽然"顿悟"并非惠能首倡，但惠能"顿悟说"从其立论之基础到顿悟之内涵都是有其独创之处的。首先，惠能的"顿悟"并非如传统佛教所主张的那种"渐修顿悟"。其次，惠能的"顿悟"也非两晋时许多僧人所主张的立顿悟于"七地"的"小顿悟"。再次，惠能与竺道生提倡的所谓"大顿悟"也是不一样的，这主要表现在：第一，竺道生所言之顿悟为理悟，是从理论上说明悟理必为顿，而惠能的顿悟是立足于当下的无念之心，强调的是对自心自性的体悟心证，这种悟又是无所得的；第二，竺道生虽认为"十地"以后可以一下子豁然大悟，但他并没有否定"十地"的渐次修行，只是认为在"十地"以内无悟可言而已，惠能的顿悟顿修、融修于悟的顿悟说与此显然也是不一样的。

惠能顿悟说的立论之基础是人们当下的现实之心。所谓悟就是自心任运，就是自心智慧性在念念无著中的自然显现，它就在人们当下一念之中得以实现，"前念迷即凡，后念悟即佛"。这就决定了悟必为顿悟。这种悟是不可能通过渐修而达到的，因为起心有修本身就是"有念"，修行求悟更是一种执著，这显然与"悟"是背道而驰的。顿悟不假渐修，融修于悟之中，这是惠能顿悟说的一大特色，也是与神秀北宗基于"清净心"而提出的"时时勤拂拭"之后"悟在须臾"的主要区别之一。惠能有时也提到"顿修"，这是为了破"渐修"。由于顿修的内容是"般若行""无念法"，因此，"顿修"实际上也就无"法"可修，无"行"可行。修而无修，以无修为修，这成为惠能顿悟说的又一个重要特点。惠能在强调顿悟的同时又多次提到法无顿渐，顿渐在机，认为顿渐其实只是因人之根机不同而立的假名施设，关键在于人自心有迷悟的不同，"迷人渐修，悟人顿契"[1]。这样，惠能一方面主张顿渐皆不立，另一方面又以自心的迷悟统摄了顿渐，所谓"我此法门，从上已来，顿渐皆立无念为宗，无相为体，无住为本"，就是这个意思。由此可见，惠能顿悟说注重的是"识心见性"的宗教实践而不是理论的探讨，这也是惠能顿悟说的特点之一。从悟与所悟的内涵上看，由于惠能的顿悟并不是对"理"的证悟，而是自心自性的显现，因此，这种悟是不分能悟与所悟的，能、所皆统一于当下之心，这种对自性自悟的强调成为惠能顿悟说的又一大特点。这种特点与惠能以般若实相会通涅槃佛性、以智慧性解说心性的思想显然是密切联系在一起的。

四、心转《法华》与禅非坐卧

惠能的解脱修行观把众生与佛的差别归之于自性迷悟的不同，而迷与悟就在众生当下的一念心中，"前念迷即凡，后念悟即佛"，也就是说，众生的每一念心皆可顿悟自性，位登佛地。因此，惠能反对一切外在的修习，他以自性自悟来统摄各种修行活动，对读经、坐禅和出家等传统佛教的修持形式和修持内容都提出了自己与众不同的看法。

关于读经，惠能认为，大小乘一切经书文字，皆因人置，皆在人性中，故能建立。人性即是般若智慧性，解脱就是自性起般若

1　宗宝本《坛经·定慧品》，载洪修平、白光注评《坛经》，凤凰出版社 2010 年版，第 50 页。

观照，而这是"不假文字"的，只要自心本性常起正见，去除执心，即能与佛之知见无二。这里的关键是自心不起妄念，而不是读经。经典至多只是启发人开悟的一种外缘，它并不能代替每个人的自悟。因此，即使是读经，也应该心转经而不能被经转，不能被文字相牵着鼻子走，所谓"心正转《法华》，心邪《法华》转"就是这个意思。可见，惠能并不是绝对地排斥经教，他只是破除对"读经"的执著，强调对经文要领宗得意，不能滞于文句。这实际上也是老庄玄学的"得意忘言"和佛教的"依义不依语"贯彻于禅修之中的必然要求。按照惠能的观点，执著诵经固然是"有念"，拘泥于"不可诵读"，亦是一种执著，正确的态度应该是读与不读，皆任心自然。因此，当有人问"但得解义，不劳诵经耶"时，惠能反问道："经有何过，岂障汝念？"[1]重要的是自性觉悟。自性不悟，执著文句，读经何益？自性若悟，经典文句岂有碍哉！惠能南宗发展到"呵佛骂祖"以后出现了一种完全排斥经教的态度，例如德山宣鉴视十二分教为鬼神簿、拭疮疣纸。即使如此，在南宗中读经的现象也仍然是存在的。曹山智炬的一段话可代表南宗对读经的普遍看法："文字性异，法法体空。迷则句句疮疣，悟则文文般若。苟无取舍，何害圆伊？"[2]

对于是否要出家修行，惠能的看法也是不能执著形式，重要的在于自净其心，自性觉悟。他认为："若欲修行，在家亦得，不由

---

1 《五灯会元》卷二《洪州法达禅师》。本书所引《五灯会元》为苏渊雷点校的中华书局 1984 年版，以下不再一一说明。

2 《五灯会元》卷十三《曹山智炬禅师》。

在寺。"[1] 这里，"在家亦得"，并不是"非得在家"；"不由在寺"，也不是"不能在寺"。在惠能看来，在家与在寺，并无二致，若说一定要"在家"而不能"在寺"，这又是一种执著了。事实上，无论是在惠能之前还是在惠能之后，禅门弟子的修行都还是以"在寺"为主的，只是形式有了很大的不同而已，例如禅院不设佛殿，但立法堂，等等。至于有大批的在家信徒，那也不是惠能南宗所特有。当然，惠能破除执著而使禅宗的修行不拘任何形式，这对禅宗的广泛传播所起的作用也是不可低估的。

最值得重视的是惠能对禅定的看法。达摩系的禅法一向比较重"随缘而行"，但东土五祖都未明确反对坐禅，且对于"坐禅"都还是身体力行的。而惠能则明确提出了禅非坐卧，反对执著坐禅。他根据离相无念即为识心见性、顿悟成佛的思想，把修禅融于行住坐卧之中，并对"禅定"作了新的解释。他认为，于一切境界上不起念即为坐，见本性不乱即为禅，或谓"外离相曰禅，内不乱为定"，外禅内定，故名禅定。根据这样一种禅定的观点，就不应该执著形式上的"坐"与"不坐"，重要的是"于念念中，自见本性清净"。若执著"坐"禅，追求入定，那必然是离禅定更远。据此，惠能多次批评了神秀北宗的"坐禅习定"，认为"道由心悟，岂在坐也"。悟在于自心不起妄念执著，而不在于坐卧的形式。如果于行住坐卧之中能念念无著，任心自运，那就等于时时入定了。严格地说，这种"定"是无所谓入与不入的。这样，惠能就将禅定与日常行事完全结合到了一起，禅与生活融而为一了。惠能这种对禅定的看法显

---

1 敦煌本《坛经》第三十六节，载郭朋《坛经校释》，中华书局 1983 版，第 71 页。

然是般若无所得的思想在禅修观中的体现。根据这种观点，坐禅与不坐禅实际上就是无二无别的。禅不拘于坐，然坐并非不是禅。所谓行住坐卧皆是禅，并不排斥"坐"，此中之关键在于不能执著坐禅，应该任心自运，无执无著。当然，针对"唯习坐禅"的倾向而特别强调了"禅非坐卧"，此为惠能南宗的一大特点，这也是不能忽视的事实。

惠能融禅定于行住坐卧之中，这与他以慧摄定、将定慧统一于无念之心有密切的关系。惠能对定慧的看法是"定慧无别""定慧不二"，或谓"定慧等"。定慧等于什么？等于众生之自心自性。定慧的不二之体即是无念之心，只要本觉之心当下无念，即是定慧等。在这里，有定即有慧，有慧即有定，离定无慧，离慧无定。这种定慧是无可修、无可求的，识心见性便自然定慧等。由此出发而将禅定融于日常的行住坐卧之中，就是必然的了。

五、藉师自悟与祖师禅

东山法门的重要特点之一是强调众生的"识心自度"，惠能则将众生的自度进一步安放在自性本来是佛的基础上，突出了众生的"自性自度"，强调以自性般若之智除却愚痴迷妄，从而见性成佛道。同时，惠能的"自性自度"又并不排斥经教的启迪作用，惠能自己就是闻说《金刚经》而于言下顿悟的。

惠能在不排斥经教启迪作用的同时，更重视大善知识的指点，把菩提达摩的"藉教悟宗"发展成为"藉师自悟"。惠能认为，尽管人人本有菩提般若之智，但并不是人人天生都能自悟的，否则就没有众生而只有佛了。众生自迷，可以求大善知识"示道见性"以帮助自己开悟。但惠能同时也强调，"藉师"还得靠"自悟"，如果自己不努力，想通过别人的帮助而达到解脱，那是不可能的。惠能强调自性自度而不废言教师传，把外在的教育启发落实到自心的觉悟，拨去其宗教的外衣，从教学方法上看，是有其合理之处的。

惠能把"藉教悟宗"发展为"藉师自悟"，这也许是后人把惠能禅称为"祖师禅"以与达摩的"如来禅"相区别的一个重要原因。其实，在禅门中并没有把惠能与达摩对立起来的说法，相反，惠能门下都是以惠能传达摩之心法相标榜的。如来禅，本是《楞伽经》所言四种禅中最上乘者，已证入如来境地，后人因达摩系禅法有如来藏清净心的思想倾向而以如来禅称之。"祖师禅"的提法，最早似始于沩山灵祐门下。香严智闲在除草时，偶抛瓦砾，击竹作声，忽然省悟。他先说了一番话："去年贫，犹有卓锥之地，今年贫，锥也无。"仰山慧寂只承认他会了如来禅。智闲又说："我有一机，瞬目视伊。若人不会，别唤沙弥。"仰山乃许他会了祖师禅。[1]如来禅与祖师禅究竟有何差别？禅门中很少有人作专门解释。从现存不多的说法来看，似是以修证理悟为如来禅，直了顿悟为祖师禅。"如来禅"出自经文，而祖师的地位在南宗中又日趋重要，因此，以"祖师禅"指称南宗，似更能突出南宗不立文字、以心传心的特色。不过，祖师禅仍被视为是达摩所传的，南宗弟子奉惠能为"六祖"，并喜欢以"如何是祖师西来意"为话头来参禅，即表明了这一点。

---

1 《五灯会元》卷九《香严智闲禅师》。

从惠能识心见性、顿悟成佛的禅法来看，与《楞伽经》所言之如来禅是相通的。在《坛经》中，惠能也是以"如来禅"相标榜的。而在惠能的时代，人们也都是将顿悟禅称为"如来禅"的。例如玄觉在《永嘉证道歌》中说："顿觉了，如来禅，六度万行体中圆。"神会也明确地在无念、般若和如来禅之间画等号。有人根据《历代法宝记》中有"神会破清净禅，立如来禅"而说神会是如来禅，惠能是祖师禅，并以天台教配惠能禅，此说未必恰当。其实，从《历代法宝记》的记载来看，神会所破者为北宗观心看净禅，所立如来禅即惠能的无念法，而上面说"顿觉了，如来禅"的玄觉倒是一位兼修天台止观的禅师。

综合起来看，祖师禅只是后人对南宗禅的一个泛称，就像太虚法师在超佛祖师禅之后又立越祖分灯禅一样，都是一种方便说法，其师承仍要上溯至菩提达摩。这些名称作为反映禅宗发展的历史概念尚可，而硬要对"祖师禅""如来禅"的异同、高下作区分、解释，则似可不必了。

第四节　惠能禅与传统思想文化

禅宗及其思想是在佛教中国化的过程中形成并发展起来的，惠能南宗更是深深地植根于传统思想文化的土壤之中，与传统的儒、道思想有着不可分割的密切联系，表现出了种种中国化的特色，并在传统思想文化的发展史上有着重要的地位与影响。

一、三教合一与农禅并作

前面我们提到，惠能南宗的禅法特点在许多方面都与佛陀精神相通，却并不是简单地复归原始佛教，它同时深深地打上了传统思想文化的烙印，融入了传统文化的精神。那么，除了我们前面已经重点讨论过的融摄空有的禅学特色之外，惠能南宗禅的中国化特色还表现在哪里呢？我们认为，从思想上看，最突出的就是它站在佛教立场上对老庄玄学的自然主义哲学和人生态度以及儒家心性学说和入世精神的融会吸收。惠能南宗可以说是一个以佛教为本位而又融合了儒道思想的三教合一的佛教宗派。

老庄道家从天道的自然无为出发，要求人们摒弃理智的探讨与追求而顺应自然之化，以与天地自然合而为一，达到精神上的解脱或逍遥。魏晋玄学家的种种理论虽然从根本上说都力图把自然与名教调和起来，为名教在新的历史条件下的存在寻找理论根据，但他们崇尚自然的思想倾向却也是显而易见的。他们所追求的"体无"或"适性"之理想境界，从哲学思想上看，体现的都是一种顺天应人的天人合一的思维途径，而这种境界的实现又都有待于人的自然任性、无所追求。老庄玄学的这种思想，特别是从庄子的道无所不在、物我两忘到郭象的自然任性、适性逍遥，为惠能南宗任心自然的禅法提供了重要的精神养料。

惠能南宗将老庄玄学的自然主义哲学与人生态度融为自己禅学理论的有机组成部分，进一步发展了达摩系禅法中安心无为、随缘而行的思想倾向，把随缘任运作为解脱修行观的一条重要原则。惠能在把佛性拉向人性的同时，也把佛拉回到了人自身。他所说的

"佛"既不像小乘佛教所认为的那样，只是释迦牟尼一个人的"专利"，也不像大乘佛教所说的那种神通广大、法力无边的"佛"，而是人心的自在任运，是每个人本来面目的自然显现。因此，惠能所说的顿悟之人，亦即所谓"成佛"，在很大程度上与庄子的理想人格和郭象的"圣人"是相通的。与庄子的避世主义和郭象的积极入世态度相比，惠能只是更突出了入世而超然的禅者风格而已。

由于惠能南宗的禅学理论同时融入了儒家的心性论，因此，它的自然主义倾向又有异于道家重天道的宇宙自然论。它以无念、任心为自然，将老庄之道与儒家之理（性）统一到了"自家生命"或"宇宙精神"中，从心性论的角度展开了它对人的解脱问题的论述。从惠能南宗的心性论来看，儒家的性善论，思孟学派的尽心知性、知性知天以及《易传》"生生之谓易"的思想，都渗透到了禅的基本精神中。

儒家性善论与佛教心性本净论本来就不无相通之处，然在印度佛教中，心性"本净"重在"本寂"，中国儒家却有"性知"的倾向[1]，但中国佛教在儒家性善论所主张的"性知"的影响下，则突出了心性的"本觉"，惠能南宗更是以智慧性说心性。惠能南宗所主张的自现本觉之心与思孟学派的发其四端、尽其心性显然是相通的，在实现的途径与方法上，两者也都体现了相同的天人合一的思维特点。惠能所强调的念念相续、心无所住的思想基础乃万法流速

1　例如孟子的性善论所言之"四端"实即指人先天地具有道德观念的萌芽，是以知说性的。即使是主张性恶的荀子，也曾以知说性，认为"凡可知，人之性；可以知，物之理也"（《荀子·解蔽》）。

不住，性空不实，虽与《易传》的"生生之谓易"思想内容不同，但就其视宇宙万法生灭不息、万物无住而要求心不滞于法而言，还是融入了《易传》精神的。

惠能南宗对主体意识的重视，对人的肯定以及将修禅融于日常行事之中，将成佛视为通过个人的修行而达到的一种精神境界等，也都无不渗透着儒家人文主义的精神，体现出儒家积极入世、修身养性以成圣人等思想对它的深刻影响。当然，在佛教中融入儒家的思想，并不自惠能思想始，但惠能南宗将儒家心性论和人文主义精神与自己的禅学思想融为一体，却是它的重要特色之一。

惠能南宗和传统思想文化的关系，与它在组织形式和禅行生活上的中国化是密切联系在一起的，尤其值得提出来的是它农禅并作，经济上自给自足。禅宗自东山法门始，就集聚而居，以山地村落为主要活动区域，实行农禅并作。惠能南宗更是大大发扬了这一传统，修禅不废农耕，以自食其力为主要的生活来源，全体上下人人参加劳动的"普请之法"甚至被写进禅门清规而成为丛林生活的重要轨范。禅师们日出而作，日没而息，饥来吃饭，困来即眠，在行住坐卧中自在任运地修行参禅。惠能南宗的农禅并作继承发扬了道信、弘忍以来山林佛教的禅风，形成了与神秀北宗依附皇室、依持寺院经济的不同特色，并适应了以自给自足的小农自然经济为主的中国封建社会的国情，这是它较少受到政治与社会动乱的影响而得以广泛流传发展，并深入到中国社会生活的各个领域与传统文化打成一片的重要原因之一。

二、传统思想发展的重要环节

惠能开创的南宗禅在中国佛教发展的历史上是有重要地位的，在传统思想文化的演进中所起的作用和所发生的影响也是巨大的。它是传统思想文化发展的重要环节。

佛教自两汉时传入，便经历了一个不断中国化的过程。汉代佛教主要依附神仙道术得以传播。两晋时，佛教的思辨理论开始打入中国的思想界，玄佛合流标志着中国佛教的发展进入了一个新的阶段。经过道安、僧肇与道生等人的努力，东晋以后，中国佛教走上了相对独立的发展道路。经过南北朝时期的大发展，佛教思想进一步与传统思想相结合，到隋唐时，中国佛教在判教的基础上建立了宗派，标志着佛教中国化的完成。禅宗的"教外别传"实际上是它特有的判教学说。正是在此旗号下，惠能南宗更好地融摄了佛教各家学说和儒道等传统思想，从佛教解脱论的角度对心性问题作了探讨与发挥，丰富了中国古代的心性学说，成为最典型的中国化的佛教宗派。融本体论与心性论为一体的惠能禅宗以佛教为本位的三教合一上承汉魏以来佛教中国化的传统，下开宋明理学三教合一的先河，既把佛教的中国化推向了顶峰，又在传统哲学由本体论转向心性论的过程中起了重要的中介环节作用，促进了以儒家为本位而又融摄了佛道思想的宋明理学的产生。

惠能南宗革新佛教的反传统特色对中国思想文化的影响也是值得重视的。南北禅宗皆以"心"为宗，反对执著于布施、造像等传统佛教修学的内容。但惠能南宗更进一步破除了神秀北宗保留着的观心看净、坐禅摄心等形式化的东西，以般若无所得为指导思想，倡内外无著、任运自在的解脱修行观，并在突出自性自悟、自我解脱、强调主体意识的基础上进一步破除了对经教和佛祖的迷信与崇拜。这种大胆破除权威、不迷信任何偶像的精神对佛教界乃至整个中国思想界的影响都是巨大的。它曾成为一些进步思想家用来反对封建正统思想之权威的有力武器。惠能南宗革新佛教把人的问题突出出来，反对离开现实的人生来考虑问题，这对中国学术思想由宗教本位的隋唐佛学过渡到伦理本位的宋明理学起了重要的推动作用。

惠能南宗的禅学思想是传统文化影响的结果，同时它又反过来对传统思想文化的进一步发展产生了深刻的影响，特别是它的心性论对宋明理学的影响更是广泛而深远的。宋儒崇"四书"、谈"心性"、重修养，特别是陆王心学大谈"心即宇宙""致良知"，无不体现出佛教特别是惠能南宗的影响，有时候理学家的语言也与禅师相似。在修学方法与途径上，宋明理学也深受禅学影响。陆九渊的"先立乎其大者"认为"一是即皆是，一明即皆明"（《象山先生全集》卷三十四），与惠能的顿悟说主张"若起正真般若观照，一刹那间，妄念俱灭"[1]，王阳明的"念念致良知"（《传习录》下）与惠能的"于念念中自见本性清净""念念开佛知见"[2]，从思想到语言，都十分相近。

当然，宋明理学受禅学影响，并不仅限于对惠能思想的吸收。

1　宗宝本《坛经·般若品》，载洪修平、白光注评《坛经》，凤凰出版社 2010 年版，第 34 页。

2　同上，第 53 页，第 66 页。

惠能的禅学思想只是奠定了南宗禅的理论与禅行之原则，将这种原则贯彻到宗教实践中去，在实际的禅行生活中将禅宗进一步中国化并给予中国社会与文化以广泛影响的是惠能的后学。惠能以后，其弟子将惠能所创立的南宗禅传遍了大江南北，乃至天下"凡言禅，皆本曹溪"。南宗成了中国禅宗的唯一正宗。在以后的章节中，我们谈中国禅宗或中国禅学思想，将主要谈惠能南宗禅学思想的发展及其与传统思想文化的关系。

第七章

曹溪门徒与超佛祖师禅

惠能以后，南宗得到了极大的发展。由于惠能南宗保持了山林佛教的特色，倡导"农禅并作"等适应中国封建社会的修行生活，受王室政治的影响较小，又倡导直了心性、顿悟成佛的简便法门，吸引了广大的信徒。在日后的发展中，南宗又化生出江西马祖和湖南石头两大系，并递嬗演变而成五家七宗，在全国形成巨大的规模。因此，唐中期以后，惠能南宗不仅取代神秀北宗的势力而成为禅门的唯一正宗，而且几乎成为中国佛教的代名词，在中国佛教的发展史上占有举足轻重的地位。

　　一般谈到惠能以后的禅宗发展，多把注意力放在五家七宗。其实，惠能弟子及其再传的禅法也是特别值得注意的，这不仅因为他们是惠能禅到五家七宗禅的重要过渡环节，而且因为他们基本上奠定了后期禅宗的禅学理论。五家七宗更多的只是由于接机方式的不同而形成了不同的门风而已，理论上的创新并不是很多。

　　惠能到五家七宗之间的禅，有人称为"超佛祖师禅"。就这个时期的禅宗破除对佛的偶像崇拜，突出惠能的"藉师自悟"、自识自己本来是佛而言，这种提法是有一定道理的。我们即在这个意义上借用这个概念来论述这个时期南宗禅的发展。

第一节　曹溪门徒

据《坛经》上说，惠能在弘忍处得到法衣后，为防人加害，马上离开了东山。在回南方的路上他就度化了第一个追上他的惠明，惠明便成了惠能的第一位弟子。后来惠能在隐居于南方猎人之间时，仍不时地随机说法。不过当时惠能还未正式出家为僧。在法性寺剃发受戒后，惠能又为众人开东山法门。后回到曹溪宝林寺，在当地官僚僧尼道俗的支持下，惠能扩建寺院，广收门徒，行化四十年，门徒达数千人。在惠能众多的弟子中，有的侍奉他一二十年，有的只在曹溪住了一宿。像天台玄觉禅师，经惠能点拨，顿然开悟，在曹溪住了一宿就回去传播南宗顿悟禅法了，世称"一宿觉"。如果说惠能的禅学思想继承发展道信、弘忍的东山法门而奠定了南宗独具一格的理论与禅行之原则，创立了禅宗南宗，那么，正是靠众多南宗弟子的努力，将这种原则贯彻到了禅宗的宗教实践中去，并在实际的禅行生活中促进了禅宗的进一步中国化，丰富了中国禅的思想与实践。

一、惠能门下概述

惠能的弟子很多，得法者甚众。《景德传灯录》载其法嗣四十三人，其中十九人有传。《坛经》中则说惠能有"十大弟子"，他们

"各为一方师"。这十人各本《坛经》所记均同，为法海、志诚、法达、智常、志通、志彻、志道、法珍、法如、神会。除敦煌本外，其他各本《坛经》均将神会移至法达之后，智常之前。智常或作知常，志通或作智通。《坛经》所记的"十大弟子"中没有后来传承很盛的行思和怀让。事实上，在后世有较大影响的主要是荷泽神会、青原行思和南岳怀让这三系，其中又以青原系和怀让系子孙最盛，流传最广，得到了真正的发展。

惠能以后，由于神会的努力，曹溪顿悟禅在北方嵩洛地区得到了传播与发展，扩大了南宗的影响。特别是安史之乱时，神会度僧筹军饷，为唐王朝立了一功，因此得到了最高统治者的赏识，为造禅宇于荷泽寺中。神会的传承自成一系，被称为荷泽宗。荷泽宗虽曾煊赫一时，并有宗密等人阐发其思想，但流传的时间并不长。安史之乱以后，北方地区动荡不定，经过武宗灭法与唐末农民起义的冲击，佛教赖以生存的经济基础被毁，经论散失，不仅天台、华严、唯识等教派从此一蹶不振，与帝室政治关系密切的神会荷泽宗与神秀北宗等禅系也日趋衰落。

在北方禅宗日趋衰落之时，南岳怀让与青原行思两大系却在南方得到了迅速的发展。这除了因为战乱对南方地区的破坏相对要小些之外，与怀让门下和行思门下的禅法更简捷易行，接机方式更灵活多变，且大都远离大城市而居等，也有很大的关系。从现有材料来看，南岳怀让与青原行思实际上是因马祖道一和石头希迁而知名的。在各本《坛经》中，怀让与行思都未能名列"十大弟子"之中，即使是有关弟子机缘，也只是在契嵩改编后的《坛经》中才有关于他们的一些记载。由于马祖道一和石头希迁门下皆大师辈出，并演化出五家七宗，因而其师怀让和行思也随之名留禅史。当时，马祖在江西，石头在湖南，传禅之盛况可由《景德传灯录》卷六所引刘轲语而见得一斑。刘轲云："江西主大寂（马祖的谥号为"大寂"），湖南主石头，往来憧憧，不见二大士为无知矣。"[1]马祖与石头从不同的角度发展了惠能的禅法思想。

从总体上看，惠能以后有影响的三个禅系，在禅学思想上主要是把惠能直指人心、当下解脱的顿教禅法进一步与现实生活中的人结合在一起，从人的自我实现来谈人的自我解脱。所不同的只是在于，有的重寂知之性（荷泽系），有的重全体之用（南岳系），还有的则是从心与物、理与事的统一中去加以发挥（青原系）。在禅行实践上，他们主要是从"说似一物即不中"出发，逐渐形成了禅门所特有的一套接机、参学方式，乃至在禅分五家以后，更进一步地在不同门庭施设的基础上形成了各家特有的门风。

鉴于荷泽、青原与南岳三系在禅史上的地位与影响，我们将在下面列专节分别予以叙述。这里，我们先对惠能门下的其他弟子的情况略作些说明。

二、永嘉玄觉

在惠能的其他弟子中，最著名的是永嘉玄觉和南阳慧忠。

玄觉（665—713），据《景德传灯录》卷五和《宋高僧传》卷八等载，永嘉（今浙江温州）人，俗姓戴，字明道。他少年出家，

---

1 《大正藏》第 51 册，第 245 页下。

遍探三藏，精天台止观圆妙法门，于行住坐卧四威仪中，常冥禅观。本住龙兴寺，后于寺旁岩下自构禅庵而居。因左溪朗禅师激励，遂与东阳策禅师同往曹溪诣惠能大师。问答之间，玄觉即了悟了曹溪顿教禅法，须臾告辞。惠能留他住了一宿，故时谓其曰"一宿觉"。先天二年（713）十月，玄觉于龙兴别院奄然坐化，春秋四十有九。敕谥"无相大师"。玄觉的弟子很多，著名的有惠操、惠特、等慈、玄寂等，皆传师之法，为时所重。玄觉曾著《永嘉证道歌》一首，流传甚广。又著《禅宗悟修圆旨》，自浅至深，庆州刺史魏靖辑而序之成十篇，名为《永嘉集》，并盛行于世。

　　玄觉的禅学思想特点是以般若的空观来泯除一切对立，同时又融会天台的实相说，突出"心"的地位，强调三谛一境，三观一心。他的《永嘉集》十篇围绕着禅宗悟修圆旨，以教明禅，以禅摄教，融三乘教禅为一。其次第如下：第一为慕道志仪，言立志修道，善识轨仪；第二为戒骄奢意，强调不使妄心扰动；第三为净修三业，令身口意常无有过，于行住坐卧四威仪中，渐次入道；第四为奢摩他颂，"奢摩他"即"止"之音译；第五为毗婆舍那颂，"毗婆舍那"即"观"之音译；第六为优毕叉颂，"优毕叉"是"舍"之音译，舍者，舍偏心也，谓离诸分别执著，达到不偏颇、平静和平等的心境；第七为三乘渐次；第八为事理不二；第九为劝友人书；第十为发愿文。[1]在上述十篇文中，玄觉反复强调了包括"三乘圣果"在内的一切法悉假因缘、"因缘所生，皆无自性"的般若性空思想，并坚持以"非有、非无、非非有、非非无"来破除一切执

---

1 《禅宗永嘉集》，载《大正藏》第 48 册，第 387—395 页。

著，认为"学游中道，则实相可期；如其执有滞无，则终归边见"。以这种观点来说"心"，则"心不是有，心不是无，心不非有，心不非无"。依持此心来修证，则"三谛一境，法身之理恒清；三智一心，般若之明常照；境智冥合，解脱之应随机"。玄觉虽然叙述了由浅入深的禅宗悟修次第，但他同时也强调"次第随机，对根缘而设教"，这与惠能的"法无顿渐，顿渐随机"，精神是一致的。如果说《永嘉集》以教禅"圆融"为特色而在禅门中占一席之地的话，那么，《永嘉证道歌》则以"行亦禅，坐亦禅，语默动静体安然"等通俗性的歌词而广为流传，并以"一性圆通一切性，一法遍含一切法；一月普现一切水，一切水月一月摄"[1]的体用观而给宋明理学以深刻的影响。

三、南阳慧忠

慧忠（？—775），据《景德传灯录》卷五和《宋高僧传》卷九载，俗姓冉，越州诸暨（今属浙江）人。少年时即十分好学，曾历游名山。自领受心印后，即居南阳白崖山党子谷，四十余年不下山门。开元（713—741）中，王琚、赵颐贞等上奏玄宗，征居龙兴寺，王公大人，罔不膜拜顺风，从而问道。唐肃宗上元二年（761），诏征入京，待以师礼，敕居千福寺西禅院。及代宗即位（762），复迎止光宅寺。随机说法十余年，禅风极盛，徒众甚多，僧俗弟子逾万人。大历十年（775）十二月十九日，右胁长往，敕

---

1 《永嘉证道歌》，载《大正藏》第 48 册，第 396 页上—396 页中。

谥"大证禅师"。由于禅史记载的不同，也有传说慧忠是弘忍弟子或神会弟子的，但根据不是很充分。有关慧忠的思想资料，《景德传灯录》卷二十八载有《南阳慧忠国师语》，可以参考。

从现有资料来看，慧忠的禅学思想很有特色。印顺法师的《中国禅宗史》称"慧忠有独立的禅风，出入于东山及牛头，南宗与北宗之间"，有一定的道理。从总体上说，慧忠的思想偏重于般若三论的无所得而与惠能的直了心性禅相通。据说慧忠每示众云："禅宗学者，应遵佛语。一乘了义，契自心源。不了义者，互不相许。"有僧问："若为得成佛去？"慧忠答曰："佛与众生，一时放却，当处解脱。"僧问："作么生得相应去？"答曰："善恶不思，自见佛性。"谈到断烦恼的问题，慧忠认为："断烦恼者，即名二乘。烦恼不生，名大涅槃。"当有僧问及坐禅看净时，慧忠明确地回答说："不垢不净，宁用起心而看净相？"有人问："如何是实相？"慧忠说："把将虚底来。"答曰："虚底不可得。"慧忠反问道："虚底尚不可得，问实相作么？"[1]从这些问答来看，慧忠的禅法虽不废佛语，突出的却是当下的无念无著，契悟自性，这与惠能禅是相通的。但在禅学思想上，慧忠与惠能也有许多相异之处，最显著的即表现在慧忠主张"无情有性""无情说法"而与惠能的"无情无性"说不合。惠能在否定了一切可执著的东西以后又留下了人们当下的心念，他突出的是每个活生生的现实的人，因此，他的解脱论都是以"有情"而展开论述的。慧忠则更多的是立足于般若实相论，从"身心一如""一切法皆如"而推出了"无情有性"说，这里的"性"

1　以上引文均见《景德传灯录》卷五，载《大正藏》第51册，第244页中一下。

有中道实相的意义，这与牛头宗的"道无所不遍"或三论大师吉藏的"草木亦有佛性"是相通的。正因为此，慧忠反对"南方宗旨"的"以见闻觉知为佛性"和"身心无常、佛性（心性）为常"的观点，认为并没有离无常身心而永恒不灭的灵觉之性。

四、法海及其他弟子

惠能门下另有高足法海，生卒年月和生平事迹均不详，据《景德传灯录》卷五，仅知他为"曲江人"。由于他集记了《坛经》，故闻名于禅门。据说法海初见惠能，即问"即心即佛"义，惠能告之以"前念不生即心，后念不灭即佛；成一切相即心，离一切相即佛"，并授以"定慧等持"法门。法海遂表示："我知定慧因，双修离诸物。"

志诚，吉州太和（今江西泰和）人。初参神秀，后往曹溪，惠能问其师所示，对曰："令住心观静，长坐不卧。"惠能便为之说了"住心观静，是病非禅；长坐拘身，于理何益"的名言[1]。志诚闻惠能开示后，即誓依归。

法达，洪州丰城人。七岁出家，诵《法华经》而不得经义，礼拜六祖，惠能为之说了"心迷《法华》转，心悟转《法华》"的道理，从此领玄旨，亦不辍诵持。

智常，信州贵溪人。髫年出家，志求见性。先礼大通，后参六祖。惠能为之说顿教法，言下心意豁然。

志通，一作智通，寿州安丰人。初看《楞伽经》千余遍，而不

1　以上引文见《景德传灯录》卷五，载《大正藏》第51册，第237页上—中。

会三身四智。礼拜六祖，求解其义。闻惠能说自性具足一切功德、无念即超然登佛地而悟解了无碍任运、有修即妄的妙旨。

志彻，江西人。俗姓张，名行昌，少任侠。据说曾受北宗门人之嘱，持刀入室欲加害六祖。后受惠能指点，出家读经。常读《涅槃经》，因不明"常无常"义而求惠能开示。惠能曰："无常者即佛性也，有常者即善恶一切诸法分别心也。"志彻遂悟解了常破无常、无常破常、常与无常均方便教法的道理。

志道，广州南海人。初参六祖，即请教《涅槃经》大意。惠能为之说了色身法身不二和无生无灭无有生灭可灭的道理，志道闻之踊跃，作礼而退。

除上述之外，惠能弟子中还有西域崛多三藏、匾担山晓了禅师、河北智隍禅师、广州法性寺印宗和尚、司空山本净禅师、婺州玄策禅师、曹溪令韬禅师等。

第二节　荷泽神会系

惠能去世后，其弟子到各地去传播南宗禅法。不同的社会生活环境与文化背景等多种原因使惠能南宗很快就形成了神会系、南岳系和青原系等不同的禅系。虽然相较于南岳系和青原系的法脉繁盛，荷泽系较早就趋于衰落，但神会的禅学思想富有特色，对后世有一定的影响，他的相关活动更是对惠能南宗禅向全国的传播起了极大的促进作用。

一、神会的生平与思想资料

神会（684—758）是惠能晚年的弟子。俗姓高，襄阳人。关于他的生平事迹，《景德传灯录》卷五、《宋高僧传》卷八和《五灯会元》卷二中都有记载，但说法不一。关于他的生卒年代，历来说法也各异。《宋高僧传》作668—760年，春秋九十有三；《景德传灯录》作686—760年，俗寿七十五；宗密的《圆觉经大疏钞》则作684—758年，年七十五岁。胡适先生晚年曾考订神会卒于宝应元年（762），年九十三岁，由此推出神会的生卒年代为670—762年。1983年12月，在河南洛阳龙门西山北侧的唐代宝应寺遗址发现了神会的墓。据墓中出土的《大唐东都荷泽寺殁故第七祖国师大德于龙门宝应寺龙岗腹建身塔铭并序》所记，神会于乾元元年（758）五月十三日在荆府开元寺奄然坐化，享年七十有五，僧腊五十四夏。永泰元年（765）十一月十五日入塔。对照可知，《塔铭》所记的神会去世的年月与地点，都与宗密所记相同，但又与宗密所说的神会"先事北宗秀，三年（武则天圣历三年，即公元700年），秀奉敕追入，和上遂往岭南"、"年十四"来谒惠能等记载不是十分一致。因为神秀入京的时间，各种资料均记为公元700年或701年，若神会生于684年，此年应该是十七八岁，而不是十四岁。"年十四"是神会门下早期的说法，《曹溪大师别传》《景德传灯录》和惠昕本等《坛经》都有相近的记载，似不可完全忽视。因此，我们暂依《神会塔铭》所记来确定神会的生卒年，但同时觉得这个问题还可以进一步研究。

综合各种记载，大致可以了解神会的生平活动如下：年幼时就聪慧好学，从师传授《五经》，克通幽赜，又读老庄，灵府廓然。览《后汉书》而知浮图之说，由于对佛教留神，乃无仕进之意。辞亲投本府国昌寺颢元法师门下出家，讽诵群经。后往荆州玉泉寺参神秀禅师。神秀入京，乃往曹溪师事惠能，从此不离左右，直到惠能去世。惠能去世后，神会仍在曹溪居住了数年，然后离开曹溪到各地去游历。

约在开元八年（720）左右，神会开始传惠能禅法于北土。据《宋高僧传·神会传》载，神会"居曹溪数载，后遍寻名迹。开元八年，敕配住南阳龙兴寺。续于洛阳大行禅法，声彩挥发"。神会在南阳住了近十年，因而有"南阳和尚"之称。他在南阳传惠能的顿教法门，并开始对弘忍传法付衣于惠能之事大加渲染。开元二十年（732）左右，神会又在滑台大云寺设道俗僧尼均来参加的"无遮大会"，与当时"两京名播、海外知闻"的山东崇远法师进行了一场关于南北禅宗是非邪正的大辩论，公开指责神秀一系"师承是傍，法门是渐"。此后，神会与神秀门下普寂、义福等的斗争日趋激烈。天宝四年（745），神会应兵部侍郎宋鼎之请而入东都洛阳。"于是，曹溪了义，大播于洛阳，荷泽顿门，派流于天下。"

神会在洛阳继续进行一系列排斥神秀北宗的活动，造成了极大的影响。这既遭到了普寂及其门下的痛恨和反击，也引起了统治者的疑惧。终于，神会因被人诬告"聚徒疑萌不利"而被逐出洛阳。天宝十二年（753），敕黜弋阳郡，又移武当郡。天宝十三年（754），又命移住襄州，同年七月，又敕移荆州开元寺。

天宝十四年（755），安史之乱起，叛军攻下洛阳，次年又进入长安，肃宗至德二年（757），郭子仪收复两京。唐王朝由于财政困难，使用度僧收香水钱的办法来筹措军饷。神会被推出来主持此事，为唐王朝立下了功劳。因此，肃宗皇帝特下诏，把神会请入宫内供养，并敕令为之造禅宇于荷泽寺中。神会晚年可能又移住荆州开元寺。

乾元元年（758）五月十三日，神会卒于荆州开元寺。次年，迁厝于龙门置塔。宝应二年（763），敕于塔所置宝应寺。永泰元年（765）十一月十五日入塔。大历五年（770），敕赐祖堂额。七年（772），敕赐塔额。贞元十二年（796），敕皇太子集诸禅德，楷定禅门宗旨，立神会为"第七祖"。神会的谥号为"真宗大师"。

神会的思想资料，千百年来大都湮没无闻，直到20世纪初敦煌本经卷的发现，才逐渐为人了解。现已整理出来的主要有：（1）《南阳和尚顿教解脱禅门直了性坛语》，这基本上是神会在洛阳期间开禅说法的记录；（2）《菩提达摩南宗定是非论》，这是滑台大会的辩论记录，由独孤沛记录整理；（3）《荷泽神会禅师语录》，这大体上是神会在南阳时与人酬答的记录；（4）《顿悟无生般若颂》，这与一向流行的《显宗记》内容基本一致，只是文字略有小异。[1]

二、神会的禅学思想特色

神会的禅学思想基本上是对惠能思想的继承和发挥。他坚持惠能所说的人人皆有佛性并且主张佛性"不遍一切无情"；他坚持

---

[1] 神会的思想资料，现有杨曾文编校的《神会和尚禅话录》（中华书局1996年7月出版）收录得比较完整，可以参阅。

惠能倡导的"无相无念",认为"所言相者,皆是妄心","无念法者是圣人法,凡夫若修无念法者,即非凡夫也";他还坚持惠能的"顿悟"成佛论,认为自达摩以来六代大师——皆言单刀直入,"直了见性,不言阶渐";他还对惠能的"定慧等"作了发挥,不但认为"即定之时即是慧,即慧之时即是定",而且强调"即定之时无有定,即慧之时无有慧",更突出了定慧不可修、无可求的般若思想。

但是,神会的禅学思想并不是惠能思想的重复,两者也有相异之处。例如,神会主张"顿悟"而又"于顿中而言其渐",强调"学道者须顿悟渐修",譬如母顿生子,与乳渐渐养育,其子智慧自然增长,"顿悟是佛性者,亦复如是"。神会与惠能的最大不同,主要表现在他对空寂之知与寂知之性的重视。

惠能是以念念无著之心为解脱之根本的。他着眼于人们当下之心的无相无念无住,他所说的自性本觉、自性顿悟,都是要人识心见性,于念念相续、念念无住之中不取不舍,便是自性起般若观照,便是无碍解脱。因此,惠能一般不说"佛性"而多用"人心""自性",强调于"行"中自我解脱。而神会虽然也以般若空寂说自性,却比较多地着眼于空寂之"体"或知见之"性",并于体性上立知见之用。因此,神会更多地使用了"真如""佛性"而较少使用"自心""自性"。神会认为,本心即是真如之体,即是佛性,只要不作意,心自无物,自性空寂。空寂体上自有本智之用,本智之用观照本寂之体,如此即是识心见性,证入如来之境。神会在解释"无念""无住"和"定慧等"时,都以"真如"为无念、无住之体,体性空寂则为"定";体上有自然智,能照知本寂之体,即为慧。这样，神会的无念、无住、定慧等和见性，就不是自性的任运，而成了自心的自证。这种自心的自证虽也达到能所不分之境，却先经历了一个自心分化为能所的过程。神会这种重视空寂之知与寂知之性体的思想倾向与惠能强调的念念无住、念念无著的顿悟见性说，是有一定差别的。神会之所以主顿悟后渐修等与惠能不同的观点，都可以在此得到解释。

也许正是由于神会的上述思想特点，华严宗人宗密才对神会的禅学思想大加赞赏，认为神会"寂知之体，无念为宗"的禅法超过了当时其他禅宗流派。宗密在《禅源诸诠集都序》中曾把神会的禅法归为"直显心性宗"中的一类，并概括其思想为"唯以无念为宗"，主张"知之一字，众妙之门"[1]。这里的"知"主要指"空寂之知"，亦即灵明不昧的空寂之心，同时也有"无念知见"的意思。宗密的概括大致符合神会的思想。神会自己也曾将"知见"作为个人三十年所学的独到体会，他还教人"信佛语，依佛教"，"广读大乘经典"。神会具有以知解作为顿悟见性之方便法门的倾向，这与惠能强调的于念念之"行"中"证"是有差异的。因此，《历代法宝记》中说神会"立知见"，《坛经》更借惠能之口将神会斥之为"只成个知解徒众"。从一定意义上来看，这是有道理的。

神会的思想，经宗密阐扬，特别是突出"知之一字，众妙之门"，以寂知为心体，心灵空寂而灵明不昧，把《大乘起信论》的心性本觉进一步发展为心体即知，这对宋明理学产生了一定的影响。

---

1 《禅源诸诠集都序》卷上之二，载《大正藏》第48册，第403页上。

三、神会的传承与宗密的判禅

神会的得法弟子很多,《景德传灯录》载十八人,宗密的《圆觉经略疏钞》记二十二人,但大都情况不明。其中较著名的是法如一系,因宗密自称出于其门下而略有传承可考。据宗密的说法,神会门下有磁州法观寺智如和尚[1],俗姓玉。磁州门下,有成都府圣寿寺唯忠和尚,俗姓张,亦号南印。南印门下有遂州大云寺道圆和尚,俗姓程,长庆二年(822),被成都道俗迎归圣寿寺,绍继先师,大昌法化。宗密即出于道圆门下,为神会的第四代法嗣。胡适在其《跋裴休的唐故圭峰定慧禅师传法碑》中曾对此传承作了考证,认为这是宗密自己创造出来的传法世系,是不可信的。他提出,宗密乃是出于成都府净众寺无相门下的神会一支,而非东京荷泽寺的神会一支,宗密自称远承荷泽,是存心"攀龙附凤",依附于当时已很有地位的荷泽神会系以作为自己的立足根据。胡适的考证甚详,可以参看,此不赘言。由于宗密在推崇神会禅学思想的同时又立足于神会系而对禅宗其他各派的思想作了评判,并对禅宗的传承史系作了专门的研究,为我们今天了解禅宗的分化与发展提供了非常宝贵的思想资料,因此,我们在此对他的"判禅"略作介绍。

宗密(780—841)既是华严宗五祖,又自称是荷泽神会的第四

---

1 这里的"智如",胡适和宇井伯寿等都认为就是《宋高僧传》卷二十九《道齐传》所附的"法如",请参阅黄夏年主编《近现代著名学者佛学文集·胡适集》,中国社会科学出版社1995年版,第306—307页。

代法嗣。他主张教禅一致说，他自己的思想就是以阐发华严教义为主，同时又会通了禅宗特别是神会系思想。据僧传记载，宗密为果州西充（今属四川）人，俗姓何，少通儒书，二十八岁时，随遂州道圆禅师出家习禅。后又投至华严四祖澄观门下，研习华严教义。由于常住陕西鄠县圭峰草堂寺而世称"圭峰大师"。宗密有关禅宗的著作主要有《禅源诸诠集》（惜已逸失，现仅存该集总序）和《中华传心地禅门师资承袭图》，另外，在《圆觉经大疏钞》中也专门论述了禅宗的派别及其思想特点。

宗密在《禅源诸诠集都序》中认为，"禅"是定慧之通称，依一切众生的本觉真性而修禅，由浅入深，有外道禅、凡夫禅、小乘禅、大乘禅、最上乘禅五大类。最上乘禅，亦名如来清净禅，亦名一行三昧，亦名真如三昧。达摩门下辗转相传者，即是此禅。此禅在达摩以后因人变故而有诸宗互相违反，若辨其师承，则知有傍正之分。宗密在肯定"达摩之心流至荷泽"[1]的同时，也考察了禅门其他各宗的情况。

据现存的《禅源诸诠集都序》载，宗密在本集中共收集了禅宗近百家的论述。他将此百家归类，认为"宗义别者，犹将十家，谓江西、荷泽、北秀、南侁、牛头、石头、保唐、宣什及稠那、天台等"。这十家立宗传法，互相乖阻，按照他们的基本思想和宗旨，又可以"统为三宗"，即"息妄修心宗""泯绝无寄宗"和"直显心性宗"。宗密从"经是佛语，禅是佛意，诸佛心口，必不相违"的禅教一致论出发，又将禅宗三家"对于三教"，即认为上述禅宗三

---

[1] 《中华传心地禅门师资承袭图》，载《卍新纂续藏经》第 63 册，第 31 页上。

家依次与"密意依性说相教""密意破相显性教"和"显示真心即性教"相对应。"三教"中的"密意依性说相教"又包括了"人天因果教""说断惑灭苦乐教"和"将识破境教"三类，但此三类中"唯第三将识破境教与禅门息妄修心宗而相扶会"。宗密认为，"三教三宗，是一味法"，禅宗各派之间相互贬斥是不应该的。

宗密在《圆觉经大疏钞》卷三之下也曾略述了禅宗的七家义，它们分别是：（1）神秀、普寂等的"拂尘看净，方便通经"；（2）智诜系无相的"三句用心为戒定慧"；（3）无相的弟子无住的"教行不拘而灭识"；（4）南岳怀让与马祖道一的"触类是道而任心"；（5）牛头法融系的"本无事而忘情"；（6）宣什的"以念佛为宗"；（7）荷泽神会的"以无念为宗"。

宗密虽然不满意当时禅分宗、教分派的情况，主张教禅融合，但他实际上还是有自己的宗派见解的。作为华严宗人，他是教宗华严、禅崇荷泽的。在《禅门师资承袭图》中，宗密在分别叙述了法融牛头宗、神秀北宗、惠能南宗、神会荷泽宗、马祖洪州宗等五家的师资传授以后，又专门辨析了各家所传言教的深浅得失，并得出结论，认为荷泽宗者，"是释迦降世，达摩远来之本意也"。

第三节　南岳怀让系

与荷泽系很快趋于衰落形成鲜明对照的是，南岳怀让和青原行思两大禅系却在南方得到了迅速的发展，晚唐五代繁兴起来的五家七宗禅皆由此两系演化而出，其中的怀让系因出了马祖道一、百丈怀海等著名禅师并演化出临济和沩仰两宗而影响深远。

一、南岳怀让与马祖道一

南岳怀让（677—744），俗姓杜，金州安康（今属陕西）人。年十岁即唯乐佛书。年十五，辞亲往荆州玉泉寺，依弘景律师出家，剃发受具。后与同学坦然同谒嵩山慧安，安启发之，乃直诣曹溪礼六祖，受顿悟法门，留住十余载。惠能去世后，怀让往南岳，住般若寺观音台弘传南宗禅法，开南岳一系，世称"南岳怀让"。唐天宝三年（744），怀让圆寂，终年六十八岁。宝历（825—827）中，敕谥"大慧禅师"。门下得法者九人，其中以马祖最为著名。日后的沩仰宗和临济宗皆出自南岳系。

关于怀让的禅法思想，现存资料不多，难以详考。据《古尊宿语录》卷一载，怀让初参六祖，惠能问曰："什么物与么来？"怀让无语。经八载，忽然有省，乃白六祖云："某甲有个会处。"六祖云："作么生？"答曰："说似一物即不中。"怀让居般若寺，曾示众云："一切万法，皆从心生，心无所生，法无能住，若达心地，所作无碍，非遇上根，宜慎辞哉。"就这些记载来看，怀让似继承了惠能禅法中无相、无住、不可言说、无所执著的般若思想倾向，突出的是任心自行。从他开示马祖的问答中也可看出他的禅法重心无所著、自然任运的特色。据载，马祖居南岳传法院，独处一庵，唯习坐禅，凡有来访者都不顾。怀让前往，亦不顾。怀让见其神宇有异，想起六祖对他说过的"汝向后出一马驹，踏杀天下人"的谶语，便多方诱导之。一日，怀让问马祖："大德坐禅图什么？"答曰："图作佛。"怀让乃取一砖于庵前石上磨。马祖亦不顾，时既久，乃问曰："磨作什么？"怀让答曰："磨作镜。"马祖问道："磨砖岂得成镜？"怀让乘机启发说："磨砖既不成镜，坐禅岂能成佛？"据说马祖当下离坐问曰："如何即是？"怀让便对马祖说了如下一番在禅门中广泛流传的话："汝学坐禅，为学坐佛？若学坐禅，禅非坐卧。若学坐佛，佛非定相。于无住法不应取舍。汝若坐佛，即是杀佛。若执坐相，非达其理。"[1]马祖闻言，豁然开悟。怀让把执著坐禅视为"杀佛"，认为佛无定相，禅非坐卧，提倡不取不舍、无执无碍的禅修观，这对后世禅宗影响很大，马祖正是循此而提出了"平常心是道"。

马祖（709—788）是怀让的高足，怀让其实是因马祖而知名的。据载，马祖名道一，俗姓马，汉州什邡（今属四川）人，一般称"马祖道一"。初从智诜门下处寂出家学禅，受具戒于渝州（治所在今重庆市）圆律师。唐开元中，习禅于南岳，遇怀让以磨砖不能成镜喻坐禅不能成佛而开悟，侍奉怀让十年。后往建阳佛迹岭，又迁至临川、南康龚公山等地，聚众传禅。大历（766—779）中，住钟陵（今江西南昌）开元寺，四方学者云集，创"洪州宗"。马祖卒于贞元四年（788），享年八十。元和（806—820）中，宪宗赐谥"大寂禅师"。马祖的入室弟子有一百三十九人，各为一方宗主。其中最著名的有百丈怀海与南泉普愿、西堂智藏、大珠慧海、大梅法常、盐官齐安、归宗智常、盘山宝积等人。

---

1 《卍新纂续藏经》第 68 册，第 3 页上一中。

惠能南宗至马祖禅而大盛。马祖不仅继承并发展了惠能的禅学思想，而且在接机方面有进一步的展开。马祖禅法的主要特点是将惠能的当下即是从自心自性的全体大用上来加以发挥，并用喝、打、竖拂、画地等灵活多变的方式随机启发学人自悟。惠能的禅"行"主要是指"心行"，他的无念、无著大都是就当下心之行而言的，任运是任心自运。马祖禅则由"心"到"人"，更强调从当下的一举一动、一言一行中去证悟自己本来是佛，任运是任身心自运，自然自在的自身之全体就是佛。马祖的"平常心是道"就集中体现了他的禅法特色。据《景德传灯录》卷二十八载，马祖常开示众人："若欲直会其道，平常心是道。谓平常心无造作，无是非，无取舍，无断常，无凡无圣。……只如今行住坐卧，应机接物，尽是道。"[1]马祖把惠能的"无念心"发展为"平常心"，使惠能所言之心为当下现实之心的特点更加突出了。平常心就是道，众生无心任自然地生活就与佛无异。因此，马祖特别注意在日常行事中启发人们去发现并认识自身的价值，把每个人自己视为无价大宝。大珠慧海初参马祖，欲求佛法，马祖对他说："我这里一物也无，求什么佛法？自家宝藏不顾，抛家散走作么？"慧海还不明白："阿那个是慧海宝藏？"马祖说："即今问我者，是汝宝藏。一切具足，更无欠少，使用自在，何假外求？"慧海终于顿悟。显然，这里具足一切的已从惠能的当下之心发展为现实的当下之人了。发问者，人也。人即佛，何须再求？为了破除人们对言教的执著，马祖在说"即心即佛"的同时，又说"非心非佛"。有僧问："和尚为什么说

---

1 《大正藏》第 51 册，第 440 页上。

即心即佛？"马祖答曰："为止小儿啼。"僧又问："啼止时如何？"马祖答曰："非心非佛。"即心即佛是破除人们向外求觅的一种方便，非心非佛则进一步破除人们的知解执著。因此，当大梅山法常闻马祖说"即心即佛"而大悟后，有人告诉他，马大师近日佛法又有别，说"非心非佛"了。法常回答说："任他非心非佛，我只管即心即佛。"马祖印可了法常，认为"梅子熟也"，即认为法常已能得意于言外，不再为言相所蔽了。为了破除人们对"非心非佛"的执著，马祖有时更说第三句"向伊道不是物"，这也就是惠能"本来无一物"的义旨，要人无得无求。马祖门下对此有更多的发挥。

马祖在强调道不属修、但于善恶净秽两边不滞不生念的同时，也突出了藉师顿悟，认为"若是上根众生，忽遇善知识指示，言下领会，更不历于阶级地位，顿悟本性"。为了令众生能各自顿悟，马祖在接机方式上开了后世机锋棒喝的先风。庞居士问："不与万法为侣者是什么人？"马祖答曰："待汝一口吸尽西江水即向汝道。"有僧问："如何得合道？"马祖说："我早不合道。"问："如何是西来意？"马祖便打，曰："我若不打汝，诸方笑我也。"百丈参马祖，马祖曾振威一喝，百丈直得三日耳聋。有一群野鸭飞过，马祖问："是什么？"百丈答："野鸭子。"马祖问："甚处去也？"答："飞过去也。"马祖一把扭住百丈的鼻子，直使得百丈负痛失声。马祖说："又道飞过去也。"[1]百丈于言下有省。马祖以灵活而峻峭的禅机来接引学人，主要是为了截断学人的情解，使之自悟。这种方式在马祖门下得到了普遍的运用。有人称马祖是禅机时代的开

---

1 以上引文见《古尊宿语录》卷一和《五灯会元》卷三。

创者，这有一定的道理。

二、马祖门下三大士

在马祖众多的弟子中，百丈怀海与西堂智藏、南泉普愿同号入室，时称马祖门下三大士。三人之中，又以百丈的影响和地位为最。马祖的禅法经百丈而化出沩仰、临济二宗，临济门下日后又分出黄龙、杨岐两系，宗脉相承，至今不绝。下面，我们分别予以概说。

1. 百丈怀海与黄檗希运

怀海（749—814，一作720—814），俗姓王，福州长乐人，依潮阳西山慧照落发，从衡山法朝受具足戒。后往庐江（今属安徽）浮槎寺，阅览大藏经多年。闻马祖在江西开法，前往归依，倾心依附，得到印可，成为马祖的上首弟子。马祖去世后，怀海住新吴（今江西奉新）大雄山，此山岩峦峻极，故号百丈山。怀海住山不久，参玄访道者云集。元和九年（814），怀海卒世，终年六十六岁（一说九十五岁）。唐穆宗谥"大智禅师"。怀海的弟子很多，其中最著名的有沩山灵祐和黄檗希运。沩山与其弟子仰山慧寂创沩仰宗，故将他们放入下章再述。这里，先说一下希运。

黄檗希运，生卒年都不详。僧传上称他为闽（今福建）人，少年时投高安（今江西高安）黄檗山出家，曾游天台、长安等地。因人启发，乃往参百丈，得百丈印可。百丈认为"见与师齐，减师半德；见过于师，方堪传授"，称赞希运"甚有超师之见"。希运长期住黄檗山，世称黄檗禅师。希运的禅法很受相国裴休的推崇，在当时盛行于江南。希运卒于唐宣宗大中（847—859）年间，敕谥"断际禅师"。现存的《黄檗山断际禅师传心法要》为裴休集录并作序。黄檗希运的得法弟子有临济义玄、千顷楚南、睦州陈尊宿等，其中以义玄为最突出，创临济宗，我们将在下章专述。

百丈怀海的禅法发展了马祖"自心是佛"和"着衣吃饭，长养圣胎，任运过时，更有何事"的解脱修行观。他曾上堂开示众人云："灵光独耀，迥脱根尘。体露真常，不拘文字。心性无染，本自圆成。但离妄缘，即如如佛。"根据这种思想，百丈主张一切"无求"，"不求佛法僧，乃至不求福智知解等"。他认为，每个人自己即是佛，若还欲求佛，好比是"骑牛觅牛"。大安禅师未悟时曾问百丈："学人欲求识佛，何者即是？"丈曰："大似骑牛觅牛。"大安又问："识得后如何？"丈曰："如人骑牛至家。"百丈多次强调，佛是无求人，求之即乖理，求之即失。若著无求，复同于有求。因此，一切皆无求，亦不守此无求，即"无求"亦无求。百丈所提倡的修行法门，有很浓厚的老庄自然主义的气息。有僧问："如何是大乘顿悟要法？"百丈曰："汝等先歇诸缘，休息万事。善与不善，世出世间，一切诸法，莫记忆，莫缘念，放舍身心，令其自在。心如木石，无所辨别。心无所行，心地若空，慧日自现，如云开日出相似。"只要身心自在，不被诸境所惑，就能自然具足神通妙用，就是解脱人。由于百丈继承了马祖禅处处重现实之人的特点，因此，在接机方式上，他也时时用喝、打、手势等来方便开示众人。有时说法竟，大众下堂，他又召之，大众回首，他却问："是什么？"以此来启发学人自省自悟，这被禅门称为"百丈下堂句"。沩山曾云："马祖出八十四人，善知识几人得大机，几人得大用？"仰山云："百丈得大机，黄檗得大用，余者尽是唱道之师。"[1]百丈的禅机与马祖确实是很相似的。

为了便于禅宗僧众的团体生活和参学，百丈还根据中国国情和禅宗特点，折中佛教大小乘的戒律，制定了禅门清规，对禅宗寺院的僧职、制度、仪式等都作了明确的规定，使禅僧脱离律宗的寺院，别居独立的禅寺。《百丈清规》的原貌现虽已不可见（现存的《敕修百丈清规》为元代元统三年的重编本，其内容精神已与"古规"相去甚远），但从北宋杨亿为重修清规而作的序中可以看到它的一些主要内容：丛林的住持为禅众之主，尊为长老，居于方丈；不立佛殿，唯树法堂，表示佛祖亲自嘱咐，以现前的人法为重；学众皆居僧堂，依受戒年次安排；行普请法，上下均力；事务分置十个寮舍，各置首领主管等。百丈本人对禅门清规身体力行，凡作务执劳，必先于众，严格实行"一日不作，一日不食"之制。《百丈清规》的制订和"农禅并作"的大力推广，对禅宗的发展产生了极重要的影响，百丈因此在禅门中享有极高的声誉。

百丈的高足黄檗希运的禅法特点是融实相与心性为一体，在"空"万法的同时突出了众生清净的"本心"，并在强调"心即佛"的基础上发挥了念念无心、无得无著即是解脱的思想。在《传心法要》中，黄檗一方面强调万法皆空，另一方面又留下了不空的清净心。他说："十八界既空，一切皆空，唯有本心荡然清净。"清净的本心是不可修、无可求的，因为它"无形无相，不属有无"，"明净犹如虚空，无一点相貌"，若举心动念，即为著相，"若著相修行以

1　以上引文见《古尊宿语录》卷一和《五灯会元》卷三。

求功用，皆是妄想"。由于"此心即无心之心，离一切相"，同时又"唯此一心即是佛"，"诸佛与一切众生唯是一心"，因此，黄檗的《传心法要》又以"无心"为纲，反复强调了"无念""无求"以证佛果。他认为，达摩大师到中国，唯说一心，唯传一法，心即是法，法即是心，"不离一心，悟之即是"。而一切法本无所有，亦无所得，"万法唯心，心亦不可得"，"心自无心，亦无无心者"，因此，不可将心更求于心，更无可修无可证，"不如当下无心，便是本法"，"唯直下顿了自心本来是佛，无一法可得，无一行可修，此是无上道，此是真如佛"。他多次告诫众人："当体便是，动念即乖"；"著相外求，求之转失"；"供养十方诸佛，不如供养一个无心道人"；"但能无心，便是究竟"；"学道人若欲得成佛，一切佛法总不用学，唯学无求无著"。无求无著，终日任运腾腾，便自然与佛无异。黄檗还特别强调了于"行"中"证"的重要性。他认为，任运求解脱不是一个理论问题，而是一个行的问题，只要于一切时中行住坐卧，但学无心，亦无分别，不起一切心，更不著一物，"念念无相，念念无为，即是佛"。从上述黄檗的禅学思想中，我们可以清楚地看到黄檗的禅法对惠能禅的继承。值得一提的是，黄檗所强调的生佛不二虽然也以"心"为中介，但他更突出了众生本来是佛，表现出从惠能至马祖重视"人"的思想倾向在他这里有了进一步的发展。黄檗常说："此心即是佛，佛即是众生。""不可以心更求于心，不可以佛更求于佛。""使佛觅佛，将心捉心，穷劫尽形终不可得。"众生只要"息念忘虑"，佛自现前。这里现前的佛不是他佛，而是自身。"及一念证时，只证元来自佛，向上更不添得一物。"[1] 众生本来就是佛，所以众生成佛实际上是无得无证的。黄檗的禅学思想，对临济宗的创立影响很大。

黄檗在接引学人时也常以掌打、棒喝为方便，并以常人难解的语言或动作来表达自己的心地或启发人自悟。临济义玄初参黄檗，问如何是佛法大意，就曾三度发问，三度被打。为了破除人们的计较执著，黄檗曾上堂云：汝等诸人"还知大唐国里无禅师么？"时有僧问：如今诸方尊宿尽聚众开化，为什么却道无禅师？黄檗答："不道无禅，只道无师。"他以灵活的方便来开示众人，目的也是要人明白："终日吃饭，未曾咬着一粒米，终日行，未曾踏着一片地，与么时，无人我等相，终日不离一切事，不被诸境惑，方名自在人……任运不拘，方名解脱。"[2] 黄檗为临济单刀直入、机峰峻烈的宗风之形成进一步开辟了道路。

2. 西堂智藏

智藏（735—814），俗姓廖，虔化（今江西宁都）人。因居虔州西堂而世称"西堂智藏"。八岁从师，二十五岁受具戒。后参马祖，得其心要，与百丈、普愿同为马祖的入室大弟子，得马祖付授衲袈裟。马祖去世后，应众之请，开堂说法。缙绅大官，请教者甚多。元和九年（814），智藏归寂，春秋八十。长庆元年（821），穆宗谥"大觉禅师"。

1　以上引文均见《黄檗山断际禅师传心法要》，载《大正藏》第 48 册，第 379—384 页。
2　以上引文均见《黄檗断际禅师宛陵录》，载《大正藏》第 48 册，第 384—387 页。

智藏的禅法，甚得马祖之机用。智藏在马祖门下，曾受遣诣长安，奉书于慧忠国师。慧忠问："汝师说什么法？"智藏从东过西而立。慧忠问："只这个更别有？"智藏却从西至东边立。慧忠又说："这个是马师底，仁者作么生？"智藏回答说："早个呈似和尚了也。"由此可见，智藏确实是深得马祖"性在作用"的禅法之要旨。智藏的接机方式也十分简捷明快，灵活多变，直指当下。李翱曾问僧："马大师有什么言教？"僧曰："大师或说即心即佛，或说非心非佛。"又问智藏："马大师有什么言教？"智藏直呼："李翱！"李应诺。智藏曰："鼓角动也。"智藏住西堂。有一俗士问："有天堂地狱否？"智藏答曰："有。"又问："有佛法僧宝否？"答曰："有。"此俗士又问了许多问题，智藏皆答言"有"。这位俗士十分奇怪，他说："和尚怎么道莫错否？"智藏问他怎么错了，俗士回答说，我曾参径山和尚，"他道一切总无"。智藏问俗士："汝有妻否？"答："有。"又问："径山和尚有妻否？"答曰："无。"智藏便说："径山和尚道无即得。"此俗士礼谢而去。[1]可见，智藏接引学人，主要是破除各种情见执著。俗士原以为天堂地狱等都是有，听径山说无后，又执著了无。在智藏看来，有无皆不执著，自在任运，即是佛法，即是解脱人。

3. 南泉普愿与赵州从谂

南泉普愿（748—834），俗姓王，常自称王老师。郑州新郑（今属河南）人，幼慕空宗。至德二年（757），跪请于父母乞出

1　以上引文见《五灯会元》卷三《西堂智藏禅师》。

家，乃投密县大隈山大慧禅师受业。大历十二年（777），诣嵩山会善寺暠律师受具戒。初习相部旧章，精究律学。后又游诸讲肆，遍学《楞伽》《华严》和《中论》《百论》等经论。入马祖之室，顿然忘筌，得游戏三昧。马祖门下八百余人，每参听之后，总要议论纷纷，唯普愿韬光晦迹。贞元十一年（795），移住池阳南泉山，埋谷刊木，自建禅宇，斫山畲田，种食以饶，据说三十年足不下南泉，颇有当年慧远在庐山的风度。大和（827—835）年初，宣城廉使陆公亘等慕其道风，迎请下山，伸弟子之礼。自此学徒四集，不下数百人。大和八年（834）逝世，春秋八十七。

普愿在马祖门下颇受器重，曾有"独超物外"之誉。一日，西堂、百丈、普愿随马祖玩月，马祖问："正恁么时如何？"西堂曰："正好供养。"百丈曰："正好修行。"普愿拂袖便行。马祖曰："经入藏，禅归海，唯有普愿，独超物外。"从禅学思想上看，普愿发展了马祖的"平常心是道"，把抽象神圣的佛性完全与平常的凡人打成一片。在他那儿，人心与佛性，众生与佛，都只是方便开示众人的语言施设，都不可执著，只有当下的"人"才是值得肯定的。他曾说：大道无形，真理无对，所以不属见闻觉知。无佛名，无众生名，与么时正是道。他曾以马祖的"平常心是道"开示赵州从谂。当赵州进而问"还可趣向也无"时，他回答说："拟向即乖。"意思是说，道是不可追求的，它就体现在你的行住坐卧、应机接物之中，若起心追求，反而会失却自然之道。他常对众人说"不是心，不是佛，不是物"三句语，并告诫众人，马祖的"即心即佛"只是一时间的方便语，不可执著。如果执著于言相，那就是以指为月、以筌蹄为鱼兔了。有僧问普愿："即心是佛又不得，非心非佛又不得，师意如何？"普愿回答说："大德且信即心是佛便了，更说什么得与不得？只如大德吃饭了，从东廊上，西廊下，不可总问人得与不得也。"对于学道者来说，重要的是从这里悟入自身等佛之境，而不是去探究字面的意思。不以见闻觉知去求道，任身心自运，吃饭睡觉，一无所著，自身便与佛无二了。

根据上述禅法思想，普愿在接引学人时也常用机锋棒喝等方便来截断学人的知见执著，促其自省自悟。赵州从谂曾问普愿："道非物外，物外非道。如何是物外道？"普愿迎头便打。又有人问："十二时中以何为境？"普愿反问道："何不问王老师？"曰："问了也。"普愿说："还曾与汝为境么？"普愿也常常随机启发学人。有一次，普愿在山上劳作，有僧问："路向什么处去？"普愿拈起镰子曰："我这茆镰子，三十钱买得。"问者曰："不问茆镰子，南泉路向什么处去？"普愿曰："我使得正快！"这种看似答非所问的回答，其实正是在随机开示。普愿斩猫也是后世禅门津津乐道的一则公案。东西两堂争猫儿，普愿见到后对众人说："道得即救取猫儿，道不得即斩却也。"众无对，普愿便斩之。赵州自外归，普愿举前语示之，赵州乃脱履安头上而出。普愿曰："子若在，即救得猫儿也。"[1]

普愿的弟子很多，他们从不同的方面继承发展了马祖、普愿的禅风，推动了禅机时代禅宗的普及。例如长沙景岑禅师有《劝学偈》云："万丈竿头未得休，堂堂有路少人游。禅师愿达南泉去，

---

[1]　以上引文见《高僧传》卷十一、《古尊宿语录》卷一、《景德传灯录》卷二十八和《五灯会元》卷三等。

满目青山万万秋。"他的"百尺竿头须进步"则成为禅门中最常用的警句之一。有僧问:"如何是平常心?"景岑答曰:"要眠即眠,要坐即坐。"[1]香严义端禅师告诫众人:"纵学得种种差别义路,终不代得自己见解。毕竟著力始得,空记持他巧妙章句,即转加烦乱去。"[2]在普愿众多的弟子中,以赵州从谂最为著名。

赵州从谂(778—897),曹州郝乡人(一说青州临淄人),俗姓郝。幼年于本州出家。闻南泉普愿禅师道化翕如,乃前往师事。问答之间,普愿对此小沙弥十分器重,许其入室。据说八十岁时始往住赵州城东观音院,生活枯淡,大行禅道。乾宁四年(897)去世,寿一百二十。后谥"真际大师"。

赵州在中国禅学思想史上是一个很有影响的重要人物,他的许多言行均被禅门奉为公案而津津乐道。禅宗灯录上称"师之玄言,布于天下,时谓赵州门风,皆悚然信伏矣"。这是由赵州本身的思想特点和门风所决定的。

赵州发展了马祖和普愿道不可说、佛不可求的禅学思想,并以各种灵活多变的接机方便来破除学人的义解思量。他曾上堂云:"如明珠在掌,胡来胡现,汉来汉现。老僧把一枝草为丈六金身用,把丈六金身为一枝草用。佛是烦恼,烦恼是佛。"有僧问:"未审佛是谁家烦恼?"赵州答曰:"与一切人烦恼。"又问:"如何免得?"答曰:"用免作么?"这实际上还是惠能迷即众生悟即佛的意思。所以当有人问"如何是佛,如何是众生"时,赵州明确地

---

1 《五灯会元》卷四《长沙景岑禅师》。
2 《五灯会元》卷四《香严义端禅师》。

回答说："众生即是佛，佛即是众生。"不过，赵州更注意从"万法一如"、无二无别的角度来强调无求无得。他曾开示众人："金佛不度炉，木佛不度火，泥佛不度水。真佛内里坐，菩提涅槃，真如佛性，尽是贴体衣服，亦名烦恼。实际理地什么处著。一心不生，万法无咎。汝但究理，坐看三二十年，若不会，截取老僧头去。梦幻空华，徒劳把捉。心若不异，万法一如。既不从外得，更拘执作么？"同时，他又认为："未有世界，早有此性，世界坏时，此性不坏。"有僧问："如何是此性？"答曰："四大五蕴。"可见，赵州具有以性空实相来解说万法本质的倾向。因此，他才能随机接引学人，处处潇洒自在，无拘无执，杀活自如。

有人问赵州："和尚还入地狱否？"赵州回答说入。问者奇怪地说："大善知识为什么入地狱？"赵州答曰："我若不入，阿谁教化汝？"有一次，赵州扫地次，有僧问："和尚是大善知识，为什么扫地？"赵州答曰："尘从外来。"问："既是清净伽蓝，为什么有尘？"赵州曰："又一点也。"显然，赵州这里是借题发挥，在扫除学僧的封执。有僧问："承闻和尚亲见南泉，是否？"赵州回答说："镇州出大萝卜头。"有僧问："万法归一，一归何所？"赵州答："老僧在青州作得一领布衫，重七斤。"又有人问："如何是祖师西来意？"赵州答曰："庭前柏树子。"这些看似答非所问，其实是在打破学人的情解执著。有时，赵州也因势利导，启发学人。有人问："如何是道？"答曰："墙外底。"问者曰："不问这个。"赵州曰："你问那个？"曰："大道。"赵州曰："大道透长安。"由于"至道无难，唯嫌拣择，才有语言是拣择"，学人不悟，常落言筌，因此，赵州有时也以动作来接机。当有人问"如何是西来意"时，赵州或下禅床而立,或敲床脚。有尼问:"如何是密密意?"赵州以手掐之。

赵州的禅机灵活多变,贴近生活,他以吃粥洗钵、吃茶等来提示众人应随缘任运地生活以及他的"狗子无佛性"等话语都成为后世禅宗常参的公案或话头。有僧请求指示,赵州问:"吃粥了也未?"曰:"吃粥了也。"赵州曰:"洗钵盂去。"有僧新到,赵州问曰:"曾到此间么?"答:"曾到。"赵州曰:"吃茶去。"又问一僧,僧曰:"不曾到。"赵州仍说:"吃茶去。"后院主奇怪地问道:"为什么曾到也云吃茶去,不曾到也云吃茶去?"赵州召院主,院主应喏。赵州说:"吃茶去。"有人问:"狗子还有佛性也无?"赵州曰:"无。"问:"上至诸佛,下至蝼蚁,皆有佛性,狗子为什么却无?"曰:"为伊有业识在。"[1]关于狗子有无佛性的问题,在马祖弟子兴善惟宽那里就有过回答,他说狗子有佛性,自己无佛性,因为自己不是众生不是佛。赵州的"无"与惟宽的"有"看似不同,意思其实是一样的,都是为了破除人们对"一切众生皆有佛性"文句的执著,很难说有什么特殊的意义,但后来却成了禅门中一则有名的公案。临济子孙五祖法演(1024—1104)的语录中就已提到了赵州无字的公案,大慧宗杲(1089—1163)更是对此大力推崇。不过,这都是二三百年以后的事了。

1　以上引文均见《五灯会元》卷四《赵州从谂禅师》。

三、大珠慧海与马祖门下的禅风

大珠慧海也是马祖的一位高足，但他的生卒年代不详。据禅史记载，慧海俗姓朱，建州（今福建建瓯）人。依越州大云寺智和尚受业，后参马祖。马祖问："从何处来？"答"赵州大云寺来。"马祖问："来此拟须何事？"曰："来求佛法。"马祖对他说："我这里一物也无，求什么佛法？自家宝藏不顾，抛家散走作么？"慧海还不明白："阿那个是慧海宝藏？"马祖曰："即今问我者，是汝宝藏。一切具足，更无欠少，使用自在，何假外求？"慧海终于顿悟。师事马祖六年后，以受业师老，遂归越州奉养。曾自撰《顿悟入道要门论》一卷，马祖览后大为赏识，告众曰："越州有珠，圆明光透自在，无遮障处也。"于是前往越州参学者日众。

慧海因马祖说自家宝藏而顿悟，他的禅法确实处处表现出了般若无所得的思想倾向和对人的重视。他常对众人说，我无一法可示于人，亦未曾有一法度人。有僧问："如何得大涅槃？"慧海答曰："不造生死业。"问："如何是生死业？"答："求大涅槃，是生死业；舍垢取净，是生死业；有得有证，是生死业；不脱对治门，是生死业。"那么，"云何即得解脱"呢？慧海回答说："本自无缚，不用求解。直用直行，是无等等。"就是说，人人自在解脱，自身是佛。因此，当有人问"即心即佛，那个是佛"时，慧海反问道："汝疑那个不是佛？"慧海发展了马祖"平常心是道"的思想，强调于自然的生活中体悟道。有僧问他："和尚修道，还用功否？"他答道："用功。"问："如何用功？"答："饥来吃饭，困来即眠。"僧曰："一切人总如是，同师用功否？"答："不同。"问："何故不同？"慧海回答说："他吃饭时不肯吃饭，百种须索；睡时不肯睡，千般计较。所以不同也。"这就是说，道就体现在你的行住坐卧之中，不可执著，不可追求。若起心追求，反而会失却自然之道。所以他说："是以解道者，行住坐卧，无非是道。悟法者，纵横自在，无非是法。"不过，慧海并不赞同"青青翠竹，总是法身，郁郁黄花，无非般若"的说法，认为这种说法执著了翠竹黄花，不了法身、般若之意，并认为"黄花若是般若，般若即同无情；翠竹若是法身，法身即同草木。如人吃笋，应总吃法身也"。[1] 因此，当有人问他信不信"无情是佛"时，他明确地回答"不信"，他认为，"若无情是佛者，活人应不如死人，死驴死狗，亦应胜于活人"，那"大德如今便死，应作佛去"[2]，岂不荒唐？这与六祖惠能的思想是一致的。这一方面反映了慧海一切无著的思想特点，另一方面也表明慧海所关注的主要还是人的解脱而非探究物理。

从慧海的《顿悟入道要门论》，更可以看到慧海与惠能思想的一致。此论既可以说是直接继承了马祖的禅法，更可以说是发挥了惠能的禅学思想，特别是从般若性空的角度发挥了无念顿悟、自然解脱。论中强调，心是总持之妙本，万法之洪源。是心是佛，是心作佛。但同时又提出，一切法性空，无一物可得。心亦如是。心，幻也，一切俱幻；心，空也，一切皆空。因此，一切都不可执著，也无可修，无可证。论中反复强调，"无心可用，无道可修"，"无得无求"，"无得无证"，"无得无无得"，"无证无无证"。该论始终

1　以上引文均见《五灯会元》卷三《大珠慧海禅师》。
2　《景德传灯录》卷二十八，载《大正藏》第 51 册，第 442 页下。

把着眼点放在"人"的解脱上，认为无形无相、湛然常寂即是本心之形相，亦是本身，而本身者即佛身也。由于众生本来就是佛，因此论中提出"本自无缚，不用求解"，更莫向言语纸墨上讨意度，认为一切时中无念无著，即自然解脱成佛。据此，论文十分强调惠能所倡导的"无念"，提出了"无念为宗"，并发挥了惠能的顿悟法门，认为"唯有顿悟一门，即得解脱"，"顿悟者，不离此生，即得解脱"。这种解脱当然只有靠自己，所以说，"众生自度，佛不能度，……努力自修，莫倚他佛力"。值得注意的是，慧海在论中提出了禅教律同为一乘法、儒佛道"一性上起用"的观点，开了唐末以后思想大融合的先风。[1]

综合起来看，强调无修无证、无念无著，更突出"人"的地位，并以灵活多变的方式来启发学人于行住坐卧、应机接物之中去体道，在无心任自然的生活中去体悟自己本来是佛，这是马祖门下普遍的特色。除了上面已提到的以外，马祖其他弟子的禅亦体现了这一特色。例如盘山宝积强调："全心即佛，全佛即人，人佛无异。"于顿相公问道通禅师"如何是佛"，道通唤："相公！"公应诺。道通曰："更莫别求。"多么简捷直了的方式！何者是佛？当下之人即是。不假分别，无须外求。有僧问"如何是一昧禅"，归宗智常便打。僧曰："会也！会也！"智常曰："道！道！"僧拟开口，归宗又打。[2]因为禅是不可说、不可思议的，只有打断情思才能体悟。马祖及其门下的禅学特点既是对惠能禅的继承，又是对惠能

1　以上引文均见慧海《顿悟入道要门论》，载《卍新纂续藏经》第63册，第18—24页。
2　以上引文见《五灯会元》卷三。

禅的发展，其对人的肯定及其禅机的运用，在沩仰宗，特别在临济宗那里得到了进一步的发展。

第四节　青原行思系

　　与南岳怀让系齐名并称的青原行思系，是惠能门下另一支重要的系脉，这一系因出了石头希迁等一大批著名的禅师并演化出曹洞、云门、法眼三宗而影响深远。

一、青原行思与石头希迁

　　青原行思（？—740），吉州安城（一称庐陵，即今江西吉安）人，俗姓刘。幼岁出家，每逢群居论道，他独默然。闻曹溪法席，乃往参礼。见惠能大师，深得器重。据称惠能门下学徒虽众，而行思居首。后受惠能付嘱，回吉州青原山，住静居寺阐化，四方禅客，繁拥其堂，开青原一系，故世称"青原行思"。开元二十八年（740）入灭，谥"弘济禅师"。后世的云门宗、法眼宗和曹洞宗皆出自青原一系。

　　有关行思的资料很少，《宋高僧传》都没有给他单独立传，只是在"义福传"后面给他附了一个小传。行思其实是因石头希迁而知名的。石头希迁是行思的传法弟子，据说他在惠能晚年来到惠能门下。惠能将示灭，希迁问曰："和尚百年后，希迁未审当依附何人？"惠能曰："寻思去！"惠能去世后，希迁便经常一个人在静处端坐"寻思"。后经人指点，"寻思"乃寻师兄行思耳。遂往吉州参礼行思，成为行思的上首弟子。

石头希迁（700—790），本姓陈，端州高要（今广东肇庆市高要区）人。初闻惠能南来，便直往曹溪参学，得度而未具戒。自是上下罗浮，往来三峡间。开元十六年（728），于罗浮山受具戒。后又师事青原行思。天宝（742—756）初，往衡山南寺，寺之东有石状如台，乃结庵其上，时人称其为"石头和尚"。怀让等都十分推重他，对门徒说："彼石头真师子吼，必能使汝眼清凉。"由是门人归慕焉。当时江西主大寂（马祖），湖南主石头（希迁），两人当时声誉很高。贞元六年（790）希迁去世，春秋九十一。敕谥"无际大师"。希迁的弟子很多，著名的有天皇道悟、药山惟俨、丹霞天然、潮州大颠等。希迁所著的《参同契》《草庵歌》在禅门流传很广。

青原、石头系的禅学也面向现实的人生，进一步发展了惠能直指人心、当下解脱的顿教禅法。石头希迁曾这样来概括自己的法门："吾之法门，先佛传授。不论禅定精进，唯达佛之知见。即心即佛，心佛众生，菩提烦恼，名异体一。汝等当知，自己心灵，体离断常，性非垢净。湛然圆满，凡圣齐同。应用无方，离心意识。三界六道，唯自心现。水月镜像，岂有生灭？汝能知之，无所不备。"[1]这种万法唯心、凡圣不二的思想，显然是惠能门下的共同思想。但是，与南岳、马祖系相比，青原、石头系的禅学思想也有特点，它更注意从心与物、理与事的关系中去强调人的地位和人的当

---

1 《景德传灯录》卷十四，载《大正藏》第51册，第309页中。

下解脱。石头的《参同契》即反映了这一特色。

　　据说石头是读了僧肇的《涅槃无名论》中"会万物以成己者，其唯圣人乎"句后有所感悟而作《参同契》的。他感叹地说："圣人无己，靡所不己。法身无量，谁云自他？圆镜虚鉴于其间，万象体玄而自现。境智真一，孰为去来？至哉斯语也！"[1]大意是说，万法如如，无自无他。圣人无心，触目会道，自然与万法为一。这与般若学者僧肇的"物我同根"、"物我为一"、无心于彼此而不失照功的意境确实有相通之处。不过，僧肇统一的基础是无知而无不知、无为而无不为的般若虚玄之道，他要人空虚其怀、冥心真境以达到智法俱同一空。而石头统一的基础则是具有虚玄而又灵明不昧之心的人，圣人无心无我则万物与我为一，所以他在《参同契》中说："灵源明皎洁，枝派暗流注。执事元是迷，契理亦非悟。门门一切境，回互不回互。回而更相涉，不尔依位住。……触目不会道，运足焉知路。进步非近远，迷隔山河固。"[2]

　　石头以心为源，齐同凡圣，融摄万法，而又以心为不可执著，这种思想显然深受南方般若三论思想（包括牛头禅）的影响。同时，他从理事、心物的统一中去阐发圣人之境，显然还吸取了华严宗的思想。他从物理说事事各住本位（不回互），又从性理说事事相融相摄（回互），而又以自心（灵源）为回互之本，以证悟此心者为解脱之人，这就又显示了他禅家的特色。石头的思想对后来的禅学乃至宋明理学都有很大的影响。

1　《祖堂集》卷四《石头和尚》，中州古籍出版社 2001 年版，第 136 页。
2　《景德传灯录》卷三十，载《大正藏》第 51 册，第 459 页中。

青原、石头的接机方式虽然细密平稳，不像马祖及其门下那般机锋峻峭，棒喝凌厉，但提示学人反观心源、直下承当的法门却是一致的。其简易朴实、灵活自如的禅风自成特色。希迁初见行思，行思问：你从曹溪得着什么来？希迁答：未到曹溪时也未曾失落什么。行思又问：若如此，去曹溪作什么？希运答：若不到曹溪，怎知不失？这番问答，既表明希迁自信自己圆满具足，不假外求，又表现了青原系接引学人的禅法特色。有僧问希迁："如何是解脱？"他反问道："谁缚汝？"又问："如何是净土？"他反问道："谁垢汝？"又问："如何是涅槃？"他反问说："谁将生死与汝？"为了表达"一切现成"的思想，强调无分别、无言说，万法归于一心而心又不可执著。希迁也常随机开示。有僧问："如何是西来意？"答曰："问取露柱。"又有问："如何是禅？"答曰："碌砖。"问："如何是道？"他回答说："木头。"这里透露出的"道无所不在"的思想倾向也对后世禅宗翠竹黄花皆是般若法身的思想有一定的影响。

　　石头希迁的弟子很多，最著名的有天皇道悟和药山惟俨，门下分别流出了云门宗、法眼宗和曹洞宗，我们将在下面予以专述。另外，还有丹霞天然禅师（739—824），在前往应举选官的途中受人指点而前往马祖处"选佛"，又受马祖指点投至石头门下。他对当时学者"皆是参禅问道"表示不满，强调"吾此间无道可修，无法可证"，要人自悟自己圆满自足而不要去迷信外在的佛，他的烧木佛取暖之事和"佛之一字，永不喜闻"的话语在禅门中广为流传。大颠宝通禅师，于石头言下大悟"有心""无心"皆不可执著。他认为，扬眉瞬目即是禅，而只有除却对"扬眉瞬目"的执著才能自见本来面目。因此，他一方面强调"学道人须识自家本心，将心相示，方可见道"，另一方面又提出，"时辈只认扬眉瞬目，一语一默，蓦头印可，心为心要，此实未了"，应该"除却一切妄运想念"。由此可见，当时禅门中出现了"语默动静皆是禅"趋于形式化的倾向，大颠是反对这种倾向的。另外，长髭旷禅师、招提慧朗禅师等也都继承发挥了石头的宗风。[1]

二、天皇道悟及其法脉

天皇道悟（748—807），据《宋高僧传》载，俗姓张，婺州东阳（今属浙江）人。先依明州大德剃发出家，年二十五又依杭州竹林寺大德受具戒。为求善知识示道见性，乃投径山国一禅师处，密受宗要，服勤五年。大历十一年（776）转谒于余姚大梅山，精严修心三四年。建中（780—783）初，前往参见马祖，二年秋，又谒石头，得悟心法后，始卜于澧阳，次居于濠口，终栖于荆州当阳柴紫山。后被迎入位于郡之左的天皇寺，大弘石头宗风。元和二年（807），奄然入灭，春秋六十。

道悟门下有龙潭崇信，崇信传德山宣鉴，宣鉴传雪峰义存，义存门下有云门文偃和玄沙师备，文偃创云门宗，师备门下有地藏桂琛，桂琛又传清凉文益，文益创法眼宗。

以上《宋高僧传》和《景德传灯录》的说法，在《宋高僧传》刊行五六十年后，曾被人加以否定。有人提出了另外一种说法，认

1　以上引文均见《五灯会元》卷五。

为道悟有二人，一住荆南城西天王寺，嗣马祖，一住荆南城东天皇寺，嗣石头。其下出龙潭崇信者，乃马祖下天王道悟，而非石头下天皇道悟。换言之，云门、法眼二宗皆出自南岳系而非青原系。这个问题在宋末曾引起青原、南岳两系很大的争论，明清时争论仍然不断。对此，日本学者忽滑谷快天的《禅学思想史》第三编第十四章解说甚详，可以参考[1]。现在看来，马祖门下有一天王道悟的说法是没有根据的，是南岳门下为了抬高本系而编造出来的。龙潭崇信应该是出自石头门下的天皇道悟。

道悟及其门下的禅法继承了石头希迁从理事、心物的关系中突出人的禅法特色并进一步从无心任自然出发，用机锋棒喝等方便来随机接引学人，逐渐形成了一定的特色。崇信投道悟门下出家，服勤左右。有一天问道悟："某自到来，不蒙指示心要？"道悟答曰："自汝到来，吾未尝不指汝心要。"问曰："何处指示？"答曰："汝擎茶来，吾为汝接。汝行食来，吾为汝受。汝和南时，吾便低首。何处不指示心要？"崇信还要思虑。道悟说："见则直下便见，拟思即差。"崇信当下开解。复问："如何保任？"答曰："任性逍遥，随缘放旷，但尽凡心，别无圣解。"这里，道悟把即心即佛的禅理与日常行事完全结合到了一起，强调了随缘任性，突出了当下即是。

德山宣鉴的禅法更富有特色。宣鉴（782—865），俗姓周，简州（今四川简阳）人。早年精究律藏，于性相诸经，贯通旨趣，因常讲《金刚般若经》而有"周金刚"之称。曾对南方禅席的兴盛气

---

1 ［日］忽滑谷快天：《禅学思想史》，上海古籍出版社 1994 年版。

不平，认为累世学佛修行尚难成佛，岂敢言"直指人心，见性成佛"？遂担《青龙疏钞》前往摧灭。途中买点心充饥，卖饼婆子引《金刚经》"过去心不可得，现在心不可得，未来心不可得"语问道：你点哪个心？宣鉴无语，遂往龙潭，在崇信的开导下，顿悟心法，遂将疏钞焚之。于是礼辞，直抵沩山。沩山预言：此子以后将"呵佛骂祖"！宣鉴在澧阳住三十年。遇唐武宗灭法，曾避难于独浮山之石室。后应武陵太守之请，居德山精舍，四海禅徒辐辏。咸通六年（865），安坐而化，春秋八十四。谥"见性禅师"。德山宣鉴的禅法强调"无心无事"，他认为，圣名凡号，尽是虚声；殊相劣形，皆为幻色。因此，一切莫求，"汝但无事于心，无心于事，则虚而灵，空而妙"。他曾明确地告诉学人："我宗无语句，实无一法与人。"要人着衣吃饭，屙屎送尿，做个寻常无事人。在接引学人的方式上，德山在青原系中禅风是比较峻烈的，他也常用棒喝来猛截学人的情思理究，尤其以"棒打"为著名。他的名言"道得也三十棒，道不得也三十棒"，充分体现了他特殊的门风。"德山棒"与"临济喝"共同构成了禅机时代宗门接机的一代特色。为了破除人们对经教名相的执著，德山确实如沩山所说的那样，呵佛骂祖，贬斥经教。他说："这里无祖无佛，达摩是老臊胡，释迦老子是干屎橛，文殊普贤是担屎汉。等觉妙觉是破执凡夫，菩提涅槃是系驴橛，十二分教是鬼神簿、拭疮疣纸。"德山的宗风在当时十分兴盛。

德山宣鉴门下有岩头全奯，继承了德山的峻烈禅风，且禅机更加灵活，被人称为"亦有杀人刀，亦有活人剑"，后死于战乱。又有一代大师雪峰义存（822—908），泉州南安县（今福建南安市东丰州）人。十七岁落发，后受戒于幽州宝刹寺。曾游历名山，面诣德山。咸通（860—874）年间，回闽中雪峰创院。天下之释子，趋之若召。皇帝亲赐"真觉大师"之号。后梁开平二年（908）灭度，俗寿八十七。为破除人们的执著，义存常以机锋棒喝来接引学人，尤其善于用拂子。有僧问："佛未出世时如何？"他举起拂子。又问："出世后如何？"他放下拂子。又有僧乞求指示，他举拂便打。他认为，尽大地是个解脱门，若寻言逐句，计较执著，便不得人。他说："我若东道西道，汝则寻言逐句。我若羚羊挂角，汝向什么处扪摸？"义存行化四十余年，法席甚盛，门下徒众常不减一千五百，其中最著名者有云门文偃和玄沙师备。云门创云门宗，将在下面专述，这里只说玄沙师备。

玄沙师备（835—908）与雪峰义存本法门昆仲，而亲近若师资。义存以其苦行，呼为头陀。一日谴之曰："头陀何不遍参去？"师备对曰："达摩不来东土，二祖不往西天。"义存深器重之。师备协助义存开荒雪峰，化导禅众，出力甚多。后住福州玄沙。闽王曾奏赐紫衣，号"宗一大师"。开平二年（908）示疾而终，春秋七十四。玄沙发展了石头以来突出虚玄而灵明不昧之人心、以人心为万法之源而又强调心不可执著的禅法特色。他曾上堂云："如今目前，见有山河大地、色空明暗种种诸物，皆是狂劳花相，唤作颠倒知见"，"真如凡圣，地狱人天，只是疗狂子之方"，"夫出家人，识心达本源，故号为沙门"，"动静扬眉，是真解脱道"。基于这种思想，他强调"去此一门超凡圣因果，超毗卢妙庄严世界海，超他释迦方便门"。他认为，人人圆满具足，"汝诸人如在大海里坐，没头浸却了，更展手问人乞水吃"。虽然他也常以语言动作随机接引学人，但他同时也批评了那些执著言语动作或灵灵昭昭、见闻智性者，"有一般坐绳床和尚，称善知识，问便摇身动手，点眼吐舌瞪视。更有一般说昭昭灵灵，灵台智性，能见能闻，向五蕴身田里作主宰"，他认为这些人都在自欺欺人。[1]由此来看，当时已经出现了一些装模作样的禅者，他们不解语言动作之真谛而又有所执著了，玄沙对此是大不以为然的。玄沙三十年演化，禅侣七百许人，得其法者，众推罗汉桂琛为首。

桂琛（867—928），常山人，俗姓李。出家受戒后，学毗尼，认为"持戒但律身而已，非真解脱也"。于是誓访南宗，初谒云居，又谒雪峰，均未有所见。后谒玄沙，于言下得旨。遂为漳州牧王公之请，于闽城西建地藏院而居。后又移住罗汉院为众宣法，南北参徒，不可殚数。天成三年（928）示寂，春秋六十有二。谥"真应禅师"。桂琛的禅法十分注重从事物和山水自然中启发学人体悟"一切现成"、无可执著。有一次，桂琛见僧人，便举拂子问曰："还会么？"僧答："谢和尚慈悲示学人。"桂琛便开示说："见我竖拂子，便道示学人，汝每日见山见水，可不示汝？"又见僧来，举拂子。其僧赞叹礼拜。桂琛又开示说："见我竖拂子，便礼拜赞叹。那里扫地竖起扫帚，为甚么不赞叹？"有人问他："如何是罗汉一句？"他答道："我若向汝道，便成两句也。"有人问："如何是罗汉家风？"答曰："不向你道。"问："为甚么不道？"答："是我家风。"[2]在他看来，佛法即体现在事事物物之中，是不可言说，不可执著的。他的高足清凉文益进一步发挥了他的禅法思想，并创立了法

1　以上引文均见《五灯会元》卷七。

2　以上引文均见《五灯会元》卷八。

眼宗。对此，我们将在后面专述。

三、药山惟俨与云岩昙晟

药山惟俨（751—834，一作759—828），石头希迁的上首弟子。十七岁依潮阳西山慧照禅师出家，大历八年（773）纳戒于衡岳希操律师。博通经论，严持戒律。后谒石头禅师，又礼马祖，密证心法。住澧州药山，门徒云集。朗州刺史李翱入山问道，深崇其德，曾赋诗相赠。惟俨卒后，敕谥"弘道大师"。惟俨的禅法比较绵密亲切，常通过与弟子的交接问答使弟子开悟，透露出曹洞宗风的先声。有僧问："达摩未来时，此土还有祖师意否？"俨答曰："有。"问："既有，祖师又来作甚么？"俨曰："只为有，所以来。"惟俨有时还看经。某日看经次，有僧问："和尚寻常不许人看经，为甚么却自看？"他答曰："我只图遮眼。"问："某甲学和尚还得也无？"答曰："汝若看，牛皮也须穿。"悟解佛法大意的人能够得意而忘言，但未开悟者却会执著言教文句，所以当有人请惟俨指示时，他回答说："吾今为汝道一句亦不难，只宜汝于言下便见去，犹较些子。若更入思量，却成吾罪过。不如且各合口，免相累及。"有时，惟俨干脆行不言之教。有一次，院主因惟俨久不升堂，便对他说："大众久思和尚示诲。"他说："打钟著！"众才集，他便下座，归方丈。院主随后问曰："和尚既许为大众说话，为甚么一言不措？"他回答说："经有经师，论有论师，争怪得老僧？"

药山惟俨门下有云岩昙晟、道吾宗智、船子德诚等，发扬宗风者为昙晟。云岩昙晟（782—841），俗姓王，钟陵建昌（今江西永修）人。少出家于石门，年满具法，参见百丈怀海禅师，二十年为侍者，然因缘不契。后访药山，问答之间，于言下顿悟。后住云岩，洞山良价等都来参学。会昌元年（841）归寂，寿六十，谥"无住大师"[1]。云岩的禅法，上承药山，下传洞山，以理事圆融、物无分别、无心解脱为特色。一日药山问道："闻汝解弄师子，是否？"岩曰："是。"问："弄得几出？"答曰："弄得六出。"山曰："我亦弄得。"岩问："和尚弄得几出？"曰："我弄得一出。"云岩说："一即六，六即一。"有一次，云岩上堂示众曰："有个人家儿子，问著无有道不得底。"洞山良价出问曰："他屋里有多少典籍？"答曰："一字也无。"问："争得恁么多知？"云岩回答说："日夜不曾眠。"时时觉悟，便无知而无不知。道吾曾问："大悲千手眼，那个是正眼？"云岩说："如人夜间背手摸枕子。"道吾说："我会也。"云岩问他："作么生会？"道吾说："遍身是手眼。"云岩认为他"只道得八成"。道吾问："师兄作么生？"岩答曰："通身是手眼。"[2]

云岩昙晟门下有洞山良价，洞山下又有曹山本寂和云居道膺，在晚唐时开出曹洞一宗，绵延发展上千年，并远播海外，对此，我们将在下章详述。

1　《宋高僧传》卷十一《昙晟传》则记为卒于大和三年，"敕谥大师号无相"。

2　以上引文均见《五灯会元》卷五。

第八章

越祖分灯与
五家宗风

印度禅学与中土文化相结合而形成的禅宗在中唐以后即出现了"皆归曹溪"的局面。晚唐至五代，惠能禅宗经青原、南岳两系而进一步分化为沩仰、临济、曹洞、云门和法眼五家。此五家禅学皆承六祖惠能而来，但因传禅之人和时地的不同，形成了不同的传法接机之宗风。从师承来说，沩仰、临济二宗出自南岳系，余三家出自青原系。就时间而言，沩仰、临济和曹洞创于晚唐，云门、法眼则创于五代。从地域上看，除临济在河北、山东之外，其余均在中国南方：沩仰在湖南、江西，曹洞在江西，法眼在浙江，云门在广东。

依照宗门的说法，五家分灯是菩提达摩已预见到的。据说达摩在传法给二祖慧可时曾有偈言："吾本来兹土，传法救迷情；一花开五叶，结果自然成。"这里的"一花开五叶"即暗指禅宗五家的分派。

禅宗自惠能以后就以"藉师自悟"取代了"藉教悟宗"，并破除了对"佛"的迷信与执著。随着对自性自悟的强调，百丈怀海更提出了"超师之见"，认为"见与师齐，减师半德，见过于师，方堪传授"。德山宣鉴更有"呵佛骂祖"的言行。在五家禅时期，超越祖佛，突出当下听法参学的人自己，成为普遍的禅风。因此，有人以"越祖分灯禅"来概括这个时期的禅宗特点，这从一定意义上说，是比较贴切的。不过需要指出，"越祖"之说并不只存在于这个时期，在此之前及之后，这种倾向在禅门中都是存在的。

第一节　沩仰宗

　　沩仰宗是五家禅中最早建立的一个宗派，开创者为沩山灵祐及其弟子仰山慧寂，因而得名。

一、沩山灵祐与仰山慧寂

　　嗣法于百丈怀海的灵祐（771—853），俗姓赵，福州长溪（今福建霞浦）人。年十五出家，三年后受具足戒，究大小乘教。入天台，先后遇寒山与拾得。二十三岁时游江西，参见百丈，被许入室，并居参学之首。唐元和（806—820）末年，往湖南潭州大沩山（今湖南宁乡），独自栖止五七载。后建同庆寺，相国裴休尝咨玄奥，由是天下禅学辐辏焉。世称"沩山灵祐"。沩山敷扬宗教凡四十余年，达者不可胜数。大中七年（853）归灭，年八十三，谥"大圆禅师"。沩山的得法弟子有仰山慧寂、香严智闲、径山洪諲等四十一人，其中最重要者为仰山慧寂，与沩山共同开创了沩仰宗。

　　慧寂（815—891），俗姓叶，韶州浈昌（今广东南雄）人，一说韶州怀化（今广东境内）人。十七岁出家，未登具，即游方。初谒耽源，从学数年，良有所得。后参沩山灵祐，于言下顿悟，自此执侍前后，盘桓十四五载。后领众住王莽山。乾符六年（879）又住袁州（今江西宜春市袁州区）仰山，故世称"仰山慧寂"。大顺二年（891）卒于韶州东平山（一说卒于后梁贞明二年），春秋七十七，追谥"智通大师"。仰山与沩山一起，发挥马祖、百丈之禅学，举扬一家之宗风，成为沩仰宗的重要开创者之一。

二、禅学特色与接机方便

沩仰宗的禅学思想主要体现在"三种生"的理论中。据《人天眼目》卷四载，沩山一日谓仰山曰："吾以镜智为宗要，出三种生，所谓想生、相生、流注生。《楞严经》云：想相为尘，识情为垢。二俱远离，则汝法眼应时清明，云何不成无上知觉。想生即能思之心杂乱，相生即所思之境历然。微细流注俱为尘垢。若能净尽，方得自在。"[1]意思是说，主观心识与客观尘境皆是必须远离的"尘垢"，心境无间断地交流，念念相续而有种种烦恼，尘垢烦恼污染了清净之镜智（本净之心性），只有打破"三种生"，净除尘垢，才能得自在解脱。

沩仰宗发挥了马祖和百丈无取无舍、无为无事、人人圆满具足、自在解脱的禅学特点，并进一步突出了理事不二、无心解脱。沩山认为："以要言之，则实际理地，不受一尘，万行门中，不舍一法。若也单刀直入，则凡圣情尽，体露真常，理事不二，即如如佛。"他曾上堂曰："夫道人之心，质直无伪，无背无面，无诈妄心。一切时中，视听寻常，更无委曲，亦不闭眼塞耳，但情不附物即得。从上诸圣，只说浊边过患，若无如许多恶觉情见想习之

---

1 《大正藏》第 48 册，第 321 页中。

事，譬如秋水澄淳，清净无为，檐泞无碍。唤他作道人，亦名无事人。"仰山也曾教人："汝等诸人，各自回光返照，莫记吾言。汝无始劫来，背明投暗，妄想根深，卒难顿拔。所以假设方便，夺汝粗识。""如今且要识心达本。但得其本，不愁其末。他时后日，自具去在。若未得本，纵饶将情学他亦不得。"万法唯心，识心达本，便得解脱，但心并不可执著。有人问："了心之旨，可得闻乎？"仰山答曰："若要了心，无心可了。无了之心，是名真了。"沩山的另一位高足香严智闲在百丈和沩山处苦苦追求而不得，芟除草木，偶抛瓦砾，击竹作声，却忽然省悟，会了祖师禅。他十分感叹地说："道由悟达，不在语言，况是密密堂堂，曾无间隔，不劳心意，暂借回光。日用全功，迷徒自背。"

沩仰宗十分强调不假语言思维的自心顿悟，因而在方便接机时倡导一种"不说破"的原则。沩山说得很明白："我若说似汝，汝已后骂我去。我说的是我的，终不干汝事。"智闲说得更形象："若论此事，如人上树，口衔树枝，脚不踏枝，手不攀枝，树下忽有人问，如何是祖师西来意？不对他，又违他所问。若对他，又丧身失命。"[1]根据这种不可说、不说破的原则，沩仰宗常根据学人根机之不同而以各种不同的手势来启悟学人。有一次，沩山坐在那里，仰山入来，沩山以两手相交示之，仰山作女人拜。沩山印可道："如是！如是！"又有一次，沩山见仰山来，即以两手相交过，各拨三下，却竖一指。仰山见状，也以两手相交过，各拨三下，却向胸前仰一手覆一手，以目瞻视沩山，也得到了沩山的认可。沩仰宗特别善于以各种圆相

1　以上引文均见《五灯会元》卷九。

来接引学人。例如，"如何是祖师西来意"是沩仰宗人经常参的一个话头。一天，有人以此问仰山，仰山即以手于空中作圆相，圆中写一佛字，即以Ⓕ相示之。有时，仰山又以Ⓦ相、卍相等示人。据说仰山在参沩山前，就已从耽源处学得九十七种圆相。而这九十七个圆相又是慧忠国师传自六代祖师而授与耽源的，慧忠还曾预言，吾灭后三十年，南方有一沙弥将到来大兴此教。耽源将本子传给仰山，仰山接得一览，便将火烧却。耽源知道后对他说："吾此法门无人能会，唯先师及诸祖师诸大圣人方可委悉，你何得焚之？"仰山回答说："我一览便已知其意，你若要我重录不难。"即重集一本呈上，更无遗失。由此看来，仰山对圆相的运用是既有传授，又有一定的"天分"的。圆相的运用也成为沩仰宗的一种门风。《人天眼目》卷三曾对沩仰宗的各种圆相及其运用有具体的说明，可以参考。

三、宗风与法脉

沩仰宗的宗风一般以深邃奥秘概括之。《人天眼目》卷四说："沩仰宗者，父慈子孝，上令下从，尔欲捧饭，我便与羹，尔欲渡江，我便撑船。隔山见烟，便知是火。隔墙见角，便知是牛。"[1]此言沩仰宗接引学人，平实之中深含默契，机用圆融而事理并行，所以《五家宗旨纂要》中说："沩仰宗风，父子一家，师资唱和，语默不露，明暗交驰，体用双彰。无舌人为宗，圆相明之。"[2]由于沩仰宗的

---

1 《大正藏》第48册，第323页中。

2 《卍新纂续藏经》第65册，第276页下。

禅风是老婆心切中带有峻严性，非上根机人难以继承，因此，自宋代开始，人们一般就认为，沩仰宗五传而止，与其孤峻的门庭宗风深有关系。

沩仰宗于晚唐时由沩山灵祐及其弟子仰山慧寂创立。仰山慧寂的法嗣有西塔光穆、南塔光涌、霍山景通、无著文喜等十人。光穆传资福如宝，如宝传资福贞邃、报慈德韶等，德韶又传三角志谦、兴阳词铎等，其后传承即不明。光涌门下有芭蕉慧清、慧林鸿究等，慧清又传芭蕉继彻、兴阳清让等，鸿究也传韶州灵瑞，其后，沩仰宗的法脉即无可考。入宋以后，沩仰宗便不再流传了。沩仰宗是五家禅中最早创立、最早衰亡的一个宗派。

第二节　临济宗

临济宗是继沩仰宗之后于晚唐时形成的又一个宗派，也从南岳系流出，创始人为百丈的再传、黄檗的高足临济义玄。因义玄长期住镇州临济院而得名。

一、义玄与临济宗

义玄（？—867），俗姓邢，曹州南华（今山东荷泽市西北）人。幼而颖异，长以孝闻。落发受戒后，精究经律论三藏。初参黄檗希运，因问"如何是佛法大意"，三度发问，三度被打，乃自恨障缘深重，天资愚钝，不领深旨，拟往别处行脚。辞别时，黄檗叫他去参高安大愚禅师。大愚问他在黄檗处的情况，他告以"三度被打"的经过，并问自己有过无过。大愚说："黄檗与么老婆心切，为汝得彻困，更来这里问有过无过？"义玄于言下顿悟，乃曰："元来黄檗佛法无多子。"大愚搊住曰："这尿床鬼子，适来道有过无过，如今却道黄檗佛法无多子，你见个什么道理？速道！速道！"义玄于大愚胁下筑三拳。愚托开曰："汝师黄檗，非干我事。"义玄回到黄檗处，黄檗了解了他在大愚处的情况后说："大愚老汉饶舌，待来痛与一顿。"义玄曰："说甚待来，即今便打。"随后便掌。黄檗云："这风颠汉来这里捋虎须。"[1]义玄便大喝。受黄檗印可后，义玄便北归乡土。后长期住河北镇州（今河北正定）城东南滹沱河畔的临济院，提出"四料简""四宾主""四照用"等思想和方法，自成一家宗风，形成了临济宗。"罢唱经论之徒，皆亲堂室，示人心要，颇与德山相类。"[2]唐咸通八年（867）示灭，敕谥"慧照大师"。

临济义玄有《镇州临济慧照禅师语录》传世，主要阐发马祖以来人佛无二的禅学思想和随缘任运的修行观。

二、禅学思想与教学方法

临济宗继承了马祖的禅法特色，把惠能禅学中蕴含的对人的肯定进一步发挥了出来。我们从临济具有代表性的"无依道人""无

---

1 《五灯会元》卷十一《临济义玄禅师》。

2 《宋高僧传》卷十二《义玄传》。

位真人"的思想中，就可以清楚地看到这一点。《临济语录》一万三千多字，反复强调的也就是"无佛可求，无道可成，无法可得"，要人"回光返照，更不别求，知身心与祖佛不别，当下无事"。临济说："现今目前听法无依道人，历历地分明未曾欠少，你若欲得与祖佛不别，但如是见。"有一次，他上堂云："赤肉团上，有一无位真人，常从汝等诸人面门出入，未证据者看看。"时有僧出问："如何是无位真人？"临济下禅床把住云："道！道！"其僧拟议，临济托开云："无位真人是什么干屎橛。"便归方丈。在临济看来，人人圆满自足，不必外求，不必依靠他人或外在的偶像，只要随缘任运，便自然与佛无二。所以他说："你若能歇得念念驰求心，便与祖佛不别。……但能随缘消旧业，任运着衣裳，要行即行，要坐即坐，无一念心希求佛果。"他常告诫学人："佛法无用功处，只是平常无事，屙屎送尿，着衣吃饭，困来即卧。""若人求佛，是人失佛；若人求道，是人失道；若人求祖，是人失祖。"在他看来，人的一切自然活动，或者自然生活的人，就是佛，就是祖，而起心有求，反而失却了本来面目。因此，他经常强调"觅着转远，求之转乖"，"拟心即差，动念即乖"，要人"不如无事休歇去"，做个"着衣吃饭，无事过时"的平常人。为了破除人们的执著与追求，临济甚至喊出了"向里向外，逢着便杀"的口号，要人"逢佛杀佛，逢祖杀祖，逢罗汉杀罗汉，逢父母杀父母，逢亲眷杀亲眷"，认为这样"始得解脱"。[1]当然，这里也是不能执著言相的，关键要领悟"破除执著之心"的要义。

1　以上引文均见《古尊宿语录》卷四《镇州临济慧照禅师语录》。

临济的禅学思想还体现在"四料简""四宾主""四照用"等认识原则和教学方法上。所谓"四料简"，是根据参学者的不同根器和对法我的不同态度而采取的不同教学方法，其内容为：（1）"夺人不夺境"，即针对"我执"重的人，破除对"我"的执著；（2）"夺境不夺人"，即针对"法执"重的人，破除对"法"的执著；（3）"人境俱夺"，即针对"法执"和"我执"都很严重的人，就要法我双破了；（4）"人境俱不夺"，这是对那些法我均不执著的人，二者皆无须破。所谓"四宾主"，是通过师生（或宾主）之间的问答而考察双方学识的真伪或深浅，看谁真正掌握了禅理，其内容为：（1）"宾看主"，指学人的见识超过禅师，禅师有所执著还不懂装懂；（2）"主看宾"，指禅师的见识超过参学者，参学者不懂装懂；（3）"主看主"，指禅师与学人皆掌握了禅理；（4）"宾看宾"，指禅师与学人皆不懂禅理而又都自以为是，互相卖弄。对于"四宾主"，临济义玄有段话说得很生动：

　　参学之人，大须子细。如宾主相见，便有言论往来。或应物现形，或全体作用，或把机权喜怒，或现半身，或乘师子，或乘象王。如有真正学人，便喝先拈出一个胶盆子。善知识不辨是境，便上他境上作模作样，便被学人又喝，前人不肯放下，此是膏肓之病，不堪医治，唤作宾看主。或是善知识，不拈出物，只随学人问处即夺，学人被夺，抵死不肯放，此是主看宾。或有学人，应一个清净境，出善知识前，知识辨得是境，把得抛向坑里。学人言：大好！善知识即云：咄哉！不识好恶。学人便礼拜。此唤作主看主。或有学人，披枷带锁，出善知识前，知识更与安一重枷锁。学人欢喜，彼此不辨，唤作宾看宾。[1]

临济宗的"四照用"有两重含义，一是指根据学人对法我的不同认识而采取的不同教学方法，此时的"照"指对客体的认识，"用"指对主体的认识，其内容与"四料简"大致类似，包括：（1）"先照后用"，即针对"法执"严重者，先破除对客体的执著；（2）"先用后照"，即针对"我执"严重者，先破除对主体的执著；（3）"照用同时"，针对法、我二执都很严重的人，就要同时加以破除；（4）"照用不同时"，对于已经不再执著法、我的人，就可以应机接物，运用自如了。"四照用"还有一重含义是指接引学人的方便，此时"照"指禅机问答，"用"指喝、打等动作。具体地说，包括：（1）"先照后用"，即先向学人提问，然后根据其答对的情况，或棒或喝；（2）"先用后照"，即参学者到来，劈头先给予棒喝，然后再向他发问："汝道是什么旨意？"（3）"照用同时"，即在棒喝中看对方如何承当或在师徒互喝中边打边问；（4）"照用不同时"，即或照或用，随机纵夺，不拘一格。

临济宗接引学人的手段还有所谓的"三玄三要"。"三玄"主要是从言意关系上来说的，它们是：（1）"体中玄"，指用通常的语句显示真实的道理；（2）"句中玄"，指用巧妙的语句来显示微妙玄意；（3）"玄中玄"，指"于体上又不住于体，于句中又不著于句"，即

---

1 《人天眼目》卷一，载《大正藏》第48册，第303页上。并见于《临济语录》等，个别文字略有小异。

274 · 中国禅学思想史（增订版）

随机应用，得意忘言，无所执著。三玄门又各具理、智、方便"三要"，所以临济有语云："大凡演唱宗乘，一句中须具三玄门，一玄门须具三要。有权有实，有照有用。"[1]除"三玄三要"之外，临济宗的接机方便还有"三句语""四种喝"以及后世汾阳善昭的"三诀""十智同真"，等等。这种种方便都体现了临济破除万执的禅学思想和卷舒擒纵、杀活自在的峻峭宗风。

三、宗风与法脉

临济宗向以禅风机锋峻烈著称，与曹洞宗绵密的宗风相对，自古有"临济将军，曹洞土民"之说。《五家宗旨纂要》中说："临济家风，全机大用，棒喝齐施，虎骤龙奔，星驰电掣。负冲天意气，用格外提持。卷舒纵擒，杀活自在。扫除情见，迥脱廉纤。以无位真人为宗，或喝或棒，或竖拂明之。"[2]《人天眼目》卷二中也说："临济宗者，大机大用，脱罗笼，出窠臼。虎骤龙奔，星驰电激。转天关，斡地轴，负冲天意气，用格外提持，卷舒擒纵，杀活自在。……大约临济宗风不过如此。要识临济么？青天轰霹雳，陆地起波涛。"[3]禅史上，"临济喝"最为著名，与"德山棒"一起构成这个时期禅宗接机的主要手段。临济宗接引学人的单刀直入，随机灵活，峻烈辛辣之中又不乏亲切活泼，这对临济宗的发展起了一定

---

1 以上引文见《五灯会元》卷十一《临济义玄禅师》。

2 《卍新纂续藏经》第 65 册，第 255 页下。

3 《大正藏》第 48 册，第 311 页中。

的作用。临济宗在五家中最为兴盛，流传得也最广泛，最长久，这与其宗风特点是有一定关系的。

临济义玄的得法弟子有兴化存奖、三圣慧然、灌溪志闲等二十二人，然而后世临济的子孙，皆出于存奖之下。存奖（？—924）时，棒喝已成风气，存奖曾对当时"前廊下也喝，后架里也喝"的"胡喝乱喝"表示过不满，要求诸学子别盲目地乱喝。存奖下传南院慧颙（？—952），慧颙住汝州宝应院（即南院），故亦称为宝应。慧颙传风穴延沼（896—973），延沼深得临济玄要之旨，并大弘临济杀活自在之宗风。他曾上堂云："夫参学眼目临机，直须大用现前，勿自拘于小节。设使言前荐得，犹是滞壳迷封。纵然句下精通，未免触途狂见。应是从前依他作解，明昧两歧，与你一时扫却。直教个个如师子儿，吒呀地哮吼一声，壁立千仞，谁敢正眼觑著？觑著即瞎却渠眼。"延沼下又传首山省念（926—993），省念继承了禅宗南宗无心任自然的禅学思想，并进一步发挥临济的机锋棒喝。有人对他说："学人久处沉迷，请师一接。"省念曰："老僧无这闲工夫。"学人问道："和尚岂无方便？"省念答："要行即行，要坐即坐。"有人问："如何是道？"他答曰："炉中有火无心拨，处处纵横任意游。"[1]省念的弟子中有著名的创文字禅的汾阳善昭（947—1024），善昭下经石霜楚圆而有黄龙慧南和杨岐方会，分别形成临济宗中的黄龙、杨岐两大派，并远播海外。由于他们都已是宋代时人，故我们在下章中再述。

1　以上引文均见《五灯会元》卷十一。

第三节　曹洞宗

曹洞宗是从青原系流出的一个宗派，创始人为洞山良价和曹山本寂，创立于唐末。其宗名说法不一，有说曹为曹溪惠能之曹，洞为洞山良价之洞；有说曹为曹山本寂之曹，之所以称"曹洞"而不称"洞曹"又有两说，一说是为了读法上顺当，一说是因曹洞问答遂成一家宗风，且曹山下无传，传宗者为洞山下的道膺之故。

一、洞山良价与曹山本寂

良价（807—869），俗姓俞，会稽诸暨（今属浙江）人。幼年出家，年二十一往嵩山受具足戒，游方首诣南泉普愿，深领玄契。次参沩山，谈慧忠国师"无情说法"语，问答之间未能相契。依沩山指示，又到云岩昙晟处参学，据说问答之间略有省悟，然犹涉疑，后因过水睹影，大悟前旨。有偈曰："切忌从他觅，迢迢与我疏。我今独自往，处处得逢渠。渠今正是我，我今不是渠。应须恁么会，方得契如如。"[1]遂嗣云岩之法。唐大中（847—859）末，于新丰山大行禅法。后盛化于豫章高安（今属江西）之洞山，世称"洞山良价"。咸通十年（869）去世，春秋六十三，敕谥"悟本禅师"。

1　《景德传灯录》卷十五，载《大正藏》第51册，第321页下。

弟子中，曹山本寂与云居道膺最为著名。本寂大倡"五位君臣"说，形成曹洞一家宗风，与洞山良价同为曹洞宗的创始人之一。道膺则上承下传，使曹洞宗法脉得以延续。这里只说本寂。

本寂（840—901），俗姓黄，泉州莆田（今属福建）人。少习儒学，十九岁出家，二十五岁受具足戒。先从良价学禅，得心印后，应请住抚州（今江西抚州市临川西）曹山，世称"曹山本寂"。天复元年（901）六月十六日，焚香宴坐而化，春秋六十二，谥"元证禅师"。曹山本寂深明良价玄旨，大播洞上禅风于天下，时诸方宗匠，咸共推尊之曰"曹洞宗"。

二、禅学特色与五位君臣

曹洞宗继承并发展了青原、石头系比较注重从心与物、理与事的关系中去强调人的地位的禅学特色，而这突出地表现在它的"五位君臣"的理论上。所谓"五位君臣"，是曹洞宗用来说明理事关系的一种理论，有时也用以作为接引学人的一种教学方法。曹洞宗用"正"来代表理，用"偏"来代表事，用"兼"来表示非正非偏的中道。理事偏正回互，互相配合，便成五种形式，再配以"君""臣"之位，便成"五位君臣"。对此，曹山本寂曾有过如下解释："正位即空界，本来无物；偏位即色界，有万象形；正中偏者，背理就事；偏中正者，舍事入理；兼带者，冥应众缘，不堕诸有，非染非净，非正非偏，故曰虚玄大道，无著真宗。"又说："君为正位，臣为偏位。臣向君，是偏正中；君视臣，是正中偏；君臣道合，是兼带语。"这就是说：（1）正位，即君位，为理本体，故

"本来无物"；（2）偏位，即臣位，为"有万象形"；（3）正中偏，即"君视臣"，为唯见事相，不见事理，故曰"背理就事"；（4）偏中正，即"臣向君"，为唯见事理，不见事相，故曰"舍事入理"；（5）兼带，即"君臣合道"，为理事圆融，染净不二，是理想的最高境界，用曹山本寂的话说就是"混然无内外，和融上下平"。[1]

曹洞宗的"五位"还有许多其他不同的说法，但含义大致相同。例如以"宾主"来说："正中偏，乃垂慈接物，即主中宾，第一句夺人也。偏中正，有照有用，即宾中主，第二句夺境也。正中来，乃奇特受用，即主中主，第三句人境俱夺也。兼中至，乃非有非无，即宾中宾，第四句人境俱不夺也。兼中到，出格自在，离四句，绝百非，妙尽本无之妙也。"这里的宾主之说，与临济的"四宾主"在夺人夺境方面有相似之处，但也有不同："四宾主，不同临济。主中宾，体中用也；宾中主，用中体也；宾中宾，用中用，头上安头也；主中主，物我双忘，人法俱泯，不涉正、偏位也。"[2]这就是说，曹洞宗的"宾主"主要是从体用关系上来说的。曹洞宗以五位君臣、偏正回互来说理事、体用关系，显然进一步发挥了石头希迁的禅学思想特点，而其目的也与石头一样，是要人无心执著，自然解脱。洞山曾说，"才有是非，纷然失心"，出家人应该"心不附物"，直道本来无一物。在他看来，"佛之与道，俱是名言"，一切都不应该执著，"学者恒沙无一悟，过在寻他舌头路。欲得忘形泯踪迹，努力殷勤空里步"。他认为："道无心合人，人无心

---

1 以上引文见《五灯会元》卷十三《曹山本寂禅师》。
2 《人天眼目》卷三，载《大正藏》第 48 册，第 315 页下，第 320 页下。

合道。""事理俱不涉，回照绝幽微。"有人问曹山："如何是非心非佛？"曹山曰："兔角不用无，牛角不用有。"这也是不用分别的意思。

曹洞宗接引学人的方便也十分灵活，例如，洞山常教人"行鸟道"，即于日常行事中无心任自然的意思。有人问："未审如何是鸟道？"洞山曰："不逢一人。"又问："如何行？"洞山曰："直须足下无私去。"问："只如行鸟道，莫便是本来面目否？"曰："阇黎因甚颠倒？"问："什么处是学人颠倒？"曰："若不颠倒，因什么却认奴作郎？"问："然则如何是本来面目？"洞山曰："不行鸟道。"[1]于此可见得曹洞宗应机接物、破除执著之一斑。

三、宗风与法脉

曹洞宗的宗风历来有"家风细密，言行相应，随机利物，就语接人"[2]之称。《五家宗旨纂要》中也概括说："曹洞家风，君臣合道，正偏相资，鸟道玄途，金针玉线，内外回互，理事混融，不立一法，空劫以前，自己为宗，良久处明之。"[3]其师徒相接，并不行临济、德山之棒喝，也不多言多说，玩弄禅机，而是应机接人，方便开示，以事显理，敲唱为用，以理事圆融来指导践行，劝学者行解相扶，自在解脱。曹洞宗的"三渗漏""三种堕"和"功勋五

1　以上引文见《五灯会元》卷十三《洞山良价禅师》和《曹山本寂禅师》。
2　《人天眼目》卷三，载《大正藏》第48册，第315页下，第320页下。
3　《卍新纂续藏经》第65册，第266页中。

位"等，无不体现了其绵密的宗风。与临济宗机锋峻烈、杀活自在的"将军"风格相比，曹洞宗接化学人更似精耕细作的农夫，所谓"临济将军，曹洞土民"，正是指此。

洞山的宗风至曹山而大振，然曹山的法系四传后即断绝无可考。曹山门下有洞山道延、金峰从志、鹿门处真等十四人，继续阐扬曹洞宗风。例如有人问处真："如何是禅？"答："鸾凤入鸡笼。"又问："如何是道？"答："藕丝牵大象。"这都表示不可言说之意。所以他上堂曰："一片凝然光灿烂，拟意追寻卒难见。蓦然撞着豁人情，大事分明总成办。实快活，无系绊，万两黄金终不换。任他千圣出头来，总是向渠影中现。"[1]道延门下有同安慧敏和上蓝庆禅师，从志门下有天池智隆。处真的法孙较盛，弟子有谷隐智静、益州崇真等，智静下有谷隐知俨、普宁法显等，知俨下又有谷隐契崇等，但其后法脉便不传。

曹洞宗是通过洞山良价的另一个法嗣云居道膺一脉延续下来的。道膺（？—902）为洞山的上首弟子，俗姓王，幽州玉田（今属河北）人。幼年出家，二十五岁受具足戒。初奉师命习声闻律仪，后游方至翠微山问道，又至洞山参访良价，得洞山之宗旨。洞山曾曰"此子以后千人万人把不住去在"[2]，并许之为室中领袖。初止三峰，其学未广。又开法于云居山，门庭极盛，徒众多达一千五百人。有新罗僧人庆猷和迥微先后来华参道膺，回国后传入曹洞宗。参道膺者还有利严和丽严。此四人被称为东海四无畏大士。道膺的

1 《五灯会元》卷十三《鹿门处真禅师》
2 《五灯会元》卷十三《云居道膺禅师》。

得法弟子有二十八人，其中大都传记不明，传法也就一二代，其后便断绝了，唯同安道丕的法席盛隆，传承不绝。道丕下出同安观志，观志下出梁山缘观，缘观下又出大阳警玄（948—1027），使洞上宗风得以延续，入宋以后，仍有发展。

第四节　云门宗

云门宗为青原系化出的又一个宗派，形成于五代，创始人为石头门下天皇道悟的四世法孙文偃，因其住韶州云门山而得名。

一、文偃与云门宗

文偃（864—949），俗姓张，姑苏嘉兴（今属浙江）人。幼年出家，后到各地参学。初参睦州道踪（黄檗希运的法嗣，世称陈尊宿），数载后，遵睦州指示，又往参雪峰义存，得到印可。后遍谒诸方，至韶州灵树院如敏禅师处，被请为首座。如敏迁化后，文偃应请接任住持。始终以义存为师。晚年住韶州（今广东韶关）云门山光泰禅院，弘法开禅，自成一系，世称"云门文偃"。天下望风而至，法席大盛，往来学徒不下千人，得法弟子有香林澄远、德山缘密等六十一人，形成了五代时极有影响、北宋时与临济并盛的"云门宗"。文偃于后汉隐帝乾祐二年（949）去世，终年八十六岁。

云门文偃由雪峰义存、德山宣鉴、龙潭崇信、天皇道悟而上承石头希迁的宗风，在禅学思想上强调无心任自然、一切现成，在接机方式上则注重截断学人情思，促其无心自悟。文偃的思想和教学方法经其门下的敷扬而形成一家宗风。

二、禅学思想与云门三句

云门宗发挥了石头希迁的禅学思想，强调山水自然，即事而真，一切现成，无心解脱。文偃曾上堂云："诸和尚子莫妄想，天是天，地是地，山是山，水是水，僧是僧，俗是俗。"在文偃看来，"真空不坏有，真空不异色"，因此，不必追空逐有，心起分别，也不该闻人说法，便问佛问法，求觅解会。他说："你欲得会么？都缘是你自家无量劫来妄想浓厚，一期闻人说著，便生疑心。问佛问法，问向上向下，求觅解会，转没交涉。拟心即差，况复有言有句，莫是不拟心即是么？莫错会好。更有甚么事？"文偃曾启发学人："汝若实未有入头处，且独自参详，除却着衣吃饭，屙屎送尿，更有甚么事？无端起得如许多般妄想作么？"他还从应物而不累于物说解脱人："若是得的人，道火不能烧口，终日说事，未尝挂着唇齿，未尝道着一字。终日着衣吃饭，未尝触着一粒米，挂一缕丝。虽然如此，犹是门庭之说也。须是实得恁么始得。"解脱之人是无心于任何事相的，即使是"不执著"也不能执著。有僧问："如何是超佛越祖之谈？"文偃驳斥道："汝等诸人没可作了，见人道着祖意，便问超佛越祖之谈。汝且唤甚么作佛？唤甚么作祖？"这正是无心任自然、一切现成的思想。

云门宗的思想与说教方式被概括为"云门三句"。文偃曾上堂云："函盖乾坤，目机铢两，不涉世缘。作么生承当？"众无对。文偃代众曰："一镞破三关。"[1]后来，文偃的弟子德山缘密将此析为三句，他上堂云："我有三句语示汝诸人。一句函盖乾坤，一句截断众流，一句随波逐浪。作么生辨？若辨得出，有参学分；若辨不出，长安路上辊辊地。"[2]这三句话的大意为：（1）"函盖乾坤"，意谓宇宙万象，本真本空，事事物物，悉皆真现，故即事而真，一切现成。有颂云："乾坤并万象，地狱及天堂，物物皆真现，头头总不伤。""本真本空，一色一味，非无妙体，不在踌躇，洞然明白，则函盖乾坤也。"（2）"截断众流"，此为云门宗接引学人的重要方法，意谓截断情识心念，不要用语言文字去把握真如，而应于内心顿悟。有颂云："堆山积岳来，一一尽尘埃，更拟论玄妙，冰消瓦解摧。""本非解会，排叠将来，不消一字，万机顿息。则截断众流也。"（3）"随波逐浪"，意谓对参学者应因机说法，"应病与药"，即根据不同的对象采取不同的教学方法。有颂曰："辩口利舌问，高低总不亏；还如应病药，诊候在临时。""若许他相见，从苗办地，因语识人，即随波逐浪也。"[3]云门宗将上述三句比作"云门剑""吹毛剑"，意思是说它锋利无比，能"截断众流"，掌握它，即可斩尽烦恼，顿悟解脱。

1　以上引文见《五灯会元》卷十五《云门文偃禅师》。

2　《五灯会元》卷十五《德山缘密禅师》。

3　以上引文见《人天眼目》卷二，载《大正藏》第48册，第312页上。

三、宗风与法脉

云门宗的宗风常被形容为"孤危耸峻，人难凑泊"[1]。这是因为，云门宗不仅以棒喝接引学人，例如有僧问："如何是应用之机？"德山缘密便喝。又问："只这个，为复别有？"缘密便打。而且，云门宗还常以非常简短的只言片语来应答，非上根机者往往摸不着头脑。例如，云门宗接引学人有所谓"顾鉴咦"三字旨。据说云门上堂，每顾视僧人便曰："鉴！"僧拟议，他则曰："咦。"此三字中的"顾"后被缘密删去，但颂"鉴咦"，禅门称之为"抽顾颂"[2]。再如有僧问："如何是佛？"云门答："干屎橛。"问："如何是诸佛出身处？"云门答："东山水上行。"问："如何是祖师西来意？"云门答："日里看山。"问："如何是清净法身？"云门答："花药栏。"问："如何是佛法大意？"云门答："西南看北斗。"更有以一字回答提问者，在当时称为一字关。例如有僧问："如何是云门剑？"云门答："祖。"问："如何是吹毛剑？"答："骼。"问："如何是正法眼？"答："普。"问："如何是云门一路？"答："亲。"[3]如此等等。宋代苏澥在序《云门语录》时曾说："祖灯相继，数百年间，出类迈伦，超今越古，尽妙尽神，道盛行于天下者，数人而已。云门大宗师，特为之最。擒纵舒卷，纵横变化，放开江海，鱼

---

1 《人天眼目》卷二，载《大正藏》第 48 册，第 313 页上。

2 《云门匡真禅师语录》卷一："师有时顾视僧曰：'鉴。'僧拟对之，则曰：'咦。'丛林因目师为顾鉴咦。后德圆明禅师删去顾字，谓之抽顾颂。"《嘉兴藏》（新文丰影印本）第 24 册，第 380 页下。

3 《五灯会元》卷十五《云门文偃禅师》。

龙得游泳之方；把断乾坤，鬼神无行走之路。草木亦当稽首，土石为之发光。"[1]《五家宗旨纂要》曾概括云门宗的宗风："云门宗风，出语高古，迥异寻常；北斗藏身，金风露体，三句可辨，一镞辽空，超脱意言，不留情见。以无伴为宗，或一字或多语，随机拈示明之。"[2]《人天眼目》卷二中也说："藏身北斗星中，独步东山水上。端明顾鉴，不犯毫芒，格外纵擒，言前定夺，直是剑锋有路，铁壁无门，打翻路布葛藤，剪却常情见解，烈焰宁容凑泊，迅雷不及思量。"[3] 云门宗风，大概如此。

云门文偃的得法弟子中，法系比较兴盛的有德山缘密、双泉师宽、香林澄远、洞山守初等。缘密门下有文殊应真等十六人，应真下有洞山晓聪，晓聪下有杭州灵隐寺佛日契嵩，赐号为明教大师，在宋代很有影响。师宽的法席也较盛，得法弟子有数十人，五祖师戒、福昌重善等在当时都是著名人物。洞山守初门下则有福严良雅、开福德贤等，良雅下有北禅智贤，智贤下又有广因择要等。云门弟子中最上首者为香林澄远。澄远（？—987），俗姓上官，西川汉州绵竹（今属四川）人。长期住益州青城山香林院弘化，接引学人完全继承了云门的风格。例如有僧问："如何是诸佛心？"他曰："清则始终清。"问："如何领会？"曰："莫受人谩好。"问："如何是祖师西来意？"曰："踏步者谁？"问："如何是玄？"曰："今

---

1 《大正藏》第 47 册，第 544 页下—545 页上。

2 《卍新纂续藏经》第 65 册，第 279 页下。

3 《大正藏》第 48 册，第 313 页中。

日来，明日去。"问："如何是玄中玄？"曰："长连床上。"[1]澄远门
下有智门光祚，光祚的门风十分险峻，接机风格继承了云门、澄远
的传统。光祚下得法者甚众，有雪窦重显等。重显大振宗风，中兴
云门，使云门宗在北宋盛极一时，同时也开始与其他宗派相融合。
云门一宗通过香林澄远一系而延续到了南宋，直到元代，法脉才无
可考。

第五节　法眼宗

　　法眼宗也出自青原法系，形成于五代，创始人为玄沙师备的再
传、罗汉桂琛的高足清凉文益，因文益的谥号为"大法眼禅师"而
得名。

一、文益与法眼宗

　　文益（885—958）俗姓鲁，余杭（今浙江杭州市余杭区）人。
七岁依新定（今浙江淳安县西）智通院全伟禅师出家，二十岁受具
足戒于越州（今浙江绍兴）开元寺。后到明州鄮山（今浙江宁波鄞
州区东）育王寺从希觉律师学律，究其微旨，复旁探儒典，游文
雅之场，被希觉视为佛门之子游、子夏。又南游抵福州，参长庆禅

1　《五灯会元》卷十五《香林澄远禅师》。

师，已决疑滞，更约伴拟西出湖湘，因雨雪而暂住城西地藏院，遂参访地藏桂琛（因曾住罗汉院而又被称为罗汉桂琛）相谈甚为投契。临别时，桂琛指着座前的石头问道："上座寻常说三界唯心，万法唯识，且道此石在心内？在心外？"文益答曰："在心内。"桂琛说："行脚人着什么来由，安片石在心头？"文益无以对，遂放包依席下求抉择。近一月余，日呈见解，说道理。桂琛语之曰："佛法不恁么。"文益曰："某甲辞穷理绝也。"桂琛对他说："若论佛法，一切现成。"文益于言下大悟，遂嗣法于桂琛。后游方至临川，应州牧之请住崇寿院，开堂说法，四远之僧求益者，不减千计，后被南唐主李昪迎至金陵报恩禅院，署号净慧禅师。晚年在金陵清凉寺传法，故世称"清凉文益"。时门庭极盛，四方求学僧人不下千人，诸方丛林，咸遵风化。后周世宗显德五年（958）归寂，寿七十有四。南唐主李璟谥为"大法眼禅师"，其法系后世就称为"法眼宗"。

文益有法嗣六十三人，以天台德韶为上首，弘扬一家宗风。有《金陵清凉院文益禅师语录》一卷及文益自撰《宗门十规论》等流行于世。

二、禅教兼融的禅学特色

法眼宗继承了石头希迁融会贯通华严教理的禅学思想特点，它以"三界唯心，万法唯识"为"纲宗"，在理事圆融的基础上发挥了一切现成的思想。文益的《三界唯心颂》说："三界唯心，万法唯识。唯识唯心，眼声耳色。色不到耳，声何触眼。眼色耳声，万法成办。万法匪缘，岂观如幻？山河大地，谁坚谁变？"[1]法眼宗曾吸取华严六相义来论证世界"同异具济，理事不差"[2]。不过，文益认为，法眼宗教义是高于华严教义的，他的《华严六相义颂》说："华严六相义，同中还有异，异若异于同，全非诸佛意。诸佛意总别，何曾有同异？男子身中入定时，女子身中不留意。不留意，绝名字，万象明明无理事。"文益作为一个禅者，他论理而不著理，主张一切现成而不起取舍之心。有僧问："十二时中，如何行履即得与道相应？"文益对他说："取舍之心成巧伪。"[3]文益的弟子德韶也发挥了一切现成、心无所著的宗旨。他说："佛法现成，一切具足。岂不见道圆同太虚，无欠无余。若如是也，且谁欠谁剩？谁是谁非？谁是会者？谁是不会者？……若会得，自然见闻觉知路绝，一切诸法现前。何故如此？为法身无相，触目皆形；般若无知，对缘而照。"[4]

法眼宗还发挥了桂琛的禅法特色，常以山水自然、顺时变化来启发学人体悟一切现成，无可执著。文益曾上堂云："出家人但随时及节便得，寒即寒，热即热。"[5]德韶也说："大道廓然，讵齐今古。无名无相，是法是修。良由法界无边，心亦无际。无事不彰，无言不显。如是会得，唤作般若现前，理同真际。一切山河大地，森罗

---

1 《五灯会元》卷十《清凉文益禅师》。

2 《人天眼目》卷四，载《大正藏》第 48 册，第 324 页上。

3 以上引文见《五灯会元》卷十《清凉文益禅师》。

4 《五灯会元》卷十《天台德韶禅师》。

5 《五灯会元》卷十《清凉文益禅师》。

万象，墙壁瓦砾，并无丝毫可得亏缺。"[1]

　　法眼宗是五家禅中成立最晚的一个宗派，在它创立之时，禅宗其他四家均已形成，并显露出一些门户偏见。为此，文益作《宗门十规论》，列数禅门时弊十种加以指摘。他在"自叙"中说："宗门指病，简辩十条，用诠诸妄之言，以救一时之弊。"在论中，他阐发了"理事不二，贵在圆融""不著他求，尽由心造"的宗旨。[2]这一宗旨在文益的再传、德韶的上首弟子永明延寿那里得到了进一步的发挥。延寿曾"举一心为宗，照万法如镜"，编成《宗镜录》一百卷，不仅将华严教义与禅理"圆融"在一起，而且以禅理为准对唯识、华严、天台等宗的教旨加以评定，调和当时佛教各宗派的宗旨分歧。《宗镜录》"禅尊达摩，教尊贤首"，把惠能南宗禅提倡的"顿悟"和《华严经》提倡的"圆修"结合起来作为全书的中心思想，既体现了法眼宗取华严思想入禅的特点，也表现了中国佛教教禅相融的发展新趋势。

三、宗风与法脉

　　法眼宗的宗风，一般认为，简明处类似云门，稳密处类似曹洞。《人天眼目》云："法眼宗者，箭锋相拄，句意合机，始则行行如也，终则激发，渐服人心，削除情解，调机顺物，斥滞磨昏。"其接引教化学人，平淡的语句中也深藏机锋，往往是根据学人根器

1　《五灯会元》卷十《天台德韶禅师》。
2　《宗门十规论》，载《卍新纂续藏经》第63册，第37—39页。

之不同而相机行事，故《人天眼目》又云："法眼家风，对病施药，相身裁缝，随其器量，扫除情解。"[1]《五家宗旨纂要》中也说："法眼家风，则闻声悟道，见色明心。句里藏锋，言中有响。三界惟心为宗，拂子明之。"[2]

清凉文益的法嗣有六十二人，史传机缘传至今日者有四十三人，其中最著名者为继承法脉的天台德韶。德韶（891—972）俗姓陈，处州龙泉（今属浙江）人。十五岁出家，十七岁受业于本州龙归寺，十八岁受戒于信州开元寺。后唐同光（923—926）中，游方各地。首诣投子山大同禅师，次谒龙牙山居遁禅师，如此历参五十四位善知识，皆法缘未契，最后至临川谒文益。一日，有僧问文益："如何是曹溪一滴水？"文益答："是曹溪一滴水。"僧惘然而退，德韶于座侧闻之却豁然开悟，平生凝滞，涣若冰释。后游天台山，留止白沙。后汉乾祐元年（948），吴越忠懿王遣使迎之，尊为国师。曾劝王遣使往新罗取回散落的天台教籍，使之重新盛行于世。有偈颂曰："通玄峰顶，不是人间。心外无法，满目青山。"文益闻之云："即此一偈，可起吾宗。"[3] 宋开宝五年（972），跏趺而逝，年八十二。门下得法者四十九人，以永明延寿为上首。延寿（904—975）生活于五代和宋初，俗姓王，余杭（今浙江杭州市余杭区）人。二十八岁以后依雪峰义存的法嗣翠岩令参出家，寻往天台山天柱峰，据说九旬习定，有鸟类斥鷃巢于衣褶中。谒德韶，深

1 《大正藏》第 48 册，第 325 页上。
2 《卍新纂续藏经》第 65 册，第 281 页下。
3 《五灯会元》卷十《天台德韶禅师》。

受器重，密受玄旨。后住明州雪窦山（今属浙江宁波奉化）传法，法席很盛。数年后，应吴越王之请，开灵隐新寺，次年又应请住永明寺（后称净慈寺），十五年间，度弟子一千七百人。所著《宗镜录》等，远播海外。高丽国王览其言教，遣使送来礼品，叙弟子之礼，并派彼国僧人三十六人前来学法，前后归国，各化一方，于是法眼宗盛行于国外。然法眼宗在国内，虽于宋初盛极一时，至宋代中叶，法脉就断绝了。延寿于开宝八年（975）去世，得法弟子有富阳子蒙和朝明院津两人，以后传承便无可考。

第九章

禅宗的演进与禅学的新特点

到宋代，中国禅进入了一个新的发展阶段。

唐武宗灭法以后，以寺院经济和佛典章疏为依托的教下各宗先后衰落，而保持山林佛教特色的禅宗却继续在社会上广为流传。由于唐末五代藩镇割据导致社会分裂，因此，禅宗在逐渐繁兴的过程中也分化为诸多的系派，各据一方。五家禅宗之思想与门风虽略有小异，然其根本宗旨皆不离六祖的顿悟心性，自我解脱。入宋以后，禅宗仍不断地演化流变，但均不出五家之外。禅门弟子在举扬自家宗风的同时，继续保持着某些共同的思想特点，其机锋棒喝、公案话头等"直指人心"的接机方法和行脚云游遍访名师的参学方式，都是为了顿悟解脱这样一个共同的信念与目标。

从思想理论上看，宋代禅学并没有很大的发展，但禅宗发展的规模及其社会影响却在宋代达到了相当大的程度，同时也形成了许多新的时代特点。例如，随着中国佛教对内互相融通、对外与儒道合流的总趋势，禅宗一方面在禅教合一的同时进一步融摄净土法门，从而大大扩大了它的影响，另一方面又通过与统治者和上层人物的接近而加深了自身的儒化和道化以及对传统思想文化的影响。大量公案、语录的出现，形成了区别于默照禅的文字禅，不立文字的禅宗走上了文字化的道路，这又吸引了大批文人学士的兴趣，同时也进一步为禅的精神融入宋明理学提供了条件。

第一节　宋代禅学之特点

宋代禅学的特点，与宋明理学的兴起以及中国佛教的发展入宋以后出现的禅净教融合的趋势都密切相关，看话禅和默照禅的出现及流行，则是这个时期禅学的两大突出的特点。

一、禅学与理学

禅学与理学的关系密切是宋代禅学的重要特点之一。

禅学自从印度传入始，就与中国传统思想文化有着割不断的联系，而其与传统儒学的关系尤为密切。随着佛教中国化的进一步发展，佛教的儒学化就不仅仅停留在伦理化等外部的表面的层次，而是深入到了佛教理论的内部，甚至核心部分。就禅学而言，儒家的性善论、思孟学派的心性论早在三国康僧会的"正心"论和东晋僧叡的"穷理尽性"说那里就得到了体现，而在惠能的禅学思想体系中，儒家的心性论更是被圆融地吸收为有机的组成部分。同时，禅学也反过来促进了传统儒学的演变发展，宋明理学正是在包括禅学在内的佛道思想的影响下在新的历史条件下所形成的新儒学。

宋代理学复兴儒学，吸收并利用了大量佛教特别是禅学的思想与方法。理学是以儒家为本位的三教合一的产物。理学的创始人和宋代的理学家，除杨简和真德秀等少数人之外，大都是反佛的，但他们几乎都受到了佛教禅学的深刻影响。"泛滥于诸家，出入于释老"，可谓是濂洛关闽各大家著书立说、创立学派的共同经历。二程有言："今人不学则已，如学焉，未有不归于禅也。"[1]朱熹也曾明确地说："今之不为禅学者，只是未曾到那深处，才到那深处，定走入禅去也。"[2]

理学的开山祖周敦颐生活在禅宗盛行的年代，他不但与禅僧交往密切，而且在思想上也深受禅学影响。他的"无极而太极"说最后落实到"无欲""主静"的立诚说，显然就融合了禅学的心性论。程颐曾历访禅师，探究禅理，尤其对禅家的"不动心"赞叹不已，他高扬"天理"，力主"性即是理"，并主张"天理人欲"的对立，主张通过"思""敬"等内心的修养功夫来"窒欲"以恢复天理，其受禅学影响也是十分明显的。朱熹的"一理之实而万物分之以为体"与禅宗的"一法遍含一切法"，理趣更是完全一致。在修学方法上，朱熹的积习贯通，由逐日的格物而至"一旦豁然贯通……吾心之全体大用无不明"，则纯是禅宗北宗渐修顿悟论的翻版。至于陆九渊的"先立乎其大者"，强调先识本心，认为本心的自我觉悟就是道德的自我完成，就能"一是即皆是，一明即皆明"，这与禅宗南宗的识心见性说，也是如出一辙。即使是反佛的理论战士张载也是如此。他在人性论上区分天地之性与气质之性，要人通过"变化气质"而反归天地之性，并认为，"不萌于见闻"的"德性之知"能达到"视天下无一物非我"的境地，这种思想显然仍受到了禅学

---

1 《河南程氏遗书》卷十八，载《二程集》，中华书局 2004 年版，第 196 页。

2 《朱子语类》卷十八，中华书局 1986 年版，第 415 页。

净妄之心与明心见性思想的影响。有时候，理学家所用的语言也与禅学极为相似。朱熹曾说："且如万一山河大地都陷了，毕竟理却只在这里。"[1]这是朱熹理学思想的哲学基础。然在禅门中，赵州禅师早就说过："未有世界，早有此性，世界坏时，此性不坏。"[2]朱熹只是以理替换了性而已，而在朱熹思想中，"性即是理"，性理是不二的。正如《宋元学案》卷八十六中所说："向者以异端而谈禅，世尚知禅学自为禅，及其以儒者而谈禅，世因误认禅学即为儒学！"

　　由于宋代理学是官方的思想意识形态，佛教从总体上已失去了隋唐时期与儒道三足鼎立的地位，因此，宋代禅学在儒佛道三教融合的社会思潮主旋律中一方面大力主张三教一致论，认为三教相辅相成，缺一不可，并从禅理上对儒道思想加以融合。另一方面，这个时期的禅学在强调三教一致论的同时，也表现出了明显的迎合理学的倾向。北宋云门宗僧人契嵩在其著的《辅教编》中"拟儒《孝经》发明佛意"，大谈"穷理尽性"，"孝为戒先"；与周敦颐交往甚密的庐山东林寺常总禅师在与程门大弟子杨时谈论心性时，也盛赞孟子的性善论"可谓探其本也"，然后又把禅学的"本然之性"说与儒家的"性善论"加以调和，认为两者本质上是一回事。大慧宗杲则干脆大倡"忠君孝亲""忠义之心"，在他看来，"世间法则佛法，佛法则世间法也"[3]。他认为："菩提心则忠义心也，名异而体同"，"未

1　《朱子语类》卷一，中华书局1986年版，第4页。
2　《五灯会元》卷四《赵州从谂禅师》。
3　《大慧普觉禅师语录》卷二十七，载《大正藏》第47册，第929页下。

有忠于君而不孝于亲者，亦未有孝于亲而不忠于君者"[1]。这些都反映了宋代禅学的新特点。

二、禅净教融合的趋势

禅教兼重和禅净双修，这并不始自宋代，但入宋以后，禅净教的融合成为中国佛教发展的基本趋势，出现了所谓"念佛禅""天台禅""华严禅"等，这是宋代禅学的又一个重要特点。

禅净融合之端倪最早在东晋慧远倡导的念佛禅就已出现。慧远在《念佛三昧诗集序》中提出，诸三昧中"功高易进，念佛为先"。他在倡导观想念佛的同时又发愿期生西方净土。然而中国佛教在以后的发展中，逐渐形成了注重持名念佛的净土宗和强调禅修心悟的禅宗。自力他力的争论使念佛与修禅这两种佛教的基本修行方式一度相分离。入宋以后，教下各宗都相对衰微，只有禅宗和净土宗仍在社会上广泛流传，禅净双修逐渐又成为佛教发展的主流。这个时期出现的念佛禅主要是指一些禅僧有意识地融摄净土法门，把念佛作为日常修习的重要内容。最早积极倡导禅净融合论的是法眼宗僧人永明延寿，他在《万善同归集》中专门阐述了这种主张，认为万行皆善，同回向往生西方净土。他的净土四料简偈更提出了"有禅有净土，犹如戴角虎，现世为人师，来生作佛祖"[2]的说法，把禅净合修视为最佳的佛教修行。同时，延寿也身体力行，每日勤于

---

1 《大慧普觉禅师语录》卷二十四，载《大正藏》第 47 册，第 912 页下，第 913 页上。
2 《卍新纂续藏经》第 61 册，第 379 页下。

念佛，他奉诏住永明寺时，"日课一百八十事，未尝暂废"，日暮便"往别峰行道念佛"。由于他的倡导，禅净双修成为时尚。云门宗僧人契嵩"夜分诵观世音名号，满十万声则就寝"；曹洞宗僧人长芦清了不但倡导并实行禅净双修，而且有《净土集》行世；云门文偃的四世法孙天衣义怀主张"净土兼修不碍禅"，晚年常教人念佛，作有《劝修净土说》。"天衣怀禅师以下，专用净土法，递相传授。"义怀的高足慧林宗本和法云法秀等也都是禅净双修的提倡者和实践者。禅净双修的风尚延至宋元明清而不衰。与此同时，一些专修净业的净土宗人，例如宋代著名的宗赜，也都兼修禅教，主张禅净融合。

禅教兼重，也并不始自宋代。早在石头希迁的禅学思想中就已吸取了华严教理，而首倡禅教一致论的可谓是唐代的宗密。他在《禅源诸诠集都序》中提出"经是佛语，禅是佛意，诸佛心口，必不相违"，并据此而将禅与教各分为三，以三教配三宗，认为"三教三宗是一味法"。由于他视华严为最高的教说，以华严思想与禅的结合为基础来统一禅教，因此，他的禅学人称"华严禅"。法眼宗的创始人清凉文益引华严六相义和理事说来阐发禅理，对华严禅有进一步的发展。永明延寿更是以"经是佛语，禅是佛意"为理论纲骨编成了《宗镜录》一百卷。他借教明宗，以禅理为准绳来统一教下各派的学说，力主禅教并重，而他倾心的教说也是华严思想，所谓"禅尊达摩，教尊贤首"，因此，他的思想也可以说是华严禅的进一步展开。延寿的禅教一致论对宋代禅学的影响极大。

在禅教趋于融合的宋代，禅与天台教义的结合也值得重视。延寿之师天台德韶就与天台宗有较密切的关系，他不仅促成了天台教籍的抄回和天台教义的再兴，而且还引天台的性具实相说来发挥禅学，乃至于被时人谓之天台宗创始人智颤的后身。德韶的法嗣雁荡愿济和瑞鹿遇安等，也都是精研天台止观学说的禅师。清凉文益的法孙、永明道潜的上首弟子千光瑰省禅师也曾"听天台文句，栖心于圆顿止观"。这些都反映了宋代禅教的关系。

三、看话禅

看话禅的流行也是宋代禅学的一个重要特点。

看话禅也就是禅宗所谓通过"看话头"而达到开悟的一种参学方式。这里的"看"是指内省式的参究，"话头"就是把禅门公案里禅师的一些典型答语作为参究的题目。例如，六祖惠能得法受衣后南下，有惠明从后面赶来请为之说法，惠能对他说："不思善，不思恶，正与么时，那个是明上座本来面目？"这也许是禅宗最早的话头。后演化为"父母未生以前，如何是本来面目"这一禅门常参的话头。宋代看话禅的大力提倡者是临济宗杨岐派的僧人大慧宗杲。宗杲（1089—1163）对当时注重坐禅守寂的"默照禅"和对公案从文字语言上进行探究剖析的"文字禅"十分不满，他"力排默照为邪"，并为了"扫荡知解""杜塞思量分别"而大倡看话禅。宗杲提倡参究的话头有"庭前柏树子""麻三斤""干屎橛""狗子无佛性""一口吸尽西江水"和"东山水上行"等。其中最常参的是"狗子无佛性"（来源于有关赵州的一则公案）。最早提出参这一话头的据说是黄檗希运。在《黄檗断际禅师宛陵录》中有希运的如下一段话语[1]："若是个丈夫汉，看个公案。僧问赵州：狗子还有佛性也无？州云：无。但去二六时中看个无字。昼参夜参，行住坐卧，着衣吃饭处，阿屎放尿处，心心相顾，猛着精彩，守个无字。日久月深，打成一片。忽然心花顿发，悟佛祖之机，便不被天下老和尚舌头瞒，便会开大口。"[2]五祖法演（？—1104）对参"无"有进一步的论述。他们都要求于行住坐卧之中以非理性的方式时时参究"无"字，以求得开悟。宗杲继承发展了前人的思想并大加提倡。他特别强调参话头要参活句，不能参死句，即排斥文字语言和知解的作用："参学者须参活句，莫参死句。活句下荐得，永劫不忘；死句下荐得，自救不了。"[3]在看话禅看来，"有解可参之言乃是死句，无解之语去参才是活句"[4]。宗杲还认为，要彻悟禅理就必须参透话头，而要参透话头又必须生"疑"，所谓"不疑不悟""小疑小悟"，只有"大疑"，才能"大悟"。他说："千疑万疑，只是一疑，话头上疑破，则千疑万疑一时破。话头不破，则且就上面与之厮崖。若弃了话头，却去别文字上起疑，经教上起疑，古人公案上起疑，日用尘劳中起疑，皆是邪魔眷属。"[5]

大慧宗杲主张通过"时时提撕话头"来达到对宇宙实相的证悟和对自己本来面目的了解，并认为，若能"一句下透得"而获得这

---

1 此段话语有的被编入《黄檗禅师传心法要》。但在《传心法要》和《宛陵录》的有些版本中并没有此段话语，中外学者中都有人疑此为后人所增添。

2 《大正藏》第48册，第387页中。

3 《大慧普觉禅师语录》卷十四，载《大正藏》第47册，第870页中。

4 吕澂：《中国佛学源流略讲》，中华书局1979年版，第260页。

5 《大慧普觉禅师语录》卷二十八，载《大正藏》第47册，第930页上。

种神秘的体验，便可以于现实世界中"如实而见，如实而行，如实而用"。看话禅经宗杲的提倡在宋代广为流传，成为宋代禅学的主流之一。

四、默照禅

在大慧宗杲倡导"看话禅"的同时，曹洞宗僧人宏智正觉则大力提倡与看话禅相对立的"默照禅"。默照禅的出现，也是宋代禅学的重要特点。

"默照禅"，即于默然静坐中进行内心观照。这种禅法既是对传统坐禅形式的复归，又融入了惠能南宗以般若空观说心性的禅学思想。默照禅的倡导者宏智正觉（1091—1157）把默然静坐视为求得开悟的唯一方式。他认为，人心本觉、本寂，因烦恼尘垢污染而不能显其清白圆明的妙灵之体，若通过"静坐默究"，"去诸妄缘幻习"，使"心地下空寂"，便能使虚心"自照"，证得般若智慧，达到解脱。因此，他常教人"真实做处，唯静坐默究"[1]，认为"没许多言语，默默地便是"[2]。他还专门作有《默照铭》，提出"默默忘言，昭昭现前"，"妙存默处，功忘照中"[3]。正觉本人也身体力行，常"昼夜不眠，与众危坐"[4]。在正觉的大力倡导下，默照禅在宋代曾盛极一

---

1 《宏智禅师广录》卷六，载《大正藏》第 48 册，第 73 页下。

2 《宏智禅师广录》卷五，载《大正藏》第 48 册，第 58 页下。

3 《宏智禅师广录》卷八，载《大正藏》第 48 册，第 100 页上。

4 《天童宏智觉禅师语录》卷四，载蓝吉富主编《禅宗全书》第 44 册，第 662 页下左。

时，成为宋代禅学的主流之一，也受到一部分士大夫的欢迎。正觉住持明州天童寺（在今浙江宁波）三十年，随之习禅者常不下数千人。由于默照禅的流行，曹洞宗也因此而得到了兴盛。

正觉提倡的默照禅在形式上有向传统禅学复归的趋势，与惠能以来对执著坐禅的破斥不相符合，因此，它受到了宗杲等人的猛烈攻击和批判。宗杲曾指出："今时有一种剃头外道，自眼不明，只管教人死㺵狙地休歇去。若如此休歇，到千佛出世也休歇不得，转使心头迷闷耳。又教人随缘管带，忘情默照，照来照去，带来带去，转加迷闷，无有了期。殊失祖师方便，错指示人，教人一向虚生浪死。"[1] 在宗杲看来，忘情默照与历代祖师的指授精神完全相悖，有失禅宗明心见性的顿悟宗旨，根本不能使人开悟解脱，反而会使人迷上加迷。因此，他"力排默照为邪"，并把默照禅的禅师斥为"邪师"，他说："邪师辈教士大夫摄心静坐，事事莫管，休去歇去，岂不是将心休心，将心歇心，将心用心？若如此修行，如何不落外道二乘禅寂、断见境界？如何显得自心明妙，受用究竟安乐、如实清净、解脱变化之妙？"[2]

除了上述的禅学与理学关系密切、禅净教的融合趋势、看话禅与默照禅的提倡和流行之外，文字禅也是宋代禅学的一大特色。由于这与士大夫的参禅有很大的关系，因此，我们把它放到本章第三节中专述。

---

1 《大慧普觉禅师语录》卷二十五，载《大正藏》第 47 册，第 918 页上。
2 《大慧普觉禅师语录》卷二十六，载《大正藏》第 47 册，第 923 页中。

第二节　禅宗诸家之演进

进入宋代以后，由于理学的形成和被定于一尊，佛教的思辨精华又为其所吸收，因而佛教本身的发展渐趋衰微，尤其在思想义理方面，少有新的发展和突破。但隋唐时形成的佛教各宗派，除三论宗、三阶教等之外，大都仍继续维持，并在社会上有所传播，特别是禅宗，仍有相当的发展，临济下化出的杨岐和黄龙两支，盛行于南方。

一、宋代禅宗概述

禅宗是宋代最为流行的佛教宗派。当教下各宗趋于衰落之时，禅宗却在宋代获得了进一步的发展，并通过统治者和士大夫而日益走向社会，影响不断扩大，最终成为中国佛教的主流。但在宋代，惠能门下分化出来的五家禅已发生了变化，北宋禅僧契嵩在《传法正宗记》卷八中曾评曰："正宗至大鉴传既广，而学者遂各务其师之说，天下于是异焉，竞自为家。故有沩仰云者，有曹洞云者，有临济云者，有云门云者，有法眼云者，若此不可悉数。而云门、临济、法眼三家之徒，于今尤盛。沩仰已熄，而曹洞者仅存，绵绵然犹大旱之引孤泉。然其盛衰者岂法有强弱也，盖后世相承得人与不得人耳。"[1] 入宋以后，沩仰宗已经不传，法眼宗虽在宋初盛极一时，永明延寿以后也就衰落了，宋中叶以后法脉即断绝，而曹洞宗在宋初则比较消沉，盛行于各地的佛教宗派主要是临济宗和云门宗。

临济宗在宋代得到了长足的发展。临济义玄的五世法孙、首山省念的法嗣汾阳善昭（947—1024）开创了以"颂古"为主要内容的"文字禅"这一禅学新形式，开辟了禅学发展的新途径。"文字禅"成为宋代禅学的主要特点之一，对此，我们将在下节详述。善昭门下有石霜楚圆（986—1039）。从楚圆开始，临济宗的发展规模日益扩大，传播的范围也由河北、河南一带扩展到了南方各地，成为禅门诸家的主脉。楚圆门下有杨岐方会（992—1049）和黄龙慧南（1002—1069），分别开创了杨岐、黄龙两派（与临济宗等五家合称"七宗"），都盛行于南方。南宋时，黄龙派趋于衰落，杨岐派遂成为临济宗的正统。关于这两派的情况，我们下面将分别予以专门论述。

云门宗入宋以后也有相当程度的发展。云门文偃的三世法孙、智门光祚的法嗣雪窦重显（980—1052）受汾阳善昭的影响而作《颂古百则》，大振宗风，使云门宗进入繁兴阶段，被誉为"中兴云门"。重显的得法弟子有八十余人，均为著名的禅师，其上足为天衣义怀（989—1060）。义怀提倡禅净一致说，其门庭也十分兴盛，著名弟子有慧林宗本（1020—1099）和法云法秀（1027—1109），分别奉诏住汴京（今河南开封）慧林寺和法云寺，使云门禅风盛行于京城。宗本的上首弟子有法云善本（1035—1109），发扬宗风，与

---

1 《大正藏》第 51 册，第 763 页下。

师齐名，时称"大本小本"，曾奉敕住法云寺。法秀的弟子中则有法云惟白，曾三度受召于宫中说法，著有《建中靖国续灯录》三十卷入藏，宋徽宗为之作序。北宋时，云门宗另有一位重要的僧人佛日契嵩（1007—1072），为文偃的四世法孙。文偃下依次传缘密圆明、文殊应真、洞山晓聪，契嵩即出自晓聪门下。他一方面著《传法正宗定祖图》《传法正宗记》和《传法正宗论》（以上三书合称《嘉祐集》）等，厘定禅宗传法世系的二十八祖说，另一方面又著《辅教编》，竭力调和儒佛的矛盾以反驳当时的反佛论，受到宋仁宗的赏识，敕许其著作编入《藏经》流通，并赐号"明教大师"，这更加强了云门宗的势力。不过，云门宗到南宋时便渐趋衰微，到了元代初，法系便无可考。

　　宋代禅宗除了临济和云门两宗比较流行外，曹洞宗也始终绵延不绝，但仅有云居道膺一系在流传，且趋于衰微，乃至有大阳警玄托浮山法远代求法嗣之说。大阳警玄（948—1027）是道膺的四世法孙，他曾上堂示众云："诸禅德须明平常无生句、妙玄无私句、体明无尽句。"[1]这就是著名的"大阳三句"。据说他年至八十时，仍未找到可以继承法席者，遂作偈一首并连同皮履、布直裰一起寄托给临济宗僧人浮山法远，请法远代求法器，代付传信。大阳卒后二十余年，投子义青（1032—1083）参法远，得法后，法远付以大阳衣钵，嘱其嗣大阳，相续曹洞宗风。这样，几乎要断了的曹洞法脉才得以延续下来。义青又传芙蓉道楷（1043—1118）。曹洞宗至道楷以后而渐趋兴盛。道楷门下有丹霞子淳和净因自觉等大弟子二十

1　《五灯会元》卷十四《大阳警玄禅师》。

余人。净因自觉曾奉诏开法于净因禅院，后迁鹿门，故亦称鹿门自觉，其法系数传之后在金元时较为兴盛。丹霞子淳（1064—1119）为道楷的上首弟子，门下有长芦清了和宏智正觉两位高足。宏智正觉倡导的默照禅与宗杲提倡的看话禅并行于世，其所著的《颂古百则》"号为绝唱"，由金元时的万松行秀（出自净因自觉一系）加以解释和评唱，著成禅学名著《从容录》，曹洞宗风盛行一时。但正觉的弟子虽多，著名者却很少，法脉也数传后即无可考。长芦清了（1091—1152）门下却法脉绵延，时盛时衰。宋以后，五家禅中沩仰、云门和法眼都先后失传，只有曹洞与临济二家并存。当然，曹洞的法脉远不及临济之盛，因而禅宗史上有"临天下，曹一角"之说。

二、方会和杨岐派

杨岐派为临济宗的一个支派，因开创者方会住袁州（今江西宜春）杨岐山举扬一家宗风而得名。

方会（992—1049），俗姓冷，袁州人。二十岁时到筠州（今江西高安）九峰山，落发为僧。每阅经，心融神会。往参石霜楚圆，得法后返归九峰山。后应道俗迎请，居袁州杨岐山，举唱宗乘，故称"杨岐方会"，其法系称"杨岐派"或"杨岐宗"。晚年又移住潭州（今湖南长沙）云盖山。弟子有白云守端、保宁仁勇等十二人。

方会的思想资料主要有《杨岐方会和尚语录》一卷。方会的禅学思想和接机方式既继承了临济的风格，又融会了云门的特色。他曾示众云："杨岐一要，千圣同妙；布施大众，果然失照。杨岐一言，随方就圆；若也拟议，十万八千。杨岐一语，呵佛叱祖；明眼人前，不得错举。杨岐一句，急着眼觑；长连床上，拈匙把箸。"
这是要人破除执著、无心自然、自省自悟的意思。他曾发挥临济
宗"立处即真"的思想，认为"立处即真，者里须会，当处发生，
随处解脱"，因为"一即一切，一切即一"，"一切法皆是佛法"。他
还上堂云："雾锁长空，风生大野。百树草木，作大狮子吼。演说
摩诃大般若，三世诸佛在尔诸人脚跟下转大法轮。若也会得，功
不浪施。若也不会，莫道杨岐山势险，前头更有最高峰。"这些思
想，显然与"云门三句"中的"函盖乾坤"句义旨有相通之处。在
接机方式上，方会善于用灵活的机锋棒喝或法语来启发开示学人。
他曾明确地说："杨岐无旨的，栽田博饭吃。"教人随缘而不要起心
追求。有僧问他："师唱谁家曲，宗风嗣阿谁？"他答道："有马骑
马，无马步行。"[1]因此，禅史上称方会"提纲振领，大类云门"；"其
验勘锋机，又类南院（慧颙）"[2]。

　　方会的弟子中以白云守端（1025—1072）为最著名，门庭极
盛，法嗣有五祖法演等十二人。法演（1024—1104）为绵州（今四
川绵阳）人，得法于守端后，因常住蕲州五祖山说法，故称"五祖
法演"，有"中兴临济"的美誉。法演门下二十二人，其中"三佛"
最为著名，即佛果克勤、佛鉴慧懃、佛眼清远。杨岐派至法演门下
而趋兴盛。"三佛"中又以佛果克勤影响最大。

　　克勤（1063—1135），彭州人。出家后，先学教典，后参禅，

1　以上引文见《杨岐方会和尚语录》，载《大正藏》第47册，第640页。并载于《古
　　尊宿语录》卷十九，《卍新纂续藏经》第68册，第123页。
2　《续传灯录》卷七，载《大正藏》第51册，第507页上。

得法于法演。崇宁（1102—1106）中还里省亲，应请开法于六祖寺，寺更名为昭觉寺。政和（1111—1118）间出游，在荆南与丞相张商英谈《华严》旨要，深得赞赏，以师礼留居碧岩。复徙道林。又奉诏住金陵蒋山，并补天宁万寿寺席，受到召见。南宋建炎（1127—1130）初，又迁金山，高宗赐号"圆悟禅师"，故又称"圆悟克勤"。克勤晚年返蜀，仍住持昭觉寺。他对云门宗僧人雪窦重显的《颂古百则》加以发挥、评唱，由其门人编成《碧岩录》十卷。此为禅学名著，也是临济宗的主要经典。《碧岩录》的出现标志着禅宗的发展进入了"注释"公案语录的新阶段，"文字禅"由此而发展到了顶峰。

克勤的法嗣有七十五人，其中以大慧宗杲和虎丘绍隆最为著名，分别形成了颇有影响的两大派系。大慧宗杲（1089—1163）在大倡看话禅的同时，还编成六卷本《正法眼藏》以救"沦溺狂邪"的"痴禅"之时弊。他的弟子有佛照德光（1122—1203）等九十四人，德光门下有以北涧居简和妙峰之善为代表的二支，均活跃于南宋，但数传后即息。虎丘绍隆（1077—1136）传天童昙华（1103—1163），昙华又传天童咸杰（1118—1186），咸杰以后，此系逐渐兴盛起来。宋以后，杨岐派的传承皆出自虎丘绍隆一系。黄龙派法脉断绝后，杨岐派恢复了临济宗的名称，代表着禅宗，一直传至当代。

三、慧南和黄龙派

黄龙派为宋代临济宗分出的又一个支派，因开创者慧南住隆兴府（今江西南昌）黄龙山举扬一家宗风而得名。

慧南（1002—1069），俗姓章，信州玉山（今属江西）人。十七岁出家，十九岁受具足戒，遍历丛林，皆推上首。曾依泐潭怀澄学云门禅，后投石霜楚圆门下，得到印可后，先住同安（今福建厦门同安区）崇胜禅院，不久又移住庐山归宗寺。后又于筠州（今江西高安）黄檗山开法。景祐三年（1036）始，在隆兴黄龙山举扬宗风，学徒云集，门庭极盛，世称"黄龙慧南"，形成了与杨岐派并存的黄龙派。弟子有黄龙祖心、东林常总和宝峰克文等八十三人。

黄龙慧南发挥了临济宗的思想，他曾上堂示众云："道远乎哉？触事而真。圣远乎哉？体之即神。"乃拈拄杖曰："道之与圣，总在归宗拄杖头上。汝等诸人，何不识取？若也识得，十方刹土，不行而至；百千三昧，无作而成。"[1] 这是强调了道不可修，佛无待求，无心任自然即一切圆满。他又说："道不假修，但莫污染。禅不假学，贵在息心。心息故心心无虑，不修故步步道场。无虑则无三界可出，不修则无菩提可求。"[2] 这些思想都是从马祖到临济的一贯思想。

慧南的禅学思想特点及其接引学人的方便机巧突出地表现在所谓"黄龙三关"上。据《五灯会元》卷十七《黄龙慧南禅师》载，慧南"室中常问僧曰：'人人尽有生缘，上座生缘在何处？'正当问答交锋，却复伸手曰：'我手何似佛手？'又问诸方参请宗师所得，却复垂脚曰：'我脚何似驴脚？'三十余年，示此三问，学者

---

1 《黄龙慧南禅师语录》，载《大正藏》第 47 册，第 637 页上。

2 《黄龙慧南禅师语录》，载《大正藏》第 47 册，第 632 页下。

莫有契其旨"。丛林目之为"黄龙三关"。此三关，从字面上看，主要是从轮回解脱的角度强调凡圣无别、生佛不二。"生缘"句大意是说人皆因前世因缘转生而来，人摆脱不了业报轮回；"佛手"句是说人即是佛；"驴脚"句则说人与其他众生也无二。但从根本上说，慧南设此三关的目的是强调禅境不可言说只可自悟，要参学者识心见性，自成佛道，而不应该寻文追义，死于句下。他曾自颂三关语曰："生缘有语人皆识，水母何曾离得虾？但见日头东畔上，谁能更吃赵州茶。我手佛手兼举，禅人直下荐取。不动干戈道出，当处超佛越祖。我脚驴脚并行，步步踏著无生。会得云收日卷，方知此道纵横。"

以三句语的方式接引学人，最早是由百丈怀海倡导的，后为禅宗人所接受，特别是云门宗，有"云门三句""巴陵三句"等。慧南提出"黄龙三关"后，用三句语接引学人更成为禅门经常使用的方式，不过，到后来往往流于一种形式了。

继承慧南法席的是黄龙祖心（1025—1100），南雄始兴（今属广东）人，深得慧南的器重，不但许其入室，而且让他分座训徒。慧南去世后，祖心继任黄龙住持，法嗣有黄龙悟新、黄龙惟清等。东林常总（1025—1091）也是慧南的高足，南剑州（今属福建南平市）人，往参慧南，尽得玄奥。在江州（今江西九江）东林寺开法，天下学者从风而靡，丛林之盛为当时少有。其徒众常有七百余人，得法弟子有渤潭应乾和开先行瑛等六十一人之多。在慧南的弟子中，以宝峰克文（1025—1102）的门下最为著名。克文为陕府阌乡（今属河南）人，出家后先学经论，后参慧南，受印可，住洞山十二年。门下人才济济，有法嗣三十八人，以兜率从悦（1044—

1091）、泐潭文准（1061—1115）和清凉慧洪（1071—1128）最为著名。其中，慧洪（觉范）著有《禅林僧宝传》《林间录》等，在禅宗史上影响很大。

黄龙派形成后，在北宋时曾盛极一时，慧南曾自言"黄龙出世，时当末运，击将颓之法鼓，整已坠之玄纲"[1]。经其门下祖心、常总和克文三系的推波助澜，黄龙派成为当时最活跃、最有影响的禅宗派系。但黄龙派的法脉，除祖心系传至南宋，并由日僧荣西传至日本之外，其他都仅传一二世而已。两宋之际，黄龙派即趋衰落，而杨岐派却逐渐兴盛起来。最后，黄龙派完全为杨岐派所取代。

第三节　士大夫参禅与"文字禅"

入宋以后的禅宗具有与唐五代时不同的特点和风格。大量"灯史""语录"以及"击节""评唱"的出现是其主要的特点之一。"不立文字"的中国禅宗日益走上了"文字禅"的道路，这从一个方面反映了宋以后禅宗与士大夫的关系，因为许多灯录都是由好禅的士大夫参与或直接主持编撰的。

---

1 《黄龙慧南禅师语录》，载《大正藏》第47册，第634页中。

一、士大夫参禅

文人士大夫参禅，并不始自宋代，早在唐代即已成风尚。据记载，唐代的韩愈、李翱、张说、李华、王维、白居易、柳宗元、刘禹锡、裴休等都与禅宗有密切的关系，他们或者援禅入儒，从思想上加以发挥；或者为禅师作碑铭、集语录，在文辞上大显身手；有的干脆就拜倒在禅师门下，当了在家的弟子。因此，宋代学者周必大曾说："自唐以来，禅学日盛，才智之士，往往出乎其间。"[1]这种说法并不算过分。而唐代还有一些禅师，他们本来就是儒生学士。例如，有名的丹霞天然禅师自幼习儒，将入长安应举，路途偶遇一禅客，问他往何处去，答曰："选官去。"禅客曰："选官何如选佛？"[2]在禅客的指点下，天然放弃了应试，到江西马祖门下参禅，终于成为一代知名禅师。

到了宋代，士大夫参禅之风更为盛行，与禅僧的交往也愈加密切。翰林学士杨亿和驸马都尉李遵勖都与临济宗僧人广慧元琏、谷隐蕴聪及石霜楚圆等交往甚厚；著名文人苏轼既得法于东林常总，又参云居了元，相互妙句问答，诗文相酬；黄庭坚也与黄龙派的祖心、悟新和惟净等结为方外契友，并曾"著《发愿文》，痛戒酒色"[3]以表对禅道的归心；欧阳修曾是宋代主要的排佛论者，但见了契嵩的《辅教编》后却改变了态度，游庐山时对祖印居讷"肃然心服"，

1　周必大：《寒岩升禅师塔铭》，载《文忠集》卷四十。
2　《景德传灯录》卷十四，载《大正藏》第51册，第310页中。
3　《续传灯录》卷二十二，载《大正藏》第51册，第615页中。

与之谈禅论儒，颇为投契；王安石则不但参学于宝峰克文和佛印了元，而且还舍建康旧宅为报宁寺，请克文前往住持。宋代的理学家虽然大都标榜排佛，但在思想上却几乎无一例外地深受佛教特别是禅学的影响，并与禅僧保持一定的来往。理学的开山祖师周敦颐在为官以前就随润州鹤林寺寿涯学佛。当官以后，他又跟黄龙山慧南与祖心等禅师参禅，在庐山与东林常总也往来甚厚，自称"穷禅之客"。程颢十五六岁时就开始研究佛教，与程颐一起投师于周敦颐门下学道，不得要领。后出入佛老几十年，再学六经，才渐有所获。程颐也曾历访禅师，探究佛法。他与黄龙山灵源惟清禅师书信往来，甚为相投，并对禅家的"不动心"赞叹不已。朱熹自述十五六岁时亦曾留心于禅，"理会得个昭昭灵灵的禅"。

宋代士大夫的好禅参禅，原因是多方面的，其中包括社会的压抑、儒学的缺憾以及个人仕途的失意等，同时，与宋代禅学文字化的倾向和禅师中出现一些既通禅理又会诗文的人物也是分不开的。据《佛祖统记》卷四十五载，王安石曾对张方平说："孔子去世百年生孟子，后绝无人，或有之而非醇儒。"张方平曰："岂为无人，亦有过孟子者。"王安石问："何人？"张方平答曰："马祖、汾阳、雪峰、岩头、丹霞、云门。"王安石意未解。张方平解释说："儒门淡薄，收拾不住，皆归释氏。"王安石"欣然叹服"，"后以语张商英，抚几赏之曰，至哉此论也"。[1] 从这里，既可以看到宋代文人对禅师的高度评价，把禅师与孔孟相提并论，也可以看到他们对"儒门淡薄，收拾不住"以至于"皆归释氏"的感叹。

---

1 《大正藏》第 49 册，第 415 页中。

宋代禅门中确实出了一些既通禅理又颇具文采的禅师，促使"文字禅"大为盛行。例如，慧洪有诗文集三十卷，因住江西筠溪石门寺，故题书名为《石门文字禅》。宋代文字化的禅书很多，除了唐代已有的《语录》进一步大量出现之外，更有《灯录》乃至《击节》《评唱》的大量出现。这不仅吸引了文人士大夫来"参学"，而且还使一些士大夫直接参与了禅书的编撰，从而又反过来进一步促进了文字禅的兴盛。

二、禅学的文字化与"文字禅"

　　禅宗本以"不立文字""以心传心""见性成佛"相标榜，但随着禅宗的发展，禅门中还是出现了一些文字化的东西。入宋以后，禅宗更走向了"不立文字"的反面，大量语录、灯录和对"公案"的拈颂评唱，标志着禅学的文字化和"文字禅"的盛行。

　　禅师的《语录》，唐代已有。宋代更是编集语录成风，而士大夫热衷于为之撰序作介绍，更助长了此风的盛行。《丛林盛事》卷下云："本朝士大夫为当代尊宿撰语录序，语句斩绝者，无出山谷、无为、无尽三大老。"这里提到的山谷、无为和无尽，分别指黄庭坚、杨杰和张商英。当时著名的禅师大都有《语录》存世，还有各家《语录》的汇编本，例如，宋赜藏主集的《古尊宿语录》就载录了南岳怀让以下马祖、百丈、黄檗、临济等四十余家语录，多为《景德传灯录》未曾载者，对研究唐宋禅风特别是临济宗思想，很有参考价值。

　　《灯录》是宋代开始有的一种兼语录和史传特点而有之的新体

裁。它是以记言为主要形式，按各派系的传承法脉编成的禅宗史书。佛教认为，佛法能照破世界冥暗，像灯一样，故传法又称"传灯"。"传灯录"即取此喻而来。宋代最早的一部大型《灯录》编于景德（1004—1007）年间，故称《景德传灯录》。此部《灯录》由法眼宗僧人道原编纂，而由翰林学士杨亿等人奉宋真宗之旨"刊削""裁定"而成。此后，宋代又编成四部《灯录》，均以记载历代祖师的机语为主，而不像"僧传"那样以记行为主。它们是：李遵勖编的《天圣广灯录》三十卷，惟白集的《建中靖国续灯录》三十卷，悟明集的《联灯会要》三十卷，正受编的《嘉泰普灯录》三十卷。鉴于上述"五灯"多有重复，宋代普济又删繁就简，合五为一，编成了《五灯会元》二十卷。

除了《语录》《灯录》之外，宋代还出现了大量对"公案"的文字解释。所谓公案，原指官府判决是非的案例，禅宗借用它专指前辈祖师的言行范例，用来判断是非迷悟。参"公案"以求开悟，是禅门的一种修学方法。在唐代时，"公案"一词已出现于禅门中。黄檗希运就说过："若是个丈夫汉，看个公案！"但公案的大量运用，是在宋代。《碧岩录》的序中说："尝谓祖教之书谓之公案者，倡于唐而盛于宋，其来尚矣。"[1]宋代禅门运用公案的一个重要特点是从语言文字上对公案进行解释乃至作烦琐的文字考证，由此导致了"文字禅"的泛滥。

一般认为，宋代文字禅的倡导者是云门宗的汾阳善昭。他收集先贤祖师的问答机语一百则，每则末后分别以偈颂一一加以解释，

---

1 《大正藏》第 48 册，第 139 页中。

作成《颂古百则》，开创了用华丽的韵文来表达禅意的新形式。对于颂古的选材与目的，善昭自己有个说明："先贤一百则，天下录来传。难知与易会，汾阳颂皎然。空华结空果，非后亦非先。普告诸开士，同明第一玄。"[1] 颂古这一形式很快风靡宋代禅门，使宋代禅风为之大变。同时，善昭还作《公案代别百则》和《诘问百则》，试图完善公案的形式，更好地表达公案的玄旨。"代别"即代语和别语。代语有两种，一代当下禅众，即禅师提问，禅众答不上来或答语不契，禅师代众自答；二代古人，即举古人公案，在有问无答处代答。别语指古人公案中有答语而另外再说一答句。善昭自云："室中请益，古人公案未尽善者，请以代之；语不格者，请以别之。故目之为代别。"[2]

由于颂古这一"绕路说禅"的形式既体现了禅宗"不说破"的原则，又进一步沟通了禅师与士大夫之间的联系，因此，善昭始创颂古后，禅师们纷纷仿而效之。由南宋僧人法应编、元代僧人普会增补的《禅宗颂古联珠通集》共采摭机缘（公案）八百一十八则，颂古五千一百五十首，作颂的宗师五百四十八人，从一个侧面反映了宋代颂古的风行。宋代最著名的颂古作者，除善昭之外，还有宏智正觉、雪窦重显、投子义青和丹霞子淳等，其中以云门宗僧人雪窦重显为最突出。重显以云门宗思想为基础作《颂古百则》，追求词藻的优美华丽，把颂古这一形式推向成熟的顶峰，对当时禅风的影响很大。《禅林宝训》卷四载心闻昙贲语曰："天禧间，雪窦以辩

---

1 《汾阳无德禅师语录》卷中，载《大正藏》第 47 册，第 613 页下。
2 《汾阳无德禅师语录》卷中，载《大正藏》第 47 册，第 615 页下。

博之才，美意变弄，求新琢巧，继汾阳为《颂古》，笼络当世学者，宗风由此一变矣。"[1]

与颂古相连的还有拈古。"拈古"即拈起古则（公案），以散文体的形式来加以批评。圆悟克勤的《碧岩录》卷一中说："大凡颂古，只是绕路说禅；拈古大纲，据款结案而已。"[2]颂古必先拈古，拈古之后方有颂古。一般认为，拈古自云门为始，他曾拈出"世尊初生下，一手指天，一手指地，周行七步，目顾四方，云：天上天下，唯我独尊"，然后说："我当时若见，一棒打杀与狗子吃，却贵图天下太平。"[3]表达了他不迷信偶像，强调自性自悟的见解。拈古的原则与颂古一样，通过含蓄的语言让人去体悟言外之旨。

随着拈颂的发展，又出现了对颂古进行再注解的评唱，其中最有代表性的是圆悟克勤评唱重显《颂古百则》而成的《碧岩录》。关于评唱，明清之际的槃谭在《荩绝老人颂古直注序》里说："禅宗颂古，有四家焉，天童（正觉）、雪窦（重显）、投子（义青）、丹霞（子淳）是已。……释颂者……不啻数十家。……若佛果（克勤）……诸尊宿，采经传之蕴，汇诸家之长，纂修成集。……因取颂古，直揭大意，净划群疑，标题结案，不费辞饬，乃为斯注，校诸评唱，实谓过之。虽然，此犹以注称也。"[4]关于克勤的评唱，《碧岩录》末附的疏中说："雪窦颂古百则，圆悟重下注脚。"[5]

---

1 《大正藏》第48册，第1036页中。

2 《大正藏》第48册，第141页上。

3 《五灯会元》卷十五《云门文偃禅师》。

4 《卍新纂续藏经》第67册，第255页上。

5 《大正藏》第48册，第224页中。

《碧岩录》又称《碧岩集》，全称为《佛果圆悟禅师碧岩录》。宋政和（1111—1118）初，克勤应张商英之请，于澧州（今湖南澧县东）夹山灵泉院宣讲唱说重显的《颂古百则》，其门人记录整理，并以灵泉院方丈室匾额"碧岩"二字为题而成书十卷。此书在录出"百则"的每一则之前，先加提示纲要的"垂示"，在列出"本则"之后，又著语评论，介绍公案提出者的略历，并对其中的警句加以评唱，自作颂语，最后又评唱之。经过这样反复注解、评唱，公案的要点与主旨就被揭示出来了，而不可言说的禅理、禅意也就越来越多地凭借文字来加以表达了。《碧岩录》的出现，受到了当时禅僧和士大夫的欢迎，有"禅门第一书"之称，禅门中"新进后生，珍重其语，朝诵暮习，谓之至学"[1]。与此同时，禅门中也有些人因担心"学人泥于言句"而对《碧岩录》加以反对，其代表人物就是克勤的大弟子大慧宗杲。宗杲"因虑其后不明根本，专尚语言，以图口捷，由是火之，以救斯弊"[2]。宗杲于南宋时焚毁《碧岩录》的刻版，在一定程度上限制了《碧岩录》的流传，但禅学文字化的趋势并没有完全停止。

　　元初，《碧岩录》又开始刻版流行。同时，元代又有林泉从伦评唱投子义青的颂古而成的《空谷集》，万松行秀评唱天童正觉的颂古而成的《从容录》等，它们与《碧岩录》一样，都是文字禅的典型。这些禅宗著作的流行，反映了入宋以后"不立文字"的禅宗逐渐走上文字化道路的倾向。

1　《禅林宝训》卷四，载《大正藏》第 48 册，第 1036 页中。
2　《碧岩录》后序，载《大正藏》第 48 册，第 224 页下。

第十章

中国禅学
思想的衰微

宋代以后，中国禅学思想的发展趋于衰微。虽然禅宗在整个元明清时期始终传承不断，且是佛教各宗派中最盛行的一个宗派，但思想上却没有什么大的新发展，主要是加强了与其他佛教宗派以及传统思想文化的融合，进一步发展了入宋以后形成的一些新特点而已。

第一节　元明清帝王与禅

由于历史的变迁和统治者关于宗教政策的不同，元明清时期的佛教在不同的地区和不同的时代表现出了不同的特点，这个时期禅宗的发展也与元明清各代帝王有着割不断的联系。

一、元代帝王与禅

元代帝王都是相当崇奉佛教的，但他们崇奉的主要是藏传佛教。元世祖忽必烈即位前即召请西藏地区的名僧八思巴东来，并从受佛戒。即位后，又尊八思巴为国师，不久进封"帝师""大宝法王"等称号，令其掌管全国佛教兼统领西藏地区的政教。元代规定每个帝王都必须先就帝师受戒，然后才能登基。帝师制度是元代佛教的一大特点。

元代帝王在崇奉藏传佛教的同时，对汉地佛教也是给予支持的。至元二年（1265），元世祖诏谕总统所："僧人通五大部经者为中选；以有德业者为州郡僧录、判正、副都纲等职。仍于各路设三学讲、三学会。"[1]表明朝廷既注重对佛教的管理，又提倡"三学"兼重。"三学"即戒、定、慧，为佛教全部内容的概括，这里主要指元代佛教的分类。《元史·释老传》中说："若夫天下寺院之领于内外宣政院，曰禅，曰教，曰律，则固各守其业。"禅教律之中，禅宗因得到名相耶律楚材和大臣刘秉忠等人的支持而最为流行。

耶律楚材（1190—1244），字晋卿，法名从源，号湛然居士。为辽皇族突欲八世孙。早年仕金，后为燕京左右司员外郎。成吉思汗（太祖）攻取燕京后，耶律楚材被召用。他不但"扈从西征"，辅助成吉思汗打天下，而且在窝阔台汗（太宗）即位后，积极献计献策，建立各种制度，奠定了元代立国的规模。曾官至中书令，但太宗死后，很不得志，不久病逝。耶律楚材早在燕京时就与名僧圣安澄公交往甚密。他自述："昔予在京师时，禅伯甚多，唯圣安澄公和尚，神气严明，言词磊落，予独重之，故尝访以祖道，屡以古昔尊宿语缘中所得者叩之。"后由圣安推荐而结识并师事万松行秀。"予既谒万松，杜绝人迹，屏斥家务。虽祁寒大暑，无日不参，焚膏继晷，废寝忘食者几三年。"他对万松行秀十分尊崇，认为"其参学之际，机锋罔测，变化无穷，巍巍然若万仞峰，莫可攀仰；滔滔然若万顷波，莫能涯际；瞻之在前，忽焉在后，回视平昔所学，

---

1 《元史·世祖纪三》。

皆块砾耳。"有鉴于天童正觉的"颂古百篇，号为绝唱"，于是坚请万松评唱是颂，以开发后学。万松的《万松老人评唱天童觉和尚颂古从容庵录》写成之后，耶律楚材称之为"片言只字，咸有指归，结款出眼，高冠今古，是为万世之模楷"[1]，并为之作序，大力推荐，使之刊行于世。耶律楚材身居高位，但常研禅理，并把禅理与儒道结合起来，运用于实际的政治生活，推动了禅宗在社会上的流传。

刘秉忠（1216—1274）是元代继耶律楚材之后又一位好禅的大臣。早年出家，为海云印简的再传弟子，据说才识卓越。后被元世祖忽必烈看中，留在身边作为顾问达三十年之久。刘秉忠"参帷幄之密谋，定社稷之大计"，积极参与朝廷大事，协助元世祖移都于燕京，创立颁定各项制度，为元朝立下汗马功劳。官至光禄大夫，位太保。元世祖还赐以官邸，以侍讲学士窦默之女妻之。据说刘秉忠斋居蔬食，终日淡然，过着类似出家人的生活。以其显赫的地位好禅参禅，对禅宗的发展所起的推动作用是不言而喻的。

二、明王朝与禅

明王朝建立以后，统治者主要推崇的是正统儒家思想。明太祖朱元璋曾明确地对他的臣下说："天下甫定，朕愿与诸儒讲明治道。"[2]表明他要用儒家思想来治理国家。但与此同时，明王朝对佛教

1　以上引文见《万松老人评唱天童觉和尚颂古从容庵录序》，载《大正藏》第48册，第226页中—下。

2　《明史·太祖纪》。

也是加以利用的。鉴于元代过分崇奉藏传佛教而造成的种种流弊，明王朝主要支持汉地传统佛教，使禅宗和其他宗派都有所恢复和发展。

曾经当过和尚的明太祖，在洪武元年（1368）即于南京城郊蒋山禅寺作大法会，以超度战争中死亡的将卒庶民。洪武二十四年（1391），明太祖为整顿佛教而颁布了《申明佛教榜册》，并下圣旨曰："令一出，禅者禅，讲者讲，瑜伽者瑜伽。各承宗派，集众为寺。"元代寺院分禅、教、律三种，明代则改为禅、讲、教三类。禅，即不立文字的禅宗；讲，即其他各个宗派；教，则包括依瑜伽教修行以及应世俗之请而赴法会等。《申明佛教榜册》第一条中规定："其禅者，务遵本宗公案，观心目形以证善果。讲者，务遵释迦四十九秋妙音之演，以导愚昧。若瑜伽者，亦于见佛刹处，率众熟演显密之教、应供，是方足孝子顺孙报祖父母劬劳之恩。"[1]除明太祖之外，明代的其他皇帝也大都对佛教特别是对禅宗加以支持和利用。仅宪宗成化（1465—1487）间，受封的"法王至禅师"就有四百三十七人，汉僧"为禅师及善世、觉义诸僧官千一百二十人"[2]。帝王的支持利用，使禅宗在衰微的总趋势中继续得以存在和发展。

谈到明王朝与禅宗的关系，有必要提一下禅僧道衍（即姚广孝，1335—1418）。他曾大力促成了燕王朱棣（即明成祖）起兵夺取帝位。据《明史·姚广孝传》、《增集续传灯录》卷五等载，姚

1　以上引文见《释鉴稽古略续集》卷二，载《大正藏》第 49 册，第 936 页上—中。

2　《廿二史札记》卷三十四《明史·成化嘉靖中方技授官之滥》，中国书店 1987 年版，第 491 页。《明史》卷三百七《佞幸传·继晓传》作汉僧"为禅师及善世、觉义诸僧官一百二十人"。

广孝为长洲（今江苏苏州）人，本医家子。十四岁出家为僧，名
道衍，字斯道。元末兵乱之际，年近三十，投大慧下径山智及
（1311—1378）处学禅，为掌内记三年。初住持临安普庆寺，后迁
住杭州天龙寺等。工诗文，通阴阳术数之学。据说游嵩山寺时，相
者袁珙曾预言他为"刘秉忠流也"。洪武年间，明太祖选高僧侍诸
王，道衍入选，与燕王朱棣语甚合，遂侍奉左右。后随燕王至北平
（今北京），住持庆寿寺，出入府中，成为燕王的心腹谋士。惠帝即
位后，采取削藩的措施。道衍密劝燕王起兵，并积极帮助练兵造军
器。燕王初战不利，道衍又为之打气。凡"战守机事"，燕王"皆
决于道衍"。后举兵成功，成祖即位，迁都北平（改称顺天府），因
"用兵有天下，道衍力为多，论功以为第一"，故授道衍僧录司左善
世。永乐二年（1404），拜为资善大夫、太子少师，复其俗姓，赐
名广孝。据说姚广孝并未因此而蓄发娶妻，仍然常居僧寺。"帝与
语，呼少师而不名。命蓄发，不肯，赐第及两宫人，皆不受。"他
上朝时着冠带，退朝后仍穿僧衣。曾参加《太祖实录》和《永乐大
典》的纂修工作。死后追赠推诚辅国协谋宣力文臣、特进荣禄大
夫、上柱国、荣国公，明成祖亲制神道碑志其功。姚广孝后来的情
况还真有点像元代的刘秉忠。不同之处也许只是，刘秉忠辅助忽必
烈开国，姚广孝帮助朱棣夺位；刘秉忠生前地位显赫，姚广孝死后
获得殊荣。

三、清代帝王与禅

如果说元明二代的帝王只是把禅宗作为佛教的一个宗派来看

待，通过支持利用佛教而促进了禅宗的发展，那么，清代的帝王则直接参与并积极干预着禅宗的发展。

清代帝室最初接触到的佛教是藏传佛教，并对之加以崇奉和利用。雍和宫即是清政府在京城里建立的喇嘛总寺院。顺治（1644—1661）年间，达赖喇嘛五世应请入京，受到清政府的册封。清政府对藏传佛教的利用，主要是出于政治上的考虑，表明其对西藏地区政教事务的重视。与此同时，清政府对汉地佛教也给予了一定的支持和利用。当然，从总体上看，清代佛教的发展是相当衰颓的。

清世祖顺治好禅。约顺治十四年（1657），他遇见了著名禅师憨璞性聪（1610—1666），不久就召入禁庭，问佛法大意，并赐号"明觉禅师"。顺治十五年（1658）和十七年（1660），他又两次召见玉琳通琇禅师（1614—1675）入京，于内廷问道，赐"大觉普济禅师"封号，并赐紫衣、金印。还尊通琇为玉琳国师，加封"大觉普济能仁国师"，并选僧一千五百人从他受戒，以表示对禅宗的支持。顺治十六年（1659），又召木陈道忞禅师（1596—1674）至京，赐号"弘觉禅师"，并数次亲临万善殿，致问甚多。昭槤的《啸亭杂录》卷一曾记载说，世祖"博览书史，无不贯通，其于禅语，尤为阐悟。尝召玉琳、木陈二和尚入京，命驻万善殿，机务之暇，时相过访，与二师谈论禅机，皆彻通大乘"。世祖的好禅，促进了禅宗的流传。通琇和道忞的弟子，后来也都相继入京传禅。历史上还有所谓清世祖"逃禅"之说，传说世祖在其宠妃董氏死后便入五台山出家当了和尚，清圣祖康熙曾五次行幸五台山，据说就是为了寻父相见。虽然经学者考证，认为世祖终因他人劝阻而出家未成，但他想脱黄袍出家为僧，毕竟是事实。这从一个侧面反映了世祖思想的好禅近禅。

清帝中与禅宗关系最为密切的是世宗雍正。他既从喇嘛章嘉国师参学，又常与禅僧往来，自号"圆明居士"，编撰了《御选语录》十九卷和《御制拣魔辨异录》八卷等，以禅门宗匠自居，"护持佛法"。雍正在《御选语录》总序中对自己之所以要编御选语录作了说明："如来正法眼藏，教外别传，实有透三关之理，是真语者，是实语者，不妄语者，不诳语者。有志于道之人，则须勤参力究。……朕既深明此事，不惜话堕，逐一指明。"这就是说，为了使禅宗得到发展，有待于他这位皇帝来为有志于道者"逐一指明"。他还承认，自己作为世俗的统治者，"膺元后父母之任，并非开堂秉拂之人。欲期民物之安，唯循周孔之辙"。所以他说自己"御极以来，十年未谈禅宗"。但他同时又说，一想到"人天慧命，佛祖别传，拼双眉拖地，以悟众生，留无上金丹，以起枯朽，岂得任彼邪魔瞎其正眼，鼓诸涂毒灭尽妙心"，便感到"朕实有不得不言，不忍不言者"。因而于万机之暇从古德语录中选择"提持向上、直指真宗者"辑录成册。[1] 其实，收录的并不完全是禅语，还包括了道士紫阳真人的语录。从《御选语录》收录的范围和雍正为这些语录撰写的序文中可以看到，雍正是主张儒佛道三教一致、佛教各宗一致、禅门各家一致的。他还积极提倡念佛。他在收录紫阳真人《悟真篇》时称："篇中言句，真证了彻，直指妙圆，即禅门古德中如此自利利他、不可思议者，尤为稀有。"[2] 他在采取云栖袾宏的一些语

1　以上引文见《御选语录》卷一，《卍新纂续藏经》第 68 册，第 523 页下—524 页中。
2　《御选语录》卷八，载《卍新纂续藏经》第 68 册，第 528 页中。

录"别为一卷，以附于后"时说："净土法门，虽与禅宗似无交涉，但念佛何碍参禅？果其深达性海之禅人，净业正可以兼修。"[1]这种思想和主张对近代佛教的发展产生了很大的影响。

在《御选语录》中，还收录了雍正未登基前的一些语录和他印可的亲王大臣们的部分语录，这些语录的内容并无多少新意，但收录这些语录的用意却值得重视。雍正在《御选语录》自序中称自己当年并未遍阅群言，所说之语却能与古德禅师语"不约而暗符，无心而自合"，表明自己已证知了"本妙明心，大圆觉海"，因而可以"亲履道场，宜宣大觉法王之正令"[2]。雍正不仅"印可"了自己，而且"印可"了一批亲王大臣。他在《当今法会》序中自述，听政余闲，"尝与在内廷之王大臣等"言及辑录的古德语录，"未及半载，而王大臣之能彻底洞明者，遂得八人！"他说，古今禅侣，真正能了悟自心者"凤毛麟角"，而今王大臣，"于半载之间，略经朕之提示，遂得如许人一时大彻，岂非法会盛事！"[3]这样，他在印可王大臣的同时，实际上大大抬高了自己，把自己美化得简直超过了禅门历代祖师。

正是由于雍正不仅是世俗社会的皇帝，而且还是禅门中的超级"宗师"，因此他要直接干预禅门的争论。雍正的《御制拣魔辨异录》便是对当时天童圆悟与汉月法藏之争作出的裁决。圆悟与法藏名义上是师徒关系，但两人长期不和，特别是围绕着禅宗五家宗旨

---

1 《御选语录》卷一，载《卍新纂续藏经》第 68 册，第 524 页中。

2 《御选语录》卷十二，载《卍新纂续藏经》第 68 册，第 553 页上—中。

3 《御选语录》卷十九，载《卍新纂续藏经》第 68 册，第 722 页上。

展开了一场公开的争论。雍正站在圆悟这一边，指斥法藏及其弟子弘忍之说为"魔说"，认为圆悟之语"单提向上，直指人心，乃契西来的意，得曹溪正脉者"，而法藏及其弟子之语则是"全迷本性，无知妄说，……诳世惑人，此真外魔知见"。他认为自己作为"天下主"，"深悉禅宗之旨，洞知魔外之情，灼见现在魔业之大，预识将来魔患之深"，因而不得不出来拣异辨魔以"祛邪扶正"。他下令，对法藏一系"尽削去支派，永不许复入祖庭"，"天下祖庭系法藏子孙开堂者，即撤钟板，不许说法！"[1] 雍正对僧净的干预，反映了清代帝王与禅宗发展的密切关系。

第二节　临济宗的持续发展

入元以后，禅宗五家中沩仰、法眼与云门三家均已不传，只有临济与曹洞两系，仍维持着一定的规模，其中又以临济为盛。

一、临济宗在元代的持续

元代临济宗，在北方有海云印简一系，在南方则主要有雪岩祖钦一系。印简（1202—1257），山西岚谷宁远人，俗姓宋，字海云。

1　以上引文见《御制拣魔辨异录》卷一，载《卍新纂续藏经》第 65 册，第 191 页上—193 页中。

自幼神悟，八岁薙染出家，十一岁受具足戒。后四处游方参学。十九岁时，杖策之燕，"过松铺值雨，宿于岩下，因击火大悟，自扪面曰：今日始知眉横鼻直"[1]。入燕后，谒大庆寿寺中和璋，受印可。因璋禅师出自白云守端门下五祖法演一系，因而印简也被认为是临济杨岐派。印简在兴州（今河北承德市西南）仁智寺出世开堂，并应王臣之请，先后任涞阳兴国寺、兴安永庆寺和燕京大庆寿寺的住持。印简深受元世祖忽必烈之尊信，曾应召谒见世祖并为之说法授戒。前面提到的刘秉忠为印简法嗣可庵智朗的弟子，印简应召，因闻刘秉忠才识卓越，乃相伴谒见世祖，两人对临济宗在元代的持续发展起了很大的作用。印简被称为中兴临济的人物。元武宗至大二年（1309），内翰赵孟頫奉敕撰写的《临济正宗之碑》中说："海云大宗师简公，……性与道合，心与法冥，细无不入，大无不包。师住临济院，能系祖传以正道统，佛法盖至此而中兴焉。"印简的法嗣有可庵智朗和颐庵僎公。智朗下出刘秉忠，僎公下则有西云安公。安公在当时也很有影响，元武宗曾赐以"临济正宗之印"的玉印，并封为荣禄大夫、司空。不过，印简一系的法统并不是很长。

当时在南方的雪岩祖钦一系也比较活跃。祖钦系由虎丘绍隆的再传天童咸杰下化出。咸杰传松源崇岳（1132—1202）和破庵祖先（？—1211），祖先传径山无准师范（1194—1249）。师范为蜀之梓潼（今四川梓潼）人，俗姓雍，九岁出家，后遍游各地。曾应宋理宗之召入内殿说法，赐金襕僧伽黎和"佛鉴禅师"之号。门庭极盛，高足有断桥妙伦和雪岩祖钦，分别形成系统，传承不绝。妙伦派

1 《佛祖历代通载》卷二十一，载《大正藏》第49册，第703页上。

主要流传于巴蜀地区，祖钦派则盛行吴越地区。祖钦（？—1287），一名法钦，曾自述经历云，五岁出家，十六岁剃度为僧，十八岁行脚，遍参诸禅师，得法于无准师范。历任潭州龙兴寺、湘西道林寺、湖州光孝寺等住持，最后主江西袁州仰山，世称"法窟第一"。祖钦卒于元至元二十四年（1287），寿七十余岁。有《语录》二卷流行于世，主张儒佛一致说。其众多弟子中以高峰原妙最为著名。

原妙（1238—1295），苏州吴江人，俗姓徐，号高峰。十五岁出家，十六岁剃发，十七岁受具足戒。十八岁始习天台教观，二十岁开始参禅。二十二岁向断桥妙伦请益，后又参雪岩祖钦，得受法印。元至元十六年（1279），上杭州天目山西峰狮子岩营建小室，题名"死关"，居其中足不出户达十五年之久。四方参学者云集，僧俗随其受戒者达数万人，得法弟子上百，形成了巨大的丛林规模。常设"三关语"勘验学者。语曰："大彻的人，本脱生死，因甚命根不断？佛祖公案，只是一个道理，因甚有明与不明？大修行人，当遵佛行，因甚不守毗尼？"[1]

原妙上百弟子中的佼佼者有中峰明本（1263—1323），杭州钱塘人，俗姓孙，十五岁有志出家，誓持五戒，读《法华》《圆觉》《金刚》诸经。二十四岁时参高峰原妙，二十五岁从原妙薙发，二十六岁受具足戒。因听流泉而开悟，得原妙心印。明本四处游方，居无定所，或结庵而住，或以船为居，均以"幻住"为名。在当时声誉很高，道俗归仰，学者辐辏，有"江南古佛"之称，许

---

1 《高峰原妙禅师语录》卷二，载《卍新纂续藏经》第 70 册，第 699 页下。

多大寺院请他去住持，均力辞。丞相脱欢和翰林学士赵孟頫等都慕名从之求法。元仁宗召而未至，乃赐号"佛慈圆照广慧禅师"，并赐金襕袈裟。卒后元文宗谥号"智觉禅师"，元惠宗又赐号"普觉国师"。明本在禅学思想上主要发挥原妙注重"自然入于无心三昧"的特色，认为"禅是诸人本来面目，除此外别无禅可参"[1]，反对起心追求，执著古人语句，并对当时玩弄机锋棒喝的形式主义提出批评。他说："如今之禅学者流，多是商量个语话，皆不肯回头扣己而参，所以古人目禅语为野狐涎唾，良有旨也。"[2]明本的思想对日本和朝鲜的禅宗都有一定的影响。弟子中天如惟则最为有名，曾住持苏州狮子林正宗禅寺，发扬明本以来的临济宗风，影响很大。明本与惟则都提倡禅净合修，在维持禅宗规模的同时也渐失禅的特色。

在虎丘绍隆系较为盛行的同时，大慧宗杲的法脉也在延续。大慧的再传妙峰之善下有径山善珍，善珍下又有元叟行端（1255—1342），约与中峰明本同时，大力阐扬大慧门风于径山，名闻京国，元成宗特旨赐号"慧文正辩禅师"，元仁宗时又加赐"佛日普照"。行端门下人才甚众，其中楚石梵琦最为著名，虽主要活动于元代，但在佛教史上却有明代"国初第一宗师"之称。

元代临济宗有影响的代表人物还有云峰妙高（1219—1293）。当时禅教之间争论激烈，教家大毁禅宗。元世祖于至元二十五年（1288）春召集禅教律各家代表人物进京廷辩，妙高也"拉一二同

---

1 《天目明本禅师杂录》卷上《结夏示顺心庵众》，载《卍新纂续藏经》第70册，第715页上。

2 《天目中峰和尚广录》卷四《示云南福元通三讲主》，载《大藏经补编》第25册，第731页上。

列赴京"力争，据说取得了辩论的胜利。

二、临济宗在明清时期的发展

临济宗在明清时期仍然是最盛行的一个佛教宗派。在明初，最有影响的代表人物是楚石梵琦（1296—1370），俗姓朱，宁波象山人。九岁出家，十六岁受具戒，得法于元叟行端，为大慧宗杲的五世法孙。开法后，"五十年间，六坐道场"。他主要活动于元代，弘扬大慧宗杲的禅风，声望很高。元顺帝赐号"佛日普照慧辩禅师"。入明以后，又受到了明太祖朱元璋的礼重，两次奉诏参加了在南京蒋山举行的法会，有"国初第一宗师"之称。他提倡禅教一致，并栖心于净土。在禅学思想上则强调自心觉悟、自然解脱，反对执著知解，发挥了呵佛骂祖的狂禅作风。他曾说："和尚子莫妄想，起心动念是妄想，澄心息念是妄想，成佛作祖是妄想。往往将妄想灭妄想，无有了期。"[1]他的《明真颂》曰："禅师不假多知，饥餐渴饮随时。""有念便沉生死，无为自契涅槃。""饥把钵盂噇饭，睡时块石枕头，十二时中快乐，谁能似我无忧？"[2]

明中叶以后，有笑岩德宝（1512—1581），他得法于龙泉寺之无闻明聪，为中峰明本的八世法孙。俗姓吴，金台（今北京）人。出家受具戒后即四处行脚，随缘开化，以禅道广接诸方学者，"名

---

[1] 《楚石梵琦禅师语录》卷四《住杭州路凤山大报国禅寺语录》，载《卍新纂续藏经》第 71 册，第 565 页上。

[2] 《楚石梵琦禅师语录》卷十八《明真颂二十八首》，载《卍新纂续藏经》第 71 册，第 643—645 页。

震海内"。为明代最著名的禅师之一。主张"净心一志念道",认为"念道即是念佛,念佛即是念自心,自心能成自己佛"。[1]他认为,"佛性平等,人人个个无欠无余。能悟之者即佛,能体信行之即为佛事。本无圣凡愚智之隔,宁有僧俗男女等殊?"[2]他对禅宗盛行的"看话禅"有新的发挥。他认为,参话头确实是"大疑大悟,小疑小悟,不疑不悟"。疑什么呢?他常叫人疑"哪个是我本来面目?""万法归一,一归何处?"并具体教人"或杜口默切,或出声追审"、"或厉声,或微声"地起疑自问。德宝还提倡念佛禅,主张唯念"阿弥陀佛",认为"或出声数念,或心中默念",如此用心,不消半年一载,话头自成。以念佛来取代参禅,这反映了明代禅宗的衰退。

德宝门下有幻有正传(1549—1614),正传门下又有密云圆悟、天隐圆修和雪峤圆信三位名僧,各传禅于一方,时称"临济中兴"。三圆中又以重兴宁波天童寺的圆悟为影响最大,明末清初临济一宗以他门下为主要支撑。

圆悟(1566—1642),俗姓蒋,号密云,江苏宜兴人。家世务农,年稍长从事樵耕。年三十,弃妻子,入龙池山禹门寺从正传出家,年四十蒙正传印可。后得正传付法传衣,并住持禹门寺。五十岁以后才正式开堂说法,一时"言满天下""名闻九重",王公大人皆自远趋风,剃度弟子三百余人,"王臣国士参请归依者,不可胜

---

1 《笑岩集》卷三《答京中缁素道旧发书入山请师回京复祈法要》,常州天宁寺刻经处 1925 年刻本。

2 《笑岩集》集四《圆通普示》,常州天宁寺刻经处 1925 年刻本。

数"。圆悟曾先后"六坐道场",而以浙之"金粟、天童最久,建立
恢宏,机缘歆集,此二地为最盛"。他广传临济宗风,为明末禅宗
著名宗匠。从禅学思想上看,圆悟并没有提出什么新见解,无非是
继续发挥"见性成佛"的旨趣而已。他自己曾说:"山僧出家将及
四十载,别也无成得什么事,只明得祖师西来直指人心、见性成佛
一著子。……心佛众生,三无差别。既无差别,即说个心,佛与众
生都在其间;即说个佛,心与众生都在其间;即说个众生,心与佛
亦在其间。如是则说一即三,言三即一。"[1]既然心佛众生本来不二,
因此,只要回光返照,返本还源,即得自由自在,自然解脱。在禅
行禅风方面,圆悟则进一步把机锋棒喝、呵佛骂祖推向极端。例
如有一次上堂,"一僧才出,师打,云:棒下无生忍,临济不见师。
僧拟议,师复喝"[2]。他自己曾说:"贫道生平,但有来者,便当头一
棒。"[3]有一天为阿弥陀佛的诞日,圆悟上堂云:"老僧昨日是生日,
弥陀今日是生日,我比弥陀先一日,三世诸佛从此出。……可谓诸
佛老僧儿,老僧诸佛父!"[4]在他六十五岁那年,他甚至说出了这样
的偈颂:"山僧六十有五,素来不涉迷悟,无端痢疾三年,累得通
身骨露,若人如是证明,管取超佛越祖!"[5]从圆悟这样有影响的禅
师模仿前人的故弄玄虚中可以清楚地看到当时禅学的进一步衰落。
圆悟在清康熙年间被追赐"慧定禅师"的谥号,他的《语录》十三

---

1 《密云禅师语录》卷二,载《嘉兴藏》第 10 册,第 12 页下。

2 《密云悟禅师语录》卷二,载《乾隆大藏经》第 154 册,第 443 页上。

3 《密云禅师语录》卷六,载《嘉兴藏》第 10 册,第 38 页上。

4 《密云禅师语录》卷二,载《嘉兴藏》第 10 册,第 12 页上。

5 《密云禅师语录》卷二,载《嘉兴藏》第 10 册,第 14 页下。

卷也在清代顺治年间被敕准收入大藏。其法嗣中以汉月法藏、费隐通容、木陈道忞和破山海明四支为最盛，法脉流传，遍及全国。

通容（1593—1661）一系主要在福建流传，其门下有隐元隆琦（1592—1673），晚年应请赴日本，开日本黄檗一宗。海明（1597—1666）一系盛行于川贵，至今传承不绝。

道忞（1596—1674）是清初的显要人物之一。俗姓林，字木陈，广东潮阳人。少习儒学，因读《金刚经》和《大慧语录》等而出家为僧，得法于圆悟。圆悟去世后，继任天童寺住持。入清以后，他积极奉承迎合新的统治者。清顺治十六年（1659）奉诏入京为世祖说法，受到宠信和厚遇，被封为"弘觉禅师"。有敕文曰："禅僧道忞，嗣法天童，传宗临济。克证无生之旨，机自玄明；允通向上之关，悟称真谛。"[1]道忞也颇为得意，常有借新势力以欺压同侪之举，曾被后人斥为"宗门罪人"。

法藏（1573—1635），字汉月，俗姓苏，江苏无锡人。十五岁出家，十九岁剃发，二十九岁读《高峰语录》而心有所悟，后读觉范的《临济宗旨》而"宛然符契"。他三十七岁受具足戒，四十岁悟道。为了入临济正宗之流，以便名正言顺地开堂说法，他屈身投至圆悟门下。自五十岁始，他开堂说法，"八坐道场"。在禅学思想上，法藏有许多"创新"，他不但认为"参禅贵先抉择祖师禅、如来禅"[2]，而且把默照禅贬为"邪禅"，并指斥当时的"文字禅"和"棒喝禅"，认为"文字禅，没溺于语言，……摘句寻章，但堕外而

---

1 《新续高僧传》卷二十二，载《大藏补编》第 27 册，第 188 页中。
2 《三峰藏和尚语录》卷六，载《嘉兴藏》第 34 册，第 154 页下。

未易堕魔"，而"一棒一喝禅，没溺于无言，无言则颠顸乱统，……易堕魔而又复堕外"[1]。他还对"禅""禅机"和"话头"等都从正面作出过解释，使这些本来只可参究、不可言说的东西都带上了义理的色彩。例如，他说："祖师禅，谓之话头；在儒家，谓之格物。"[2]禅家的"话头"竟等于儒家的"格物"！他大力提倡"看话禅"，却又对"干屎橛""庭前柏树子"等话头、禅机作正面的解释说明。禅的义理化既表明了法藏的"创新"，也反映了禅的发展进入了末路。

法藏系在清初顺治、康熙年间曾盛极一时。他与弟子杭州灵隐弘礼和苏州灵岩弘储被称为佛法僧三宝。由于法藏虽"嗣法"于圆悟，却靠的是从古尊宿语录中自悟，非"得法"于圆悟，因此，他与圆悟之间常有不和。后来围绕着禅宗五家宗旨，更展开了一场公开的争论。法藏作《五宗原》，主张一个圆相（〇）是千佛万佛之祖，禅宗五家各出圆相之一面，唯临济为正宗。圆悟起而辟之。法藏的弟子弘忍（1599—1638）又著《五宗救》，支持师说。法藏与弘忍去世后，圆悟又作《辟妄救略说》。这场争论一直延续到清代雍正年间。清世宗以皇帝的身份干预了这场争论，贬斥禁毁法藏之说，使盛行一时的法藏系断绝了法脉。

与圆悟同门的圆修一系也一直绵延不绝。圆修下有杭州箬庵通问和湖州玉琳通琇等。通问后主镇江金山，在清代为较兴盛的一系。通琇则与圆悟门下的道忞一样，是明末清初的显要人物。通琇

---

1 《三峰藏和尚语录》卷十四，载《嘉兴藏》第 34 册，第 193 页下。

2 《三峰藏和尚语录》卷七，载《嘉兴藏》第 34 册，第 157 页中。

（1614—1675）俗姓杨，字玉琳（一作玉林），江苏江阴人。十九岁从圆修出家，不久便"得法"于圆修，并继圆修之后住持浙江湖州报恩寺。入清以后，也曾奉诏进京，受封为"大觉普济禅师"，受赐紫衣，后加封为"大觉普济能仁国师"，一时"名重朝野"。他与道忞一样，常常仗势欺人，在当时即遭人指责。通琇一系在顺治以来曾盛极一时，世宗雍正曾钦定其徒孙。但由于其后学蹈师故辙，招摇撞骗，受到了乾隆帝的贬斥，后逐渐衰微。

第三节　曹洞宗的勉强维持

元代曹洞宗主要在北方流传，代表人物是万松行秀；南方则有天童如净一系。行秀与如净并称曹洞两大宗匠。明清时期，曹洞宗的发展规模仍不及临济，但思想方面似略胜于临济。

一、万松行秀与天童如净

行秀（1166—1246）为金元时人，俗姓蔡，河内解（今河南洛阳南部）人。十五岁时投邢州（今河北邢台）净土寺出家，受具足戒后到各处去参禅，得法于磁州（今河北磁县）大明寺雪岩满禅师，并受法衣。雪岩满出自芙蓉道楷门下净因自觉（又称鹿门自觉，有谓即天童如净下鹿门自觉，恐误）一系，自觉下法系依次为青州一辨、大明宝、王山体、雪岩满，故行秀乃道楷的六世法孙。

其得法后不久又归邢州，于净土寺内建万松轩自居，世称"万松老人"。后住中都（金代称燕京为中都）万寿寺。金明昌四年（1193）应金章宗之召而入宫内说法，得到礼遇，受赐袈裟。承安二年（1197）又奉诏住燕京仰山栖隐寺，不久移住报恩寺。元太宗二年（1230）奉敕再住中都万寿寺。晚年退居从容庵，应元臣耶律楚材之请而著《从容录》。万松行秀先后住持数处名寺大刹，举唱曹洞宗风，道化盛极一时。门下得法者多达一百二十人。当时北方金元统治地区，主要传行秀一系的曹洞宗，与南方多行临济宗形成鲜明的对照。

行秀的《从容录》是曹洞宗的重要代表作，它是对宋代天童宏智正觉的《颂古百则》所作的"评唱"，以行秀所居庵名为书名，故全称为《万松老人评唱天童觉和尚颂古从容庵录》。书中对百则颂古一一加以"垂示"（点示禅宗公案意义），说明缘由和典故，然后加以评唱，即对所举公案和正觉的偈颂加以解释和评述。虽然此书的结构形式在很大程度上模仿了圆悟克勤的《碧岩录》，但从内容上看，毕竟是有所发挥的，它反映了曹洞宗在金元统治者的支持下继续发展着。

万松行秀在禅学思想上主要阐发曹洞宗真妄不二、事理双照的旨趣，其特点是融会儒佛道三教。据说他"于孔老庄周百家之学，无不会通，恒业《华严》"，特别善于把儒学融入禅理。他常劝俗弟子耶律楚材把佛教的修心与儒家的治国结合起来，他的"儒释兼备"得到了耶律楚材等人的高度崇信。他的俗弟子李纯甫等人继承发展了行秀融合儒禅的特点，乃至被时人称为"孔门禅"。

行秀的众多弟子中以林泉从伦、千松明得、华严至温和雪庭福裕四人最为著名，其中又以传承一宗法脉的福裕系比较兴盛。福裕（1203—1275）在元世祖忽必烈时曾奉命总领佛教，其门下日后衍化出寿昌、云门两支，至明清时仍代表着曹洞宗绵延不绝。

另外，芙蓉道楷的再传长芦清了门下经天童宗珏、雪窦智鉴而出天童如净一系，也在南方传曹洞宗风。不过，此系的法脉并不是很盛，只是传入日本后在日本产生很大影响。如净（1163—1228），俗姓俞，字长翁，明州苇江（今浙江宁波）人。出家后，勤习经论。十九岁时游方各地，登雪窦山参智鉴。豁然省悟后浪迹江湖二十余年。嘉定三年（1210）始，先后住持建康清凉寺、台州瑞岩净土禅寺、临安净慈寺、明州定海瑞岩寺等。宝庆元年（1225）移住天童。如净的禅法强调"只管打坐"，他曾示众云："参禅者，身心脱落也。不用烧香、礼拜、念佛、修忏、看经，只管打坐而已。"这显然是对宏智正觉倡导的默照禅的继承和发展，形成了与北方曹洞宗以看话禅为主的不同的风格和特色。如净的法嗣有鹿门自觉、雪庵从瑾和永平道元等人。道元（1200—1253），日本京都人，来华后，师事如净三年，从受曹洞宗禅法和道楷传持的袈裟。回国后传曹洞宗风，成为日本曹洞宗的创始人。禅法上传如净的"只管打坐"，后人称其禅风为"默照禅"。曹洞宗在日本至今不衰。

二、明清时期的曹洞宗

曹洞宗在明代的著名人物主要有无明慧经及其弟子博山元来与鼓山元贤。慧经（1548—1618）出自廪山常忠（1514—1588）门下，为雪庭福裕的十世法孙。俗姓裴，号无明，抚州崇仁（今江西崇仁）人。年二十一出家，投廩山常忠学佛。后入峨峰，隐遁三年，一日因移石，坚不可举，极力推之，豁然大悟，得到常忠印可后，方正式剃发受戒。据说在峨峰时，"影不出山者二十四年如一日也"。后应请住宝方，艰难创业，"凡作务，必以身先，虽形枯骨立，不厌其劳。故不数年，百堵维新，开山若干，其佛殿、三门、堂厨毕备，四方衲子闻风而至者渐集"。后为增长见闻，乃荷锡远游，曾南下于云栖访袾宏，又至中原入少林礼初祖达摩之塔。随即往京都谒紫柏真可，得到器重。接着又入五台，参瑞峰和尚。回到宝方寺后，始开堂说法。"四方衲子日益至。"晚年定居于江西新城（今江西黎川）的寿昌寺，常以偈颂法语应答来参禅者，大弘曹洞宗风，门庭甚盛，开寿昌一支。慧经大力倡导农禅并作，并身体力行，每天随众作务，常常是众未及田，他已荷镢先至。虽栉风沐雨，亦无倦意。据说他"迨七旬，尚混劳侣，耕凿不息，必先出后归，躬率开田。……故生平佛法，未离镢头边也"[1]。被誉为"百丈之后，一人而已"[2]。

慧经是明代中兴曹洞宗的重要人物。他主要倡导看话禅，他曾说："参学之士，道眼未明，但当看个话头。……不须念经，不须拜佛，不须坐禅，不须行脚，不须学文字，不须求讲解，不须评公案，不须受归戒，不须苦行，不须安闲。"他同时认为，一旦看破话头，直入解脱门，便得大自由，到那时，就"不受罗笼，看宗也

1 以上引文均见德清《寿昌无明大师塔铭》，载《无明慧经禅师语录》卷四，《卍新纂续藏经》第 72 册，第 214—216 页。
2 《永觉元贤禅师广录》卷三十，载《卍新纂续藏经》第 72 册，第 573 页中。

得，看教也得，游方也得，混众也得，独居也得"[1]。他还站在禅家的立场上对念佛提出了自己的看法，发挥了"唯心净土，自性弥陀"的旨趣。他在《念佛法要》中说："念佛人要心净，净心念佛净心听。心即佛兮佛即心，成佛无非心净定。……念即佛，佛即念。……念佛心即净土。"[2]

慧经的弟子有多人，其中以元来和元贤二系为最盛，入清以后，广传于广东、江西和福建一带，与天童一系的临济宗形成对峙的局面。

元来（1575—1630），一名大舣，字无异，俗姓沙，舒城人。十六岁出家，先学天台，修习止观达五年之久。后转而学禅，投师于慧经门下，二十七岁时受印可，有慧经门下"第一上座"之称。不久，开山于信州（今江西上饶）博山能仁寺。此后，往来吴越江闽间，三十年间六坐道场，法席极盛，许多文人士大夫也竞相与之交游。刘日杲在《博山和尚传》中说："是时，缙绅先生，云集景附"，"学士大夫、文学布衣礼足求戒者，动至数万"。并称："明兴二百余年，宗乘寥寥，得和尚而丕振，猗与盛者！"吴应宾在为元来写的《塔铭》中也有"博山宗风，遂擅天下，闽越吴楚间……无与等者"[3]的说法。可见其禅风之畅，形成了慧经寿昌一支下重要的博山系。在禅学思想上，元来力图以禅为主来融通禅教，认为"宗

---

1 《无明慧经禅师语录》卷一，载《卍新纂续藏经》第72册，第184页上。

2 《无明慧经禅师语录》卷四，载《卍新纂续藏经》第72册，第213页上—中。

3 《无异元来禅师广录》卷三十五，载《卍新纂续藏经》第72册，第379页中，第380页上，第381页上。

乃教之纲，教乃宗之目，举一纲则众目张"[1]。他反对"以宗抑教，以教抑宗"，强调"宗教殊途，皆归一致"[2]。他说："得其旨，则一言一字，皆最上之机；如不识其旨，泥于文字，则宗亦教矣。"[3]他甚至要求"为学者，以一大藏教，开自己清净眼目"[4]。同时，他也主张"禅净无二"，认为"禅净二门，非别立标帜"[5]，从根本上说，"说净土亦得，说禅亦得，说净土即禅、禅即净土亦得"[6]。元来融通禅教、归心净土的思想，反映了明清禅学发展的一种趋势。

元贤（1578—1657），字永觉，俗姓蔡，建阳（今福建南平市建阳区）人。少为诸生，习周程张朱之学。年二十五，读书山寺，闻诵《法华》，高兴地说："周孔外，乃别有此一大事！"遂从人受《楞严》《法华》《圆觉》三经。次年，又往参无明慧经，决意学禅。双亲殁后，始从慧经落发出家，时年四十。慧经去世后，又往博山依止师兄元来，并从元来受具足戒。故元贤在为元来撰写的《塔铭》中自称与元来还有"师资之义"。元贤五十七岁后才出世说法，曾先后在福州鼓山涌泉寺、泉州开元寺、杭州真寂院和剑州宝善庵任主持。"二十余年间，四坐道场，大作佛事，言满天下，道被域中。"潘晋台在《鼓山永觉老人传》中称他为"有明三百年之一人也"，赞誉可谓之高。由于元贤是"以儒而入释"的，入释后

---

1 《无异元来禅师广录》卷二十一，载《卍新纂续藏经》第 72 册，第 316 页下。

2 《无异元来禅师广录》卷二十三，载《卍新纂续藏经》第 72 册，第 328 页中。

3 《无异元来禅师广录》卷二十一，载《卍新纂续藏经》第 72 册，第 316 页下—317 页上。

4 《无异元来禅师广录》卷二十六，载《卍新纂续藏经》第 72 册，第 343 页上。

5 《无异元来禅师广录》卷二十一，载《卍新纂续藏经》第 72 册，第 317 页下。

6 《无异元来禅师广录》卷三十二，载《卍新纂续藏经》第 72 册，第 366 页上。

又时时不忘"力救儒释之弊",因此,他的禅学思想表现出了明显的调和禅教、圆融儒释的特点。他曾明确提出"禅教律三宗,本是一源,后世分之为三,乃其智力弗能兼也,以此建立释迦法门,如鼎三足,缺一不可"[1]。他在《继灯录序》中还批评了那种以语言文字为糟粕的观点。他说:"或谓禅家贵在心悟,语言文字,其糟粕也,……是不知言可以障道,亦可以载道。执之,则精醇即为糟粕;了之,则糟粕皆为精醇。言顾可尽废欤?"[2]"文以载道"云云,表明了宋代以来"不立文字"的禅学日益走上文字化道路并进一步发展。正是基于禅教缺一不可的认识,元贤不但作有《继灯录》《补灯录》等《五灯会元》以来极重要的禅宗史专著,而且著有《法华私记》《楞伽经略疏》《金刚经略疏》等多部佛经的注疏,阐发佛理教义。元贤还十分强调儒佛道"三教一理",并特别地对儒佛作出会通。他为了"会通儒释"而作的《寱言》提出了这样的看法:"人皆知释迦是出世的圣人,而不知正入世的圣人,不入世不能出世也。人皆知孔子是入世的圣人,而不知正出世的圣人,不出世不能入世也。"[3]元贤的思想反映了明清时期的禅学在禅教合一的趋势中又日益加强了与儒道等传统思想的合流,并因此而逐渐丧失了其独立的发展。

元贤的门徒很多,据说从之问道受戒者"不啻数万人"。其弟子中最重要的法嗣为道霈(1615—1702),继元贤之后在福州鼓山

1 《永觉元贤禅师广录》卷三十,载《卍新纂续藏经》第 72 册,第 574 页上。

2 《继灯录》卷一,载《卍新纂续藏经》第 86 册,第 495 页上。

3 《永觉元贤禅师广录》卷二十九,载《卍新纂续藏经》第 72 册,第 561 页中。

大弘曹洞宗风，形成了寿昌一支下与博山系并列的鼓山系。

曹洞宗在明末以后，还有与慧经寿昌系并称的湛然圆澄开创的云门一支。圆澄（1561—1626）出自少室常润的弟子大觉方念门下，为万松行秀的大弟子雪庭福裕的十一世法孙，与元来、元贤在法系上为同门师兄弟。得法于方念以后，在浙江绍兴云门显庆寺开法，大唱曹洞宗风，法席大盛，门下有麦浪明怀、石雨明方、三宜明盂和瑞白明雪等知名禅僧，形成了能与临济宗天童一系相抗衡的云门一支。入清以后，法系仍颇为繁盛。在禅学思想上，圆澄高唱一心法门，以"心"来统摄融会禅教净律。他曾说，念佛是念此心，看教是辨此心，持咒是护此心，参禅是参此心，并认为，此心即是定慧，非心外别有定慧。圆澄的思想，同样反映了禅学思想和修禅实践日益与其他教派合流的趋势。

从总体上看，明清时期的曹洞宗只是勉强维持而已。特别是入清以后，可考的仅有寿昌、云门二支还在延续。而到太平天国以后，就更是只剩下圆澄一系在江南的一点法脉了。

第四节　禅门的颓败与禅学的没落

禅学在中土的发展，经过不断中国化而在中土形成了禅学宗派。隋唐时期禅宗的创立和唐末五代禅宗的繁兴，也使禅学得到了空前的发展。随着整个佛教在入宋以后的逐渐衰落，禅宗也日益走上了下坡路。明清时期，禅宗更是出现了颓败的情景，禅学也随着封建王朝的衰亡而走向了没落。[1]

一、禅门的颓败

明代的笑岩德宝就曾对当时禅宗的窳滥情况表示了不满，他在《笑岩集》中特别揭露了一些禅师的装模作样："每诲人曰，本具现成，逮究其旨，又不了了；或诫学者，作工夫当绵密，如鸡抱卵，宁有间断乎？及自于泛常造次之际，略无所据，率然忽略；或自言所得甚深，靡不了了，倘有叩问佛祖古宿纲要，总皆罔知。"[2]无明慧经的《自赞》中也有这样的话语："有时将自己亏，有时把他人骗。""不是欺地，便乃瞒天，撞着个作家挨拶，便云是教外别传！"[3]这显然也是有感而发的，这可以他的弟子元来的感慨来证之。元来明确地说："诸昆仲，近时禅道凋零，人心狂悖，天下无真正知识导引后来，亦无真正学人参询善友。宾主相见，各负胜心。如傀儡一棚，不加线索。或大骂一场，谓之直捷，谓之险峻，谓之接机。……或盲加几棒，或竖指擎拳，或乱伸问答，谓之痛快，谓之流通。或藏睛闭目谓之禅，摇唇鼓舌谓大悟。……如此邪辈，是处皆然！"[4]元来认为，禅宗发展到如此地步，实在令人"发竖心寒"，

---

1 近年来有许多明清禅宗新文献被发现和整理（例如上海古籍出版社目前正在陆续出版的《明清禅宗文献丛书》），这将有助于我们更全面和多角度地了解和研究明清禅学的发展，值得关注和重视。

2 《笑岩集》卷三《示众》，常州天宁寺刻经处 1925 年刻本。

3 《无明慧经禅师语录》卷三，载《卍新纂续藏经》第 72 册，第 207 页中。

4 《无异元来禅师广录》卷二，载《卍新纂续藏经》第 72 册，第 248 页下—249 页上。

因此，他"恨不能以智锋慧刃，扫除魔党！"[1]元来的同门元贤也在《续痴言》中对当时禅门的颓败现象作了深刻的揭露。他说："近世禅者，多是大言不惭。不守毗尼，每自居于旷达；不持名节，每借口于圆融。迨一旦逐势利，则如饿鬼觅唾！争人我，则如恶犬护家！"更有甚者，近日禅人，"惟相与学颂古、学机锋过日。学得文字稍通、口头稍滑者，则以拂子付之，师资互相欺诳。……不特此也，曾见付拂之辈，有癫狂而死者，有罢道还俗者，有哨聚山林劫掠为事者。他如纵姿险恶、为世俗所不齿者，在在有之。灭如来种族，必此辈也。呜呼危哉！"[2]

清世宗雍正在一道《上谕》中也指出了当时禅门的颓败。他说："今溥天之下，万刹万僧，万僧万拂，师以盲传，弟以盲受。人人提倡宗乘，个个不了自心。岂不使正法眼藏、涅槃妙心垂绝如线。……甚至名利熏心，造大妄语，动称悟道，喝佛骂祖，不重戒律，彼此相欺，卖拂卖衣，同于市井！……一盲引众盲，相牵入火坑！……虽宗徒愈盛，而宗旨愈泯矣！"[3]禅门出现的颓败情况，更加促使禅学走上了没落。

二、禅学的没落

明清时期的宗门与禅学，确实如雍正《上谕》中所说的，由于

---

1 《无异元来禅师广录》卷二十三，载《卍新纂续藏经》第 72 册，第 328 页上。

2 《永觉元贤禅师广录》卷三十，载《卍新纂续藏经》第 72 册，第 575 页中。

3 《御选语录》卷十二，载《卍新纂续藏经》第 68 册，第 574 页上—中。

宗门出现的疯败，使得宗门的规模愈盛大，禅学的宗旨愈泯没。从整个明清时期的禅学来看，无论是临济宗还是曹洞宗，思想上都没有多大的发展，也没有出现什么有名的禅学思想家。这个时期的禅学，只是继续发展了入宋以后形成的一些特点而已，而这些特点的进一步突出，也正是禅学日趋没落的一个标志。

首先，"不立文字"的禅进一步文字化乃至义理化，各种《灯录》《语录》仍继续大量出现，除玄极的《续传灯录》、瞿汝稷的《指月录》、如䄔的《禅宗正脉》和《缁门警训》、通容的《五灯严统》、黎眉的《教外别传》、超永的《五灯全书》、性统的《续灯正统》、聂先的《续指月录》等较重要的著作外，还有上百种禅师语录汇集流通于世。无明慧经与汉月法藏对"话头""禅机"的义理化解释，标志着"禅"个性的日益消失。元贤"文以载道"的提出，不仅表明"不立文字"的禅转向了对文字的依赖，而且表明禅还为此找到了理论根据。明末士大夫的逃禅，在扩大禅影响范围的同时，也推动了禅的进一步文字化和义理化。

其次，禅与教进一步融合，禅教一致论不仅仅是一种理论，还成为现实的一种实际反映。明初"第一宗师"楚石梵琦曾明确提出："教亦何曾异禅？……禅亦何曾异教？教是佛口，禅是佛心。……更分什么禅拣什么教？"[1] 正是基于这种看法，慧经门下的元来和元贤不仅引经据典来说明禅与教相合，而且还依教说禅、依禅讲经，甚至通过注疏佛典来阐发佛义。元来还专门著有《宗教答响》五卷，从理论上来说明宗教合一之旨。禅师的注经讲经，充分

---

1 《楚石梵琦禅师语录》卷九，载《卍新纂续藏经》第 71 册，第 592 页上。

反映了明清禅学的衰退，若不藉教已不足以维持禅了。

再次，在诸宗融合、宗教归净的佛教发展大趋势中，禅师的归心净土也是禅学没落的重要标志。元明清时期比较著名的禅师，几乎都是禅净合一、禅净双修的倡导者。例如中峰明本及其弟子天如惟则都把念佛与参禅结合起来，力主念佛与参禅不二。惟则曾说："参禅为了生死，念佛亦为了生死。参禅者直指人心，见性成佛，念佛者达惟心净土，见本性弥陀。既曰本性弥陀，惟心净土，岂有不同哉？"[1]惟则的《净土或问》甚至把念佛说成是禅者必修的功课，难怪有人称他是阳禅而阴净。楚石梵琦的《净土诗》也积极劝人念佛："一寸光阴一寸金，劝君念佛早回心。"[2]元来则从理论上说明"净土即禅，禅即净土"，论证了"禅净无二"。禅净兼修，禅净融合，这并不是始自元明清，而是宋代以来佛教发展的一种趋势，但明代以后的禅净合一显然进一步使禅归向净土而丧失了本身的特色。楚山绍绮、空谷景隆和笑岩德宝等在倡导念佛禅时，都以念佛取代了参禅，景隆甚至明确提出"不用提话头，不用参公案"，"念佛一门，捷径修行之要也。……惟净土可归，念佛可恃"[3]。禅的归向净土，既是禅学没落的结果，同时也导致了禅学的进一步没落。

最后，在禅儒一致、三教合一的思想文化发展趋势中，禅学完全丧失了它的独立性而走向没落。三教合一的思潮发端于佛教初传与道教初创时期，至唐末五代以后，以儒学（理学）为主的三教

---

1 《天如惟则禅师语录》卷二，载《卍新纂续藏经》第 70 册，第 767 页上。

2 《净土资粮全集》卷一，载《卍新纂续藏经》第 61 册，第 528 页中。

3 《皇明名僧辑略》，载《卍新纂续藏经》第 84 册，第 364 页下，第 363 页中。

合一成为中国学术思潮发展的主流。在这种思想文化发展的大潮流中，元明清时期的禅学一方面在佛教内部进一步加强与教净律的结合，另一方面也进一步加强了与儒道等传统思想文化的融合。特别是由于宋明理学被定于一尊，禅学更加主动地依附于理学，并在融会儒佛的过程中把自己融化到了儒学中去。早在无准师范那里，就提出了"三教圣人，同一舌头，各开门户，鞠其旨归，则了无二致"，不过他毕竟还强调了"惟禅宗乃教外别传"[1]。其弟子雪岩祖钦则进一步论证了"圣人之道与如来之道，同一道也，未尝二也。圣人之道则率性，如来之道则见性。……虽率与见异，而性则同也。非独圣人与如来同此一性，自曾子、子思、孟轲以降，至于近世伊洛、晦庵、水心……，正脉绵绵。接踵而臻圣人之域，莫不同此性也。"[2] 到了元贤那里，禅教儒道就同归于一"理"了。在元贤为"会通儒释"而作的《瘗言》中专门从理论上论证了"理外无教，故教必归理"[3]。"归理"的结果也就是禅学自身的没落。

总之，佛教内部的禅净教合一和佛教同儒道的归一是元明清时期整个佛教和传统思想文化发展的基本特点。这一特点，在明代四大高僧（云栖袾宏、紫柏真可、憨山德清、藕益智旭）那里也有充分的体现。这种特点既反映了禅学的衰落，也是禅学衰落的重要原因。明代"合三教为一"的"阳明禅"的出现，清代汉学的复兴，乃至今文经学的继起，终于导致了中国禅学的衰歇。

---

1 《无准和尚奏对语录》，载《卍新纂续藏经》第70册，第277页中。

2 《雪岩祖钦禅师语录》卷四，载《卍新纂续藏经》第70册，第636页下。

3 《永觉元贤禅师广录》卷二十九，载《卍新纂续藏经》第72册，第567页下。

当然，这里所说的"中国禅学的衰歇"，只是就禅学作为一种相对独立的文化思潮而言，至于禅学的文化精神，则已融入了传统思想文化之中，中国禅学本身也已成为中华传统文化的重要组成部分，因此，随着近现代以来中国佛教的革新运动和人间佛教的推行，中国禅学和禅宗也逐渐走上了新的发展道路，并焕发出新的活力和生机。

禅学的近现代
转型与新时代
焕发生机

以禅学和禅宗为主要代表的中国佛教自明清以来逐渐走向衰落，这与整个中国社会的发展是密切联系在一起的，特别是近代以来，中国遭遇着"三千年未有之大变局"，经历了重重艰难曲折，然而也正是中国社会的现实，刺激了近现代佛教的改革和复兴，为禅学的发展和焕发生机提供了新的机遇。

近现代是一个中西冲突、新旧交替的时代，世界局势和中国社会都发生了翻天覆地的巨大变化，面对西学东渐、中西文化的碰撞和传统社会向现代社会的转型，作为传统文化重要组成部分的中国佛教也面临着前所未有的多重挑战和机遇，同时也相应地作出了一系列或主动或被动的转变，其中特别令人瞩目并对其后中国佛教的发展产生重大而深远影响的，是佛教更加适应新时代、新社会、新文化，更加关注并参与到现实的社会和人生中，逐渐实现了其适应现代社会的入世转型[1]。这种入世转型是佛教界有识之士有感于近代以来中国佛教的衰败，为顺应现代社会与文化的急剧变化而作出的积极响应与自觉调整，同时也是对中国禅学"佛法在世间，不离世间觉"[2]奠定了思想基础的唐宋以来中国佛教人生化、入世化倾向的进一步发展。

---

1 这里说的"入世"，有其鲜明的时代特色和内涵，并非是说近现代之前的佛教只有"出世"而没有"入世"的面向。请参阅洪修平等著《近现代佛教入世转型研究》，中国社会科学出版社 2024 年 5 月版。

2 宗宝本《坛经·般若品》，载洪修平、白光注评《坛经》，凤凰出版社 2010 年版，第 36 页。

近代佛教的衰败表现在教理荒芜、教制松弛和教产攘夺等许多方面。面对佛教的种种衰败景象，许多佛教界人士大声疾呼革新佛教，并结合时代的需要而为振兴佛教作出了不懈的努力。例如太虚法师发起了近代佛教的复兴运动，敬安、月霞和谛闲等都对近代佛教的复兴作出了各自的贡献。欧阳竟无等一批居士佛教学者在其中所起的作用令人瞩目。谭嗣同、章太炎等思想家出于变法或革命的需要而对佛学的研究和阐扬，也在客观上大大推动了近代佛教的复兴运动。

近代佛教文化的复兴，表现在许多方面。就禅学与禅宗看，其一方面延续了宋代以来禅净教融合的特色，特别是明末清初禅净双修的模式在近代再度兴盛，出现了虚云主张的以禅摄净和圆瑛主张的禅净兼摄等，另一方面，其在中国佛教中的核心地位也得到了突显，这在太虚倡导的佛教革新运动中表现得非常充分。

太虚在推动佛教革新运动时，坚持以禅为中心，明确提出了"中国佛学的特质在禅"，并认为禅也是中国"唐宋以来道德文化之根源"。他曾说："盖中国自晚唐、五代以来之佛教，可谓完全是禅宗之佛教；禅风之所播，不惟遍及佛教之各宗，且儒家宋、明理学，道家之性命双修，亦无不受禅宗之酝酿而成者。故禅宗者，中国唐、宋以来道德文化之根源也"[1]，他认为"中国佛学最特色的禅宗，实成了中国唐宋以来民族思想全部的根本精神"[2]。基于这样的

1　太虚：《黄梅在佛教史上之地位及此后地方人士之责任》，载《太虚大师全书》第26卷，宗教文化出版社2005年版，第108页。

2　太虚：《佛学之源流及其新运动》，载《太虚大师全书》第2卷，宗教文化出版社2005年版，第333页。

认识，他将中国佛教的复兴寄托于禅宗之重振，认为"中华之佛教如能复兴也，必不在于真言密咒与法相唯识，而仍在乎禅，禅兴则元气复而骨力充，中华各宗教之佛法，皆藉之焕发精彩而提高格度矣。"[1] 在他看来，"以佛教的道理来改良社会，使人类进步，把世界改善"[2] 的人间佛教建设，亦应以禅宗振兴为关键，因为"中国之佛教，乃禅宗之佛教也，非由禅宗入手，不能奏改善世道之效"[3]。虽然太虚等人因忙于佛教的改革而无暇在禅学思想方面作出更多的创新发展，但他们推动了包括禅在内的中国佛教文化的复兴，为禅学在新时代的发展开拓了道路。特别是近现代佛教为适应时代的变化，对禅宗入世精神的继承发挥而形成的人间佛教理论，既传承了佛陀创教的根本精神，也是中国禅学人文主义和人间精神在新时代创新性发展的产物。

正是在各界有识之士的共同努力下，传统佛教和禅学逐渐实现了现代转型并焕发出新的生机。同时，中国禅的丰富内涵和独特价值也越来越为现代人们所青睐，不仅受到中国各阶层人士的喜爱，而且作为东方文明的重要代表，受到了不同国家和地区的人们的欢迎，因而 20 世纪以来，中国禅走出了亚洲，传向了世界，还一度出现了"禅宗热"。敦煌经卷中禅宗典籍的发现，客观上又为禅宗研究提供了新的动力和活力。例如胡适以实证、理性的态度来研究

1　太虚：《评宝明君〈中国佛教之现势〉》，载《太虚大师全书》第 28 卷，宗教文化出版社 2005 年版，第 94 页。

2　太虚：《太虚大师全书》第 25 卷，宗教文化出版社 2005 年版，第 354 页。

3　太虚：《黄梅在佛教史上之地位及此后地方人士之责任》，载《太虚大师全书》第 26 卷，宗教文化出版社 2005 年版，第 109 页。

禅宗历史与思想，提出了一系列有争议而又值得作进一步探讨的问题，从而吸引了中日许多学者把注意力集中到禅学和禅宗研究上来，对学术层面的"禅宗热"起了重要的推动作用。而铃木大拙以通俗浅显的语言向西方世界推介禅宗，又在20世纪五十年代与胡适进行了一场具有世界影响的争论，更是扩大了中国禅宗和禅学的世界性影响，并使禅之"热"辐射至广泛的社会和文化领域。

从更广阔的社会背景看，二次世界大战以后，经历了战争的残酷和处于现代化紧张生活中的人们面临着一场精神危机。现代工业社会的迅速发展，在为人们提供丰富物质财富的同时，也使人发生了异化，人把自己变成了物，机器成为一切，人却几乎降到了奴隶的地位，不但生活失去了目标，而且失去了生活本身，生活成为财产的附属物，理性主义发展到了完全非理性的地步。人们由此而经受着巨大的心理紧张，遭受着种种精神痛苦，甚至导致了各种精神病的产生。正是在这样的时代背景下，各种拯世救人的理论学说应运而生。当西方文化面临危机之际，一些学者也把目光转向了东方，希冀从古老的东方文明中寻求一种出路，孔子的"仁"、老庄的"道"、佛陀的"悟"，都成为他们关注的对象。当铃木大拙在与胡适的争论中突显禅宗的自我与觉悟，并将禅宗作为东方文明与精神的代表，极力推介给西方世界时，强调自性自度、自我解脱的中国禅宗也就自然引起了西方学者特别是精神分析学家的极大重视与兴趣。通过东方禅师的引荐和西方学者的关注，中国禅这一古老的东方文化完全走出了东亚文化圈而进入了西方人的精神世界，并在西方社会中广为传播，成为一种非常流行的思潮。在全球化时代，西方世界出现的"禅宗热"也反馈并影响到了中国。特别是随着中国的改革开放，中国文化热的兴起，中外文化交流的频繁，禅学重新引起了人们的兴趣，禅学研究也随之热了起来。学界教界的研究有所不同，但共同点都是关注现实社会和人生，期望古老的禅学能为当代社会提供更多的精神和思想文化资源。

中国禅经过上千年的发展，在已逐渐走向沉寂之时，又能在现代社会经现代化的阐释而重新焕发出活力，这并不是历史的偶然。"禅宗热"既与现代社会的变化和人们的精神需要密切相连，也与中国禅自身的魅力分不开。特别是近些年来，人间佛教运动得到蓬勃发展，中国社会更加注重传承发展中华优秀传统文化对现代社会和人生的积极作用，相信在这样的时代背景下，中国禅学所蕴含的重视现实社会人生、主张超越形式而回归真实、强调平等自立乃至圆融中道等有益于人类和谐发展的精神资源能够展现出更多的价值。中国特色的禅学在佛教中国化进程中形成发展，也将在佛教坚持中国化方向的未来走向新的辉煌，并焕发勃勃生机，为现代社会和人类文明作出新的贡献。

附录之一

人心、佛性与解脱

——中国禅宗心性论探源 [1]

　　内容摘要：禅宗尽管是中国社会历史条件下的产物，是佛教中国化的结果，但它的理论渊源仍可追溯到印度佛教。针对目前学术界比较注重禅宗与中国传统思想的关系，而对禅宗来自佛教本身的思想渊源重视不够的倾向，本文从心性论的角度探究了禅宗的印度之源与中土之根。作者分析了佛教解脱论强调"心"之解脱的特点，考察了部派佛教从人心的解脱出发，对净心染心所提出的各种不同的观点，以及基于"心性本净"而产生的大乘佛性–如来藏系思想的特点，并探讨了这种学说在印度不占主要地位而在中土盛行的原因。最后，通过对竺道生以般若实相会通涅槃佛性义的思想特色之分析，指出了中土佛性论的特点以及中国禅宗对佛教心性论的继承与变革。

1　原载《南京大学学报》1989 年第 1 期，部分内容有删减。

一、禅与禅宗

禅宗的全部理论都是建立在"心"之基础上的，无论是北宗的息妄修心，还是南宗的无念显性，都是一种心性学说，都是关于"心"的宗教。

禅宗以禅命宗。禅，原为梵文音译"禅那"的略称，意译为"静虑"。《慧苑音义》卷上云："禅那，此云静虑。谓静心思虑也。"《瑜伽师地论》卷三十三在解释"静虑"时则说："言静虑者，于一所缘，系念寂静，正审思虑，故名静虑。"《俱舍论》卷二也说："由此寂静能审虑故，审虑即实了知义。"可见，禅虽为心地定法之一种，广义之禅却既包含了"于一所缘，系念寂静"之定，也包含了"正审思虑"，如实了知之慧。因此，中国禅宗以禅命宗，倡"定慧等学"之法门，而最终以慧摄定，突出人心的智慧之性，就佛教本身而言，并非毫无根据。但是，从早期禅学到禅宗，"禅"在中土是经历了一个不断发展变化的过程的。

汉代禅数之学受社会上神仙道家呼吸吐纳的影响，虽主止观双修而更偏重凝心入定。禅与定的结合，往往是以定摄禅，长坐不卧即为禅修的主要形式。在禅学的发展过程中，"心"的地位日益突出。从康僧会的"明心"，僧稠的"修心"，到僧实的"雕心"，无不强调修心的功夫，透露出禅学向"心宗"发展的信息，只是他们都还没有摆脱烦琐的数息、四念处、九次第定等观法。魏晋时期，禅学受玄学与般若学的洗礼，禅的重心逐渐由修持形式转向对宇宙实相的证悟。南北朝佛性论兴起后，实相与自性趋于合一，在自性本觉的基础上，禅修的内容主要成为自性自悟，形式上则出现了随缘而行的倾向。

从早期禅数之学到魏晋般若学，再进至南北朝佛性论，这既是中国佛教发展的大致历史过程，也体现了中国化佛教包括禅学本身演进的内在逻辑：即从对修持形式的关注转向对义理的探讨，最后突出解脱主体与解脱途径等问题。中国禅宗正是孕育于这个过程之中，它的思想主要也是由上述三个方面的内容融会而成。因此，禅宗乃是佛教中国化的必然产物，它渊源于印度佛教而形成于传统文化之中。要全面地把握禅宗的思想及其特点，对于禅宗的印度之源与中土之根，都必须给予足够的重视。然而，目前学术界对禅宗为中国传统思想的产物这一点强调颇多，而对禅宗来自佛教本身的思想渊源似注意不够。全面研究禅宗的佛教理论渊源，非本文所能完成，这里只想对禅宗的重要理论来源之一——佛教心性论的演变发展作一初步的探索，以期更好地了解禅宗思想的形成及其对传统佛学的继承与变革。

二、解脱与人心

解脱问题是佛教理论中最根本、最核心的问题，是佛教整个理论的出发点和归宿。离开了解脱论，佛教也就不成其为佛教。佛教解脱论的显著特点之一，在于它特别强调一种无上智慧（菩提）的获得，以追求一种大彻大悟的理想境界。据说佛教的创始人释迦牟尼就是在菩提树下证得了无上智慧，彻悟了宇宙人生的一切真谛，从而获得了根本解脱的。因此，他又被尊称为"佛陀"，省称"佛"，意即"觉"或"觉者"。随着佛教的进一步发展，对智慧有了种种不同的分类，对菩提也出现了多种解释，但解脱即在于证得智慧、断除烦恼这一点却始终为佛教各派所坚持[1]。特别是到了大乘佛教时期，更是把菩提当做佛体，一切"菩萨行"最终都是为了成就这个菩提，证得了菩提即是成佛。

佛教的全部理论可以从境、行、果三个方面来理解。由于它把人的解脱作为根本问题，因此，它的境、行、果理论也都是围绕着人这个主体来谈的。关于境的理论是佛教对宇宙人生的看法。最初，佛教主要着重在对人生现象的分析，通过"五蕴""十二因缘"等理论来说明人生无常，一切皆苦，以强调解脱的必要性。对于那些有关世界的本体等哲学问题，佛教一般都采取了回避的态度，著名的"十四无记"[2]与"箭喻"[3]等，都说明了这一点。即使是到了大乘佛教时期，关于境的理论扩大到了对整个宇宙和物质现象的说明，那也还是从主体的"所知"上来讲的，即把外境作为与主体不可分离的认识对象来加以理解。无论是"三科""四谛""三法印"，还是"性空""唯识""缘起说"，其中关于境的理论都是为了说明主体解脱的必要性和紧迫性。佛教关于行与果的理论则是具体说明主体解脱的修行方法与最终实现的境界。就大小乘共修的戒定慧来看，戒者，防非止恶，有助于定与慧也；定者，为获得智慧而进行的修炼也；慧者，根本之目标也，证悟宇宙人生的实理，即获得了

1 　小乘佛教不认为众生皆可成佛，故其理想境界并非证得佛智，然其所追求的解脱境界的实现亦有待于证得智慧，以断业灭惑。"依定发慧，依慧证理断恶"乃是大小乘共同修持的重要内容。

2 　见《杂阿含经》卷三十四，载《大正藏》第 2 册，第 243—249 页。

3 　见《中阿含经》卷六十《箭喻经》，载《大正藏》第 1 册，第 804—805 页。

最终的解脱。解脱境也就是通常所说的涅槃境，佛教对此的解释有一个不断发展的过程，这个过程的基本特点是从早期的灰身灭智逐渐向主观认识的转变这个方向发展，最终，解脱完全成为一种主观精神的境界。在"三学"基础上发展起来的大乘"六度"，在戒定慧之外又加上了"布施""忍辱"与"精进"，这无非是突出菩萨自觉、觉他的决心与慈悲精神，其最终的解脱境仍然是菩提的证得："离先妄想心、心数法，逮得如来自觉圣智，我说是涅槃。"[1]解脱的主体仍然是主观精神，只是由个人的解脱扩大为一切众生的解脱而已。就此而言，佛教禅学所坚持的"止观"双修、禅智并重，似可说是概括了佛教解脱论的根本内容。中国禅宗的心性论以觉性释心体，以般若之智作为众生心之本性，倡导心性本觉、见性成佛，其基本精神显然也没有超出佛教解脱论的范围。

由于佛教的全部理论就在于为解脱的必要性与可能性作论证，其解脱的重点又落实在无上菩提的获得——这实际上是一种主观认识的转变，是一种精神的解脱，而古人往往以"心"代指主观精神，因此，心也就成为解脱的主体，佛教的解脱最终归结到了"心"的解脱：

　　　　心恼故众生恼，心净故众生净。[2]

---

1 《楞伽阿跋多罗宝经》卷四，载《大正藏》第 16 册，第 507 页中。
2 《杂阿含经》卷十，载《大正藏》第 2 册，第 69 页下。

若心不解脱，人非解脱相应。……若心解脱，人解脱相应。[1]

据此，佛教自始至终都十分重视对"心"的分析，强调"心"的解脱。原始佛教就要求通过观"色、受、想、行、识"五蕴而"离欲灭尽，不起诸漏，心正解脱"[2]。到了部派佛教与大乘佛教时期，佛教的解脱论就更是围绕着"心"而展开了。

三、"心性本净，客尘所染"

佛教对"心"的分析主要表现在两个方面，一是对人的心理活动与精神现象的研究，例如小乘《俱舍论》五位七十五法中列心法一种与心所有法四十六种，《成实论》的五位八十四法列心王一种与心所有法四十九种，大乘瑜伽行派的五位百法则立心法八种，心所有法五十一种，等等。心法是指主观精神活动的主体，心所有法是指相应于心法而起的心理活动与精神现象。

佛教对"心"的分析之另一个方面，是它对心体、心性的研究，这是从解脱的角度来探讨主体如何实现解脱。这在理论上又包括两方面的内容：一是能否解脱，二是如何解脱，这主要表现在佛教对心性之净染，亦即善恶、迷悟等问题的讨论上。

在部派佛教时期，对于心性及其解脱问题就已经有了许多不同的观点。大众部一般都主张"心净尘染"。《异部宗轮论》中说：

---

1 《舍利弗阿毗昙论》卷二十七，载《大正藏》第 28 册，第 698 页中。
2 《杂阿含经》卷一，载《大正藏》第 2 册，第 6 页上。

"大众部、一说部、说出世部、鸡胤部，本宗同义者，……心性本净，客尘随烦恼之所杂染，说为不净。"[1]他们把烦恼分为随眠与缠两种，随眠是指烦恼的习气，即潜在的能力，缠则是指烦恼的现行。他们认为："随眠非心，非心所法，亦无所缘。随眠异缠，缠异随眠。应说随眠与心不相应，缠与心相应。"[2]因此，尽管"众生无始生死以来有客尘，即是烦恼"，由于"烦恼即是随眠等烦恼"[3]，与心不相应，因而心性还是本净的。但是，大众部是主张"过去未来非实有体"[4]的，这就决定了他们所讲的净心解脱不能是"过去"的净心，而只能是未来解脱了的净心。同时，既然"众生无始生死以来有客尘"，哪怕是一种潜在的习气，毕竟也算不得"净心"，而且，他们所说的"随眠与心不相应"也只是说这些随眠可以离灭，心可以实现为"净心"而已。因此，大众部所说的"净心"解脱实际上是指染心未来可以实现的一种可能性。这是大众部"心性本净"说的一个特点。

上座部的观点比较复杂。说一切有部是坚决反对"心性本净"的，他们把心分为净心与染心两种：

非贪势力令不染心转成染污，但有自性污染心起与贪相应，由贪相应得有贪号。心性是染本不由贪，故不染心本性清

---

1 《异部宗轮论》，载《大正藏》第49册，第15页中—下。

2 《异部宗轮论》，载《大正藏》第49册，第15页下—第16页上。

3 《随相论》，载《大正藏》第32册，第163页中。

4 《异部宗轮论》，载《大正藏》第49册，第16页上。

净，诸染污心本性染污，此义决定不可倾动。[1]

就是说，既有本性清净的不染心，也有本性染污的染心。所谓
解脱，就是以净心取代染心。他们反对染心可以解脱，认为在解脱
中"诸染污心皆无容有，故彼不可名得解脱"，解脱的是净心："既
说离贪心得解脱，即立解脱唯不染心。"[2] 说一切有部的心性论与他
们"刹那灭"的观点是相一致的。由于一切皆刹那灭，便不可能有
一个由染到净的恒常之心体，犹如"垢与器俱刹那灭，不可转有垢
即成无垢器。但缘合故有垢器灭，无垢器生，名器除垢。"[3] 解脱也是
如此，去掉染心，实现净心，就是解脱，没有一个"本性清净"的
心转染成净。他们还用"刹那灭"的观点论证了"心性净，理无被
染，先后与俱皆不成"的道理：

> 若先有自性净心，后烦恼生方被染者，应净心体非刹那
> 灭；若先有惑，后净心生，被先已生惑所染者，应此惑体非刹
> 那灭；若心与惑俱时而生，则不应言心本性净，有时客尘烦恼
> 所染。

事实上，"若说心以净为性，后与烦恼相应位中，转成染者，
应失自性，既失自性，应不名心"。因此，"说心本净，烦恼为客尘，

---

1 《阿毗达磨顺正理论》卷七十二，载《大正藏》第29册，第733页下。
2 《阿毗达磨顺正理论》卷七十二，载《大正藏》第29册，第732页下，第732页中。
3 《阿毗达磨顺正理论》卷七十二，载《大正藏》第29册，第733页上。

是戾正言，非应理论。"¹说一切有部对随眠与缠的看法是："一切随眠皆是心所，与心相应有所缘境，一切随眠皆缠所摄，非一切缠皆随眠摄。"²即认为随眠与缠并无习气与现行之分，两者都是与心相应的烦恼，所以"不应言心本性净"，心是杂染的。

然而，上座系中的化地部、法藏部及分别论者³的观点却又与说一切有部不同，他们都主张"心性本净"，持与大众部相近的观点：

> 有执心性本净，如分别论者，彼说心本性清净，客尘烦恼所染污故，相不清净。……彼说染污不染污心，其体无异。谓若相应烦恼未断，名染污心；若时相应烦恼已断，名不染心。如铜器等未除垢时，名有垢器等；若除垢已，名无垢器等。心亦如是。⁴

他们认为这是符合佛说的"圣教亦说心本性净，有时客尘烦恼所染"。⁵他们对随眠与缠的看法也与大众部相近，认为"随眠非心亦非心所，亦无所入，眠与缠异，随眠自性心不相应，缠自性心相应"⁶。但值得注意的是，他们所说的染心、净心，始终指的是同

---

1 以上引文见《阿毗达磨顺正理论》卷七十二，载《大正藏》第 29 册，第 733 页中。

2 《异部宗轮论》，载《大正藏》第 49 册，第 16 页中。

3 分别论者并非专指哪一派，但它主要代表了上座系各派的观点。

4 《阿毗达磨大毗婆沙论》卷二十七，载《大正藏》第 27 册，第 140 页中—下。

5 《阿毗达磨顺正理论》卷七十二，载《大正藏》第 29 册，第 733 页上。

6 《异部宗轮论》，载《大正藏》第 49 册，第 16 页下—第 17 页上。

一个心，并非有两个不同的心，这个心由染到净，体性始终不变；而且，无论心是否有随眠、烦恼的污染，都不影响心的清净本性："烦恼未断故，心有随眠，……烦恼断故，心无随眠。此心虽有随眠、无随眠时异，而性是一。"[1]这与洗衣、磨镜是一个道理，去掉污垢，即显清净。

因此，他们强调通过禅定等"修心"实践，来去掉污染，恢复心的清净本性，并认为这就是解脱："心性清净，为客尘染。凡夫未闻故，不能如实知见，亦无修心，圣人闻故，如实知见，亦有修心，心性清净，离客尘垢。"[2]这些观点与大众部的"心性本净"说显然又是有很大差别的。

从上可见，部派佛教对心性解脱问题是十分重视的，争论得也是比较激烈的。这个时期的心性论直接影响到了大乘心性学说的形成与发展。甚至在中国禅宗的"时时勤拂拭"（北宗神秀语）或"佛性常清净"（南宗惠能语）的思想中，也仍然可以见到这种影响的存在。但由于早期佛教基本上坚持的是缘起论与"无我"说，因此，这个时期所说的染净之心，一般并不具有精神实体的意义，尽管佛教的解脱论实际上很需要这样一个实体。《阿毗达磨顺正理论》在解释为何解脱为"心"之解脱时说：

> 以心所等随从心故，染净法中心为主故，虽无有我而可于

---

1 《阿毗达磨大毗婆沙论》卷二十二，载《大正藏》第 27 册，第 110 页上。

2 《舍利弗阿毗昙论》卷二十七，载《大正藏》第 28 册，第 697 页中。

心假说缚者脱者等故。[1]

《成实论》也说：

> 又无我故，应心起业。以心是一，能起诸业，还自受报。心死、心生，心缚、心解，本所更用，心能忆念，故知心一。又以心是一，故能修集。若念念灭，则无集力。又佛法无我，以心一故，名众生相。[2]

这都是说，只是将心"假说"为业报与解脱的主体，心还不是"真我"。随着大乘佛教的兴起，佛教的心性解脱论才发生了根本的变化。

四、佛性-如来藏与自性清净心

大乘佛教基本上采用了"心性本净"说，但各派对此的解释却有很大的不同。大乘空宗认为"是心非心，心相本净故"[3]。这是用"性空"来解说心的本净，因为"毕竟空即是毕竟清净"[4]。这样，本净的就不只是心，而是"一切法本清净相"[5]。大乘有宗以"真如"体

---

1 《阿毗达磨顺正理论》卷七十二，载《大正藏》第 29 册，第 731 页下。

2 《成实论》卷五，载《大正藏》第 32 册，第 278 页下。

3 《小品般若经》卷一，载《大正藏》第 8 册，第 537 页中。

4 《大智度论》卷六十三，载《大正藏》第 25 册，第 508 页下。

5 《小品般若经》卷八，载《大正藏》第 8 册，第 574 页中。

性清净来说"心性本净":"已说心性净,而为客尘染,不离心真如,别有心性净。"[1]而大乘佛教中期发展起来的佛性–如来藏思想,则把"心"与法性、佛性、解脱等联系在一起,作了新的发挥。

本来,在原始佛教时期,释迦牟尼只是被视为一个觉悟者,他仍然是人而不是神。在部派佛教中开始出现了把释迦牟尼神化的倾向,特别是大众部,把佛陀描绘为是具有"三十二相"、"八十种好"的超常人物,具有十力、四无畏等种种神通。到了大乘佛教时期,释迦牟尼被进一步神化了,他不再是一个历史人物,而是成为一个全智全能的至上的神,是超自然的存在。佛也不再是只有释迦牟尼一个,三世十方有无数的佛。这样,关于佛身的问题便被提了出来:既然佛是神而不是人,那么,佛的最终涅槃就不应该是像常人一样,死了就什么也不存在,佛应该具有永恒的法身。早在大众部所传的《增一阿含经》中就提出了"释师出世寿极短,肉体虽逝法身在"[2],但小乘佛教的"法身"一般只是指佛的精神,表示佛的生身死后留下的教理教法仍然常在。佛本身还没有被区分出不同的佛身,所以说:"今显此身父母生长,是有漏法,非所归依;所归依者,谓佛无学成菩提法,即是法身"[3],"诸弟子展转行之,则是如来法身常在而不灭也"[4]。而在大乘佛教中,佛却有了二种、三种,乃至四种、五种不同的佛身,佛具有常住不灭的法身。例如《大智度

---

1 《大乘庄严经论》卷六,载《大正藏》第 31 册,第 622 页下—第 623 页上。

2 《增一阿含经》卷一,载《大正藏》第 2 册,第 549 页下。

3 《阿毗达磨大毗婆沙论》卷三十四,载《大正藏》第 27 册,第 177 页上。

4 《佛垂般涅槃略说教诫经》,载《大正藏》第 12 册,第 1112 页中。

论》卷九把佛身区分为法性身与生身两类[1]："佛有二种身，一者法性身，二者父母生身。"《法华经》卷五中则称释迦牟尼佛"寿命无量阿僧祇劫常住不灭"，"为度众生故，方便显涅槃"。

　　这种思想，在涅槃类经典中得到了充分的发展。经中明确提出了"如来法身常……如来法身恒"，认为"此法身者是不生不灭法"[2]。那么，佛的法身何以会常住呢？经中认为，这是由于明见了常住的佛性之缘故。佛性，本来具有佛之体性的意义。佛是证得了无上菩提者，所以也可以说："佛性义者，名为阿耨多罗三藐三菩提。"[3]《大般涅槃经》中提出："佛性常恒无有变易"，且具有"常乐我净"四德，众生只要明见佛性，便得常乐我净，获得解脱："得解脱故，明见佛性"，"是故佛性常乐我净，以诸众生不能见故，无常无乐无我无净，……以得见故，众生即得常乐我净。"[4]

　　大乘佛教还进一步认为，常乐我净的佛性，不仅是佛之体性，是众生成佛的内在可能性，而且，它实际上也是宇宙万法的本质，因此，它又可以称之为"法性"。吉藏在《大乘玄论》卷三中说：

　　　　平等大道，为诸众生觉悟之性，名为佛性。……为诸法体性，名为法性。妙实不二，故名真如。尽原之实，故名实际。

1　按照鸠摩罗什的解释："大乘法中，无决定分别是生身、是法身。所以者何？法相毕竟清净故，而随顺俗分别。"（《大乘大义章·次重问法身并答》，《大正藏》第45册，第123页）罗什这里所说的"大乘法"是指大乘空宗的观点。

2　《佛说不增不减经》，载《大正藏》第16册，第467页中，第467页上。

3　《大般涅槃经》卷十七，载《大正藏》第12册，第463页下。

4　以上引文分别见于《大正藏》第12册，第523页中，第466页下，第523页下。

佛性、法性、真如、实际等，并是佛性之异名。

这样，由佛理、佛身到佛性、法性，大乘佛教逐渐完成了一个永恒不灭的绝对精神的建构。

接下来的问题便是：既然"一切众生悉有佛性"，皆得成佛，而佛性又是永恒的，那么，佛性与人心的关系又如何呢？"心"之解脱与明见佛性又是什么关系呢？佛性－如来藏系的思想以"如来藏自性清净心"回答了这个问题。

如来藏的"藏"是胎藏得意思，如来藏，意谓如来在胎藏中，它作为佛性的别名，更突出了"如来即在众生身内"[1]，是一切众生的成佛之因。它虽然在众生之中，与烦恼杂，但它的体性始终是清净的："一切众生，虽在诸趣烦恼身中，有如来藏常无染污，德相备足"[2]，众生的如来藏只要离却烦恼，便与如来不二："诸烦恼藏覆如来性，性不明净，若离一切烦恼云覆，如来之性净如满月。……若离一切诸烦恼藏，彼如来性烦恼永尽，相好照明，施作佛事。"[3]由于自性清净的如来藏在一切众生身中，是一切众生成佛的根据，是众生解脱的主体，因此，它与"自性清净，客尘所染，净心解脱"之心，实际上就成为异名而同实了。在《胜鬘经》中确实就是这样说的：

自性清净如来藏，而客尘烦恼、上烦恼所染，不思议如来

---

1 《佛说无上依经》卷上，载《大正藏》第 16 册，第 470 页上。

2 《大方等如来藏经》，载《大正藏》第 16 册，第 457 页下。

3 《大法鼓经》卷下，载《大正藏》第 9 册，第 297 页中。

境界……自性清净心而有染污，难可了知。有二法难可了知，谓自性清净心难可了知，彼心为烦恼所染，亦难了知。[1]

显然，这里是把自性清净如来藏与自性清净心相提并论、等量齐观的。事实上，在如来藏系的一些经论中，两者也一直是在同等意义上被使用的。这样，早期佛教"假说"为业报与解脱主体的清净心经过与佛性-如来藏合而为一，便也具有了绝对精神的意义，心也就被抬高到了宇宙人生之本体的地位。就人生而言，它是"真我"，因为"我者，即是如来藏义"[2]；就万法而言，它是真如、法性："我依此清净真如法界，为众生故，说为不可思议法自性清净心"[3]；就解脱而言，它又是菩提、法身："菩提即是心"[4]，"如来藏者即是法身"[5]。这种思想对中国佛学的影响极大。竺道生用般若实相义去会通的就是这种佛性-如来藏思想，在竺道生等人的倡导下，这种心性论思想经过不断改造与发挥而成为中国化佛学的主流。

五、中印文化背景与佛性-如来藏说

值得注意的是，大乘佛性-如来藏系的心性学说在中土盛行而

---

1 《胜鬘师子吼一乘大方便方广经·自性清净章》，载《大正藏》第 12 册，第 222 页中—下。
2 《大般涅槃经》卷七，载《大正藏》第 12 册，第 407 页中。
3 《佛说不增不减经》，载《大正藏》第 16 册，第 467 页中。
4 《庄严菩提心经》，载《大正藏》第 10 册，第 961 页中。
5 《佛说不增不减经》，载《大正藏》第 16 册，第 467 页上。

在印度佛教中却并不占重要地位。早在部派佛教时期，"心性本净，客尘所染，净心解脱"的说法就曾被认为是"方便说"[1]，甚至被斥之为"违正理"的"非了义说"[2]。在大乘佛学中，早期般若学是以诸法性空来解释一切法的，所以说"佛性佛性空"，"涅槃涅槃空"[3]，并未从正面肯定任何精神实体。中期大乘瑜伽行派则以真如性来解说佛性—如来藏："不离心真如，别有心性净"，而真如是无为法，依胜义说，是超于净与不净之上的："非净非不净，佛说名为如"[4]，因此，瑜伽行派别立"三性"，提出了以"阿赖耶识"为一切染净法之所依止的"转依"说，通过修行，"于彼依他起上常远离前遍计所执"[5]，从而转染成净，显"圆成实性"（真如、如来藏）。如果阿赖耶识所含藏的种子中没有无漏种子，便无法发生无漏功德，亦即不能证入圣果。据此，瑜伽行派又立"五种性"，认为有一类众生是无佛性的。这与人人具有佛性—如来藏的思想显然也是很不一致的。因此，大乘空宗与有宗也都视如来藏系的思想为不了义。[6]

佛性—如来藏的思想在中印佛教中的地位之迥异，是由中印两种不同的社会文化背景所决定的。我们知道，印度佛教是以反婆罗

1　例如《成实论》卷三中说："心性非是本净，客尘故不净，但佛为众生谓心常在，故说客尘所染，则心不净。又佛谓懈怠众生，若闻心本不净，便谓性不可改，则不发净心，故说本净。"（《大正藏》第32册，第258页）

2　《阿毗达磨顺正理论》卷七十二，载《大正藏》第29册，第733页中。

3　《摩诃般若波罗蜜多经》，载《大正藏》第8册，第260页中，第250页中。

4　《大乘庄严经论》，载《大正藏》第31册，第623页上，第603页下。

5　《成唯识论》卷八，载《大正藏》第31册，第46页中。

6　后期瑜伽行派对如来藏系的思想在许多方面作了改造，并加以吸收。请参阅印顺著《如来藏之研究》一书中的有关章节。

门教的姿态而登上社会历史舞台的。为了反对婆罗门教关于有万能的造物主（大梵天）和不死的精神主体（神我），原始佛教从自己的基本理论——缘起说出发，特别强调了"无我说"，从小乘佛教偏重的"人无我"，到大乘佛教的"人、法无我"，"无我说"始终是佛教坚持的区别于外道的基本理论之一，是"法印"的重要内容。尽管这种理论与佛教业报轮回的解脱论在理论表达上存在着一定的矛盾：

> 若无实我，谁能造业？谁受果耶？……我若实无，谁于生死轮回诸趣，谁复厌苦求趣涅槃？[1]

为了克服这个矛盾，部派佛教就提出了"补特伽罗""胜义补特伽罗""中有""果报识"等作为"我"的异名。例如犊子部立"依蕴处界假施设名"的"不可说我"：

> 犊子部本宗同义：谓补特伽罗非即蕴离蕴，依蕴处界假施设名。……诸法若离补特伽罗，无从前世转至后世，依补特伽罗可说有移转。[2]

这里将"补特伽罗"假施设为轮回的主体，与前面所说的部派佛教心性论将"心"假说为业报与解脱的主体，其思想和方法都

---

1 《成唯识论》卷一，载《大正藏》第 31 册，第 2 页中。
2 《异部宗轮论》，载《大正藏》第 49 册，第 16 页下。

是一致的。不同之处也许只是在于，前者更偏重于向下一着的业报轮回，而后者则偏重于向上一步的解脱。为了业报和解脱，必须假设一个主体。但是，整个部派佛教时期，始终未有哪一派敢明确提出"我"来与"无我说"相对抗，也未曾对"补特伽罗"与"心"的关系作出过什么明确的说明。即使是到了大乘佛性–如来藏思想发展起来后，"常乐我净"的佛性、如来藏实际上已经离开了"无我说"而有了外道"神我"的色彩，但佛经上仍一再强调"我说如来藏不同外道所说之我"，因为如来是"于法无我，离一切妄想相，以种种智慧、善巧方便，或说如来藏，或说无我。以是因缘故，说如来藏不同外道所说之我"，"如来藏"还是被归入了佛的善巧方便说！因此，"为离外道见故，当依无我如来之藏"[1]，最终还是谋求与"无我说"的调和，而未直接公开地与"无我说"唱对台戏。由此也可见到"无我说"对印度佛教影响之大。佛性–如来藏思想在印度得以产生而又未能充分发展，与印度佛教自身理论表达上的矛盾实有莫大的关系，而这种矛盾又深深地植根于印度的文化传统之中。

在中国则呈现出了完全不同的气象。中国自古以来就盛行着灵魂不死、祸福报应等思想，所谓"人死为鬼、有知、能害人"（王充《论衡·论死》），"行善者福至，为恶者祸来"（王充《论衡·福虚》），并认为善恶之报都是"天地罚之，鬼神报之"（王充《论衡·祸虚》）。因此，对上帝鬼神的敬畏和对祖先的祭祀，一向在人们的意识中和社会生活中占有极重要的地位。尽管这种传统观念

1　以上引文均见《楞伽阿跋多罗宝经》卷二，载《大正藏》第 16 册，第 489 页中。

与印度佛教的业报轮回等基本理论在许多方面并不相同，但中国人更多的就是以这种思想去理解并接受佛教理论的。因此，佛教传入中国后，它的"无我说"并不为人们很重视，甚至被加以改造，而"有我论"却一直有着很大的市场。东汉以来把"无我"理解为"非身"，即只是对血肉之我加以否定而不否定精神之我，这便是一个很好的例证。据史籍记载，"人死精神不灭，随复受形，生时所行善恶，皆有报应"（袁宏《后汉纪》卷十），以及"精灵起灭，因报相寻"（范晔《后汉书·西域传》）等曾成为东汉、三国时佛教的重要信条。后虽经般若学而中土人士渐知识神性空之义，但坚持者甚少。僧叡在《毗摩罗诘提经义疏序》中曾说："此土先出诸经，于识神性空，明言处少，存神之文，其处甚多。"这说的是罗什以前中国佛教的情况。其实，即使是在罗什以后的译经中与中国佛教徒的著述中，"存神之文"也仍然是"其处甚多"的。就连精通般若空义的僧叡本人，最后也转而对《法华》与《涅槃》之实大感兴趣。肯定"识神"的常存不灭，堪称中国化佛教的一大特点，这个特点是在传统文化背景下形成的。从早期《理惑论》中所理解的"佛道言人死当复更生"、"魂神固不灭矣，但身自朽烂耳"，到东晋名僧慧远对法身的执著和对"神不灭论"的系统论证，无不反映出中国佛教思想的这一特点。正因为如此，当佛教涅槃佛性论传来我国后，便立即受到了普遍的重视和欢迎，自竺道生首开风气后，涅槃佛性论成为我国南北朝时期佛教的中心论题，并进而直接影响到了隋唐佛教各宗派思想理论的形成。

六、继承与变革

　　禅宗的心性论是远承印度佛教的心性本净说，近承中土南北朝的佛性论而建立起来的。从早期佛教的"心"之解脱到中国禅宗的"心"之宗教，其间既有理论上的渊源关系，也有不同的社会与文化背景所造成的不同特点。

　　中国禅宗奉菩提达摩为东土初祖，然中土禅学并不自达摩始。仅就僧传所记，在达摩以前或与达摩同时，从事禅经翻译，或修持禅业、传授禅法者，就有七十余人。但达摩所传禅法以清净之本心为依持，又顺应中国佛教发展的趋势，继竺道生会通般若实相与涅槃佛性之后，进一步将实相扫相与心性本净结合起来，这对于中国禅宗思想的形成，确实具有极大的影响。从达摩到弘忍，东土五祖的传承之真伪虽不能作最后定论，从思想上看，相通之处却是明显的。他们的禅学理论都是围绕着自性本清净展开的，并且都具有融摄般若实相说与楞伽心性论的特点[1]，只是有的偏重楞伽心性论，有的偏重般若无所得，思想重心有所不同而已，南北禅宗也即由此而分化。禅宗的这种思想特点与中国化佛教融摄空有的基本特色是相一致的。

　　作为中国禅宗之主流的惠能南宗，其心性论在传统思想的影响下更具有中国化的特色。南北朝以来的种种佛性论，基本上都是从人、心、理（境）这三个方面来理解佛性的，即有的以众生为正因佛性，有的以心为正因佛性，还有的以得佛之理为正因佛性。其

1　楞伽心性论具有会通印度唯识系与如来藏系思想的特点。

中，把佛性与主体"心识""自性"统一起来，则是普遍的倾向。由外而内，由境向心，这是中国佛性论发展的总趋势。惠能在继承达摩系融摄空有的思想特点之基础上，进一步把佛教心性论的中国化推向前进，他不仅融会般若实相学与涅槃佛性论，以非有非无的不二之性来释佛性、自性，而且进一步把不二之性与现实之人及现实人心结合在一起，以"无相无念无住"的当下本觉之心把空与万法、人心与佛性、众生与佛"圆融无碍"地融为一体，以众生当下之心的念念无著为解脱成佛道，从而形成了区别于传统佛性论的种种新特点，更突出了人们的当下解脱。惠能的心性论既综合了从人、心、理（境）等不同方面来理解佛性的各家异说，又超越了各家的思想，就此而言，惠能南宗的心性论是中国佛性思想发展的一个新阶段。

从整个佛学的发展来看，由于惠能的心性论之核心也是解脱问题，它在融摄中观般若思想的基础上，把大乘佛学建构的绝对精神重新拉回到人们的现实之心，把人的解脱与否完全归结为自心的迷悟，使得早期佛教的心之解脱经过如来藏自性清净心的发展，又获得了新的形式，在完成了一个否定之否定的过程后，佛陀的解脱论又得到了新的肯定。就此而言，惠能南宗的心性论在世界佛教史上的地位也是不能忽视的。

当然，在佛教中国化的过程中形成并发展起来的禅宗，尽管在许多方面与佛陀精神相通，却并不是简单地向原始佛教复归。从总体上看，它的心性论既与印度佛教有着千丝万缕的联系，又与中国传统思想有着密切的关系。它的思想核心，它的出发点和归宿，都没有超出传统佛教的范围，但它同时又摄取了大量中国传统的思想与方法，特别是老庄玄学的自然主义哲学与人生态度以及儒家的反身而诚的心性学说。对于禅宗心性论的中国化特色及其与中国传统思想的关系，将另文专述，在此从略。

附录之二

略论楞伽师、楞伽禅与中国禅宗[1]

内容摘要：本文对楞伽师的形成与发展、《楞伽经》与楞伽禅的关系、楞伽禅向禅宗的过渡等问题作了专门的研究，认为楞伽禅中的如来禅一支之所以发展为中国禅宗，既与其特殊的传承有关，也与其自身的特点密切相联，特别是融会楞伽心性论与般若无所得，成为中国禅宗发展的基本方向。

据有关记载，菩提达摩来华传禅是以四卷本《楞伽经》"印心"的。在达摩门下，有以《楞伽经》相传授的楞伽师，他们的禅也就被称为"楞伽禅"。那么，楞伽师是否都是楞伽禅师呢？楞伽禅与后来的禅宗又是怎样的关系呢？有人称后来的禅宗为般若禅，甚至有"般若宗革了楞伽宗的命"之类的说法。那么，楞伽禅与般若禅的关系又怎样呢？这些都是中国禅史和佛教史上的重要问题。由于资料的繁杂，人们对这些问题的看法不一，本文拟对此作些初

1　本文乃与孙亦平二人合作，原载《世界宗教研究》1997 年第 3 期。

步的探讨。

一

南北朝时，随着佛教经论的大量译出，讲习之风也逐渐兴盛，并形成了许多以弘传某部经论为主的不同学派，例如毗昙学派、楞伽学派等，这些学派的学者也相应地被称为"毗昙师"或"楞伽师"等。一般而言，楞伽师是指一批专以四卷本《楞伽经》为印证并递相传授的僧人。但若细加区分，其中又有楞伽经师和楞伽禅师等的不同，据说他们大都是承达摩而来。《续高僧传·慧可传》中有这样的记载：

> 初，达摩禅师以四卷《楞伽》授可曰：我观汉地，惟有此经，仁者依行，自得度世。……那、满等师，常贵四卷《楞伽》，以为心要，随说随行。

这里提到的那禅师，是慧可的弟子，满禅师则又是那禅师的弟子。这就是说，达摩在传法给慧可的同时，又以四卷本《楞伽经》相传授以"印心"，后来就在慧可的门下逐渐出现了一批专以《楞伽经》为修持依据的楞伽师。《续高僧传·法冲传》中对慧可以下的传承及其不同的发展倾向有进一步的说明：

> 达摩禅师后，有慧可、道育二人。育师受道心行，口未曾说。可禅师后，粲禅师，慧禅师，盛禅师，那禅师，端禅师，

长藏师，真法师，玉法师（已上并口说玄理，不出文记）。

可师后，善老师（出抄四卷），丰禅师（出疏五卷），明禅师（出疏五卷），胡明师（出疏五卷）。

远承可师后，大聪师（出疏五卷），道荫师（抄四卷），冲法师（疏五卷），岸法师（疏五卷），宠法师（疏八卷），大明师（疏十卷）。

……

那老师后，实禅师，慧禅师，旷法师，弘智师（名住京师四明寺，身亡法绝）。明禅师后，伽法师，宝瑜师，宝迎师，道莹师（并次第传灯，于今扬化）。

这就是说，慧可的弟子有那禅师、粲禅师、慧禅师、盛禅师等，他们虽依《楞伽经》，但"并口说玄理，不出文句"，形成了楞伽禅系。其中的粲禅师（即后来一般所说的禅宗三祖璨禅师），则传法于道信，道信又传弘忍，最终形成了中国禅宗，为了叙述的方便，我们把这一系称之为如来禅系[1]。这一传承中的道信曾明言"我此法要，依《楞伽经》"，弘忍也曾经想在寺院的廊壁上画"《楞伽》变"，因而也是以《楞伽经》相传授的，但禅法另有特色，后来的

---

1 如来禅，语出《楞伽经》，意指"如来所得之禅"或"如实入如来地之禅"，被认为是区别于外道和二乘菩萨所行的"最上乘禅"。本文乃借用宗密《禅源诸诠集都序》中"最上乘禅，亦名如来清净禅，……达摩门下，辗转相传，是此禅也"的说法，把它作为反映达摩禅和禅宗的一个发展阶段及其特点的历史概念来使用，作为一种方便说法，主要是指从菩提达摩到惠能以前的禅，其中包括神秀北宗等禅系。请参阅拙文《如来禅与中国佛教文化》（载《中国哲学史》1997 年第 2 期）。

神秀北宗仍承继其后。而慧可门下另有一种传承，即上面提到的善老师、丰禅师、明禅师，以及远承慧可的大聪师、道荫师等，他们都注经作疏，走上了重讲说的道路。这也许就是慧可所曾预言的"此（楞伽）经四世之后，变成名相"（《续高僧传·慧可传》）的意思。这些承达摩和慧可以后，同样以《楞伽经》为依持并递相传授者，我们在这里且称之为楞伽经师的传承。

这样，达摩将《楞伽经》传给了慧可，慧可以后，形成了一个以《楞伽经》相传授的楞伽系。此系僧人，广而言之，可统称之为楞伽师。在继承达摩"藉教悟宗"的过程中，楞伽师又逐渐形成重"教"和重"宗"这两种不同的倾向，为了以示区别，前者我们称之为楞伽经师，后者则以楞伽禅师名之。楞伽禅师的思想和禅法，就是我们所说的楞伽禅，而我们所说的如来禅系，则特指楞伽禅中向禅宗过渡的一支。关于慧可门下的分化，印顺法师也曾表示过如下的看法："慧可是以《楞伽》为心要的，'藉教悟宗'的。在门下的弘传中，出现了不同的倾向：'口说玄理，不出文记'的禅师，著作疏释的经师。这二流的分化，是极明显的事实。"[1]

但据有关记载，除了达摩、慧可一系依四卷本《楞伽经》的楞伽师之外，还有其他一些楞伽师存在。例如《续高僧传·法冲传》中就记载说："不承可师，自依《摄论》者，迁禅师（出疏四卷），尚德律师（出《入楞伽》疏十卷）。"这就是说，不仅有不承慧可而来的楞伽师，他们自依《摄大乘论》来疏解《楞伽》，而且还有不依四卷本而依十卷本《楞伽经》者，且不是禅师而是"律师"。这

---

1 印顺：《中国禅宗史》，上海书店 1992 年影印本，第 30 页。

又表明，广义的"楞伽师"，是一个十分宽泛的名称，可以包含很多内容。而本文则主要谈论与达摩、慧可系有关的楞伽师与楞伽禅，兼及《楞伽师资记》中奉为第一代楞伽师的求那跋陀罗等。

达摩为何以《楞伽经》为传授契机？这是一个比较复杂的问题，它与达摩禅法的特点、达摩传法的时代条件以及《楞伽经》的内容等都有一定的关系。

道宣的《续高僧传》在说到达摩禅的特色时曾称"摩法虚宗，玄旨幽赜"，这从一个侧面揭示了达摩禅融会般若而不追求形式，重视理悟而玄妙难测的特点。达摩初到中土，先至金陵，而当时南方佛教经竺道生等人的倡导，涅槃佛性论广泛流行，因而传"廓然无圣"之禅的达摩受到了冷遇。达摩渡江北上，当时北方佛教重禅的实修而不重禅理的探讨，即使是义理之学，主要也是谈"有"的"地论学派"而非谈"空"的般若学，因而据《楞伽师资记》介绍，达摩"游化汉魏"时，"忘心寂默之士莫不归信，取相存见之流，乃生讥谤"，这表明达摩初到魏地时传授"虚宗"禅法也没有受到普遍欢迎。面临的种种困难，也许正成为达摩转而以四卷本《楞伽经》作为"传佛心印"的重要契机。因为《楞伽经》虽篇幅不大，但内容却十分丰富，特别是它既大讲如来藏清净心，又着眼于破除妄想执著以显示真如实相，同时又专门谈到了禅法，这对于达摩来说显然是非常适合的，以此相传授，既可以迎合中国佛教重心性、佛性的学风，满足当时的社会需要，从而在中土站稳脚跟，同时又可以保持自己禅法破言相而重心悟的基本特色以独树一帜。事实证明，达摩以接近当时北方"地论学派"的《楞伽经》为指导来简化修行方法，倡不拘形式、专重心悟的禅法，是获得成功的，它适应了中国禅发展的需要，经慧可等人的大力推行，最后终于成为中国禅的一大宗。

那么，达摩以《楞伽经》印心，为何又特别选择了四卷本呢？我们知道，《楞伽经》在中土共有"宋译"四卷、"魏译"十卷和"唐译"七卷三个译本，其中南朝刘宋时译出的四卷本为最早。此经译出后，译者求那跋陀罗应王公道俗之请，"遂开禅训"，在中土播下了楞伽禅的种子。因此，达摩以四卷本《楞伽经》进行传授，可能与他先到南方、先接触到四卷本有一定的关系。再从译文上看，四卷本《楞伽经》比较接近现存的梵文本。它只有一品，名"一切佛语心品"。在卷一中又有"诸佛心第一"的说法。这里的"心"是"核心"或"中心"之心，意谓《楞伽经》是佛之言教的核心，并不是指人的思虑之心或佛教的所谓真心，但在中土盛行佛性论的文化氛围中，楞伽师以至后来的禅宗人都将核心之心解释为人心、心性之心。如吕澂先生所说："事实上，四卷本《楞伽经》只是用《一切佛语心第一》作为品名，而且这个'心'字，意思同于'枢要''中心'，即是说佛教中的重要意义在《楞伽经》中都具备了，并非指人心之心。但楞伽师望文生义地曲解这一含义，却要求人们专向内心用功夫。"[1]实际上，这种"曲解"以及"专向内心用功夫"的要求，正是中国佛教和中国禅的特色及其发展的方向。据净觉的《楞伽师资记》载，四卷本《楞伽经》的译者求那跋陀罗就曾引"诸佛心第一"作为教授正法的宗旨，提出了"默心自知，无心养神，无念安身，闲居净坐，守本归真"的"安心"之法，其所言之

1　吕澂：《中国佛学源流略讲》，中华书局 1979 年版，第 207 页。

心就是既指人心，又指如来藏佛性。将佛性和人心视而为一，这也是从达摩至僧璨依据四卷本《楞伽经》所共有的思想，他们所依之心主要就是兼有人心佛性之义的如来藏自性清净的心。后来道信则根据《文殊说般若经》的思想会通《楞伽》之心，突出了当下即是的念佛之心。这种心即佛的思想成为如来禅的核心观念之一。

从内容上看，四卷本和十卷本《楞伽经》的主要思想体系是基本一致的，都专门讨论了如来藏和阿赖耶识的问题，并要求通过对佛教一系列名相概念的把握而获得佛智，证入佛境，但两者在义理上的侧重有所不同。在内容大致相同而译文更为通顺畅达的十卷本已经译出的情况下，达摩系楞伽师之所以仍然坚持主要地以四卷本来印心，这除了历史与传统的原因之外，与他们要区别于北方之学也有一定的关系，这就要从四卷本和十卷本对"如来藏"的论述所表现出的一些差异来谈了。

《楞伽经》专门讨论了如来藏的问题，经中所说的"入如来地"的"如来禅"则具有证悟如来藏性而得如来法身的意思，而达摩系安心禅法的特点与这种如来藏自性清净心的思想倾向是有一致之处的，因而达摩系禅也有"《楞伽》的如来禅"之称（印顺法师语）。但是，四卷本和十卷本在谈到如来藏及其与阿梨耶识关系的时候却表现出了不同的思想特点。十卷本以如来藏为根本依持，而如来藏又有唯一真实的体性之义，从而与北方地论学派的观点比较接近；而四卷本却具有以"性空"来解如来藏的倾向，因而与"摩法虚宗"更为合拍。

在四卷本《楞伽经》中，如来藏与阿赖耶识有合而为一的倾向。经中认为，本来清净的如来藏"为无始虚伪恶习所熏"而名为识藏（或称藏识，是阿梨耶识的异译），如来藏也就是佛性，识藏即为众生心。这样，依此心此性而修禅，既可以"舍伪"，又可以"归真"。所以，同样是依《楞伽经》，有的楞伽师从"真心"立论而强调"凡圣同一真性"（《楞伽师资记》），有的则从"妄心"立论而强调"诸佛说心，令知心相是虚妄法"（《续高僧传·慧可传》）。而四卷本《楞伽经》中又有"一切无涅槃，无有涅槃佛，无有佛涅槃，远离觉不觉，若有若无有，是二悉俱离"[1]之类的表述，这种对言相的破除和以"性空"解涅槃的倾向，使如来藏之理与性空之理也就有了沟通的可能。而事实上，以般若性空与《楞伽》心性相会通，正是达摩系楞伽禅的基本特色之一，惠能南宗禅也正是由此而得以产生。

而十卷本《楞伽经》则明确地用"一心"来界定"如来藏"，认为"寂灭者，名为一心；一心者，名为如来藏"[2]，"如来藏自性清净，……在于一切众生身中"[3]，这个清净如来藏心是不生不灭的。有生有灭的是"与无明七识共俱"的如来藏，而当如来藏与无明七识共俱时实际上已不名为如来藏而称为"阿梨耶识"了。所以经中提出了"如来藏识不在阿梨耶识中"[4]的说法。这样，如来藏佛性与人心也就不完全相等了。如来藏是最真实的，人心却不然。有关这种将佛性与人心有所区分及其与达摩、慧可禅的关系，吕澂先生发表

---

1 《楞伽阿跋多罗宝经》卷一，载《大正藏》第 16 册，第 480 页中。

2 《入楞伽经》卷一，载《大正藏》第 16 册，第 519 页上。

3 《入楞伽经》卷三，载《大正藏》第 16 册，第 529 页中。

4 《入楞伽经》卷七，载《大正藏》第 16 册，第 556 页下。

过这样的看法：

> 四卷本……将佛性与人心看成一事，以为不过说起来的名
> 目有些区别而已（说佛性用"如来藏"，说人心用"识藏"，经
> 文结合两者说成"名为如来藏的识藏"）。十卷本呢，就完全不
> 然，它将两者截然看成两事，既已特别加上了"如来藏识不在
> 阿梨耶识（即"藏识"的异译）中"的一句，又一再说它们是
> "二法"。从这一分歧点出发，四卷本原来只说有一心，一种自
> 性清净的心，而十卷本则说成二心，净心和染心，其它有关的
> 理论也都跟着有了变化。所以慧可声称受了达摩的付嘱，必须
> 用四卷本《楞伽》为践行的依据，是有其用意的。[1]

由于四卷本《楞伽经》将佛性与人心相等同，并强调"心即是
佛"，同时又具有非有非无破执著的思想倾向，这种对"如来藏"
的阐释更能适应禅在中土的发展。因此，到慧可时，"终于明白地
提出四卷本《楞伽经》来和当时新译十卷本之说相对抗。在达摩
去世之后，他又为道俗徒众奋其奇辩，呈其心要，使他的《楞伽》
创解一时间言满天下，从此便有了常常随身带着四卷本《楞伽》的
禅师。"[2]

据有关记载，当达摩、慧可系的楞伽师用四卷本《楞伽经》传
法时，受到了北方菩提流支、佛陀扇多和勒那摩提以及他们的门下

---

[1] 吕澂：《中国佛学源流略讲》，中华书局 1979 年版，第 307—308 页。

[2] 吕澂：《中国佛学源流略讲》，中华书局 1979 年版，第 306 页。

僧稠、僧实等人的排斥，历史上还留下了许多他们之间争斗的传说。[1]这些派系之间的争斗，使达摩、慧可系的传法受到一定的限制，楞伽禅在当时既没有能得到广传，也没有能走入官府朝廷。但由于达摩系禅法的简便易行，以后仍然不可阻挡地发展起来，到道信、弘忍时终于蔚为大宗。

二

楞伽禅发展为中国禅宗，与其自身的特点密切相关，而从传承上看，则与如来禅的传授和禅法的展开有一定的关系。

达摩以后，楞伽禅师便依《楞伽经》而展开了楞伽禅的化导。《续高僧传·法冲传》在谈到法冲之类专以讲说为务的楞伽师的同时，也提到了有一类禅师对待《楞伽》的态度是"专唯念慧，不在话言"，其禅法是"忘言忘念"，以"无得正观"为宗。"专附玄理"的慧可及其门下能"领宗得意"者就发挥了这一传统。"忘言忘念，无得正观为宗"云云，其实就是"摩法虚宗"的意思，反映了达摩、慧可以来楞伽禅的一个重要特点。杜朏在《传法宝纪》中也明确提到了达摩楞伽禅"息其言语，离其经论"，从慧可、僧璨以来的楞伽禅师皆默修悟道的有关情况。

由于楞伽禅师重"悟宗"，因而在谈到师资传承时，也特别强调密授"心法"而并不太强调传《楞伽经》的作用。例如《传法宝纪》中说："自达摩之后，师资开道，皆善以方便，取证于心，随

1　请参见《续高僧传·法冲传》《续高僧传·慧可传》和《五灯会元》卷一等。

所发言，略无系说。……密以方便开发，顿令其心直入法界。"即使提到以《楞伽经》相传授，突出的也是"此经唯心证了知，非文疏能解"(《楞伽师资记》记弘忍语)。因此，印顺法师曾认为，在中国禅宗的传承中，佛陀跋陀罗被遗忘，与"传说达摩禅是以心传心、不立文字"有密切的关系。《楞伽经》在达摩禅中，只是初方便，不是所传的法门。《楞伽经》不受重视，《楞伽经》的译主——跋陀的地位，当然被忽略了。"[1]这种说法是有道理的。《楞伽师资记》虽然列求那跋陀罗为第一代楞伽师，保留了"魏朝三藏法师菩提达摩承求那跋陀罗三藏后"等说法，但这并不为后世禅宗所承袭。后世禅宗的传法，是将达摩禅与达摩多罗禅联系在一起，并进而上溯至佛祖的"以心传心"。译经者求那跋陀罗在如来禅乃至禅宗中都是没有地位的。

但是楞伽禅师既依《楞伽经》，四卷本《楞伽经》还是对楞伽禅产生了多方面的深刻影响，其突出的方面有：

第一，楞伽禅不重经教文句而重体悟心证、密意传授。《楞伽经》认为，经教文句虽然有其一定的作用，但毕竟只是引导众生觉悟的一种善巧方便，并非是佛法本身，佛法大义是"远离言说、文字、妄想"的，因此经中提出了佛"不说一字"的说法，认为"不说"才"是佛说"，并提倡"宗通"，即心悟。达摩正是据此而提出了"藉教悟宗"，既不排斥经教，又反对执著文句，强调心证体悟。楞伽禅师大多继承了这一传统，例如慧可"精究一乘，附于玄理"，弘忍"不出文记，口说玄理"(《楞伽师资记》)，慧育禅师也"受道

---

1 印顺：《中国禅宗史》，上海书店 1992 年影印本，第 18 页。

心行，口未曾说"(《续高僧传·法冲传》)，均表现出了领宗得意、直契佛理的楞伽禅的精神。

第二，楞伽禅都有融摄空、有的倾向。四卷本《楞伽经》本身就有以"性空"来解如来藏清净心的倾向，而楞伽禅师传《楞伽经》，主要是以此作为"悟宗"的"印心"而已，并不完全排斥其他经论特别是般若思想的指导。因此，从达摩开始，其所藉之教就既有楞伽心性论，又有般若的实相说。道信的《入道安心要方便法门》在依《楞伽经》的同时也引用了《文殊说般若经》《华严经》和《法华经》等。《楞伽师资记》的作者净觉，在强调真如心性的同时，又发挥了中道般若和无所得的思想。从慧可至弘忍的禅法中，也都同时包含了般若与楞伽这两种思想倾向，只是侧重点各有不同而已。正因如此，才有后来惠能南宗与神秀北宗的分化。因此，准确地说，把达摩系禅统称为"楞伽宗"并不是最合适的。

第三，楞伽禅一般都主张循序渐进的修行，同时又有渐修顿悟的倾向。《楞伽经》中提到了"四种禅"，认为不同的禅有着不同的境界，依次修行即达如来地。同时经中又专门谈到了"如来净除一切众生自心现流"的息妄修行，认为这是"渐净非顿"的，犹如磨镜；而净除之时，"顿现无相无有所有清净境界"，则是"顿"而非"渐"的，犹如明镜现像。[1]这种渐修顿悟说成为楞伽禅的重要特点之一。楞伽禅中求那跋陀罗有四种安心之法，道信、神秀都有五种方便法门，弘忍也曾明言坐禅"自有次第"。弘忍之前楞伽禅中一般不涉及迷悟问题，但从弘忍开始，包括他的大弟子法如、神秀

1　引文见《楞伽阿跋多罗宝经》卷一，载《大正藏》第16册，第485页下—486页上。

等，则都是主张渐修顿悟的。

楞伽禅为中国禅宗的前驱，但禅宗并不认同所有楞伽禅师的传承。禅宗只强调从达摩到弘忍的"东土五祖"传承，以及南北禅宗分别承认的惠能和神秀对弘忍的继承。除惠能及其门下的禅之外，从达摩到神秀的禅就是本文所说的"如来禅"。

那么，如来禅与楞伽禅之间又有怎样的区别与联系呢？我们也可以从几个方面来看。

首先，按照我们的分类，两者的外延不一样。前面提到，楞伽师的成分很复杂。有慧可门下或"远承可师"者，有"不承可师"而自依《摄论》阐释《楞伽》者；有楞伽禅师，有楞伽经师；一些著名的楞伽师之后，又各有不同的传承。从《续高僧传》的有关记载看，直到唐代道宣时，各种楞伽师在社会上的活动依然十分活跃。楞伽禅师虽是楞伽师的主流，但毕竟只是其中的一部分；而从达摩到神秀的如来禅则又仅是楞伽禅中的一支，虽然这是最重要的一支，后来得到了极大的发展，并演化成了禅宗。另外值得注意的是，从道信开始把《金刚经》引入禅门以后，《金刚经》在如来禅中的地位也日益重要起来，因此，就楞伽禅是依《楞伽经》之禅而言，如来禅与楞伽禅也逐渐有了差别，更不用说以楞伽师来指称神秀北宗等也是不合适的。

其次，两者的传法谱系也不尽相同。如来禅都是以菩提达摩为第一代祖师的，由此而有"达摩宗"之称。由于这一禅系的第六代神秀是禅宗北宗的创立者，因而从达摩至神秀的传授也可看做是禅宗北宗的传法谱系。而净觉的《楞伽师资记》却是以求那跋陀罗为楞伽禅之第一代的，达摩和慧可、僧璨、道信、弘忍等则依此承后，弘忍的弟子神秀、玄赜和老安"三大师"又被并列为第七代，神秀的弟子普寂、敬贤、义福和惠福等四人则被列为楞伽师的第八代。而在事实上，弘忍的上首弟子法如及其弟子惠超等，也都仍然持《楞伽经》"以为心镜"，因而楞伽禅系的传授要比如来禅广得多，师徒相传也并不限于一代一人的。实际上，如来禅的传法谱系，是后来禅宗人因创宗的需要而确立的，为此才有第一祖为何人的争论。例如禅宗典籍《历代法宝记》就曾专门批驳了把达摩降为第二祖的说法，认为求那跋陀罗"自是译经三藏，小乘学人，不是禅师，译出四卷《楞伽经》，非开受《楞伽经》与达摩祖师。达摩祖师自二十八代首尾相传，承僧迦罗叉，后惠可大师亲于嵩山少林寺，问达摩祖师，承上相传付嘱，自有文记分明。"[1]

第三，两者对经论的态度不完全相同。楞伽禅认为语言文字不足以表达佛教之真谛，因而主张"专唯念慧，不在话言"，"忘言忘念，无得正观"。这一重"领宗得意"而不拘守文字的传统也为如来禅所继承。但如来禅又将"藉教悟宗"所表现出来的抬高"宗"的倾向进一步加以发展，为后世禅宗教外别传的"不立文字"开拓了道路。例如慧可还是"玄籍遐览，未始经心"，到弘忍时，就已不再要求借助经教来达到"悟宗"，而是强调"心是十二部经之宗"，认为佛的一切言说教法都是引导众生"守本真心"的方便法门，"千经万论，莫过守本真心是要也"，故众生可以不必凭借教法，"但守一心"，即得成佛（《最上乘论》）。经教至多只是用来"印证"守心之必要性的方便而不是"悟宗"的必要条件，这显示出了直契

---

1 《大正藏》第 51 册，第 180 页中。

心性的禅宗特色，开了日后禅宗历代祖师"以心传心"的先声。

第四，两者的境界也不完全一样。楞伽禅的心性论注重返归清净本心，以心无所著而与宇宙实相冥然相合的"与道冥符"作为禅修的最高境界。但要求本净的真性与真如实相冥然相符，并没有完全摆脱传统的"心注一境"的禅法，其所观之境，所入之境，实际上仍然是外在于人心的。如来禅则通过"摄心""守心""观心"乃至"无心"等，由"悟宗"趋向于"悟心"，其境界也逐渐由外向内，与道冥符最终为明心见性所代替。例如慧可的"是心是佛，是心是法"就开始把自觉本心作为最高境界，道信则进一步提出了"百千法门，同归方寸，河沙妙德，总在心源"[1]。到了弘忍，更是主张"了此心源者一切心义自现"，认为守本真心即"自然与佛平等无二"（《最上乘论》）。此后北宗禅的"观心"和南宗禅的"无念"，都体现出了如来禅对楞伽禅的发展以及如来禅向禅宗的过渡。

第五，两者的修行方式也有所不同。楞伽禅在倡导随缘而行的同时仍然注重坐禅默想，而如来禅则在保留坐禅的同时发展了随缘而行。特别是到了僧璨和道信，"不用求真，唯须息念"（《信心铭》），"任心自在，莫作观行"[2]等禅学思想落实在禅行实践上，便形成了一种无求无得、任心逍遥的具有老庄自然风度的修行态度，这为东山法门以后禅与生产劳动、生活的结合奠定了基础。同时，楞伽禅偏重自我的苦修苦行，如来禅则逐渐发展为聚众共修，形成了以行禅为特点的教团乃至宗派。例如那禅师"唯服一衣一钵，一坐一食，

---

1 《景德传灯录》卷四，载《大正藏》第 51 册，第 227 页上。

2 《景德传灯录》卷四，载《大正藏》第 51 册，第 227 页上。

以可常行，兼奉头陀，故其所往，不参邑落"，慧满禅师"住无再宿，到寺则破柴造履，常行乞食"（《续高僧传·慧可传》），法冲也是"一生游道为务，曾无栖泊"，被称为"法界头陀僧"（《续高僧传·法冲传》）。而如来禅虽然在开始也是"行无辙迹，动无彰记"（《传法宝纪》），但到了道信，情况就发生了很大的变化。他"择地开居，营宇玄像，存没有迹，旌榜有闻"（同上），在双峰山一住就是三十年，依山傍水，安居传法，倡导团体生活，经济上自耕自给，在教禅的同时又传戒，从而"再敞禅门，宇内流布"（《楞伽师资记》）。弘忍继承了这一传统，并进一步把禅的修行与生产劳动和日常生活打成一片，大开"东山法门"，从而确立了中国禅宗修行的基本方式和风格。东山法门的出现，标志着中国禅宗的初创。

三

如来禅作为楞伽禅的一支得以向禅宗过渡，从思想轨迹上看，与般若思想的关系密切是其重要的原因之一。前面已经提到，早在达摩的"藉教悟宗"那里，就既有《楞伽》的心性说，又有《般若》的离言扫相。从慧可、僧璨到道信、弘忍，乃至以后的南能北秀，他们的禅法也都与楞伽和般若这两种思想的会通有着不解之缘，他们都在依持楞伽清净心的同时，又以般若思想来破除执著，在禅修实践上则提倡因人而异、随缘易行的禅法方便，从而既顺应了中国佛教发展的方向，又适应了中土社会和广大信徒的需要。如来禅正是在楞伽与般若的有机结合中开出了浩浩荡荡的禅流，最终得以形成流传广泛的中国禅宗。

即以慧可而言，他的禅学思想中《楞伽》的成分比较多，但并不等于没有般若思想，这从《楞伽师资记》和《续高僧传》所记载的慧可的《答向居士书》等资料中都可以看到这一点。有学者认为："《答向居士书》中的这番问答的理论意义，在于把般若性空之'理'当做普遍存在于一切的'真如'，它普遍存在于一切众生之中，表现为一种本有的'智慧'，即所谓'摩尼真珠'的佛智。这样一来，原属怀疑论性质的般若体系，就变成了有本体论意义的如来藏体系，般若学同佛性论很自然地结合了起来，从而使达摩禅中'虚宗'与'真性'的矛盾说法，得以协调。"[1] 虽然我们并不赞同这里关于达摩禅中"虚宗"与"真性"有矛盾的说法，因为我们认为融会"虚宗"与"真性"两种思想正是达摩系如来禅的重要特色，但我们认为这里提到的慧可沟通了般若性空之理与众生佛性的联系，"把般若学同佛性论很自然地结合了起来"的看法是符合实际的，这其实也是慧可对达摩禅法的进一步发展。正是在此基础上，慧可提出了"是心是佛，是心是法，法佛无二，僧宝亦然"[2]，把佛法僧三宝统一于心，从而突出了自性自度，自心觉悟。这种倾向，在如来禅以后的展开中有进一步的发展，并成为中国禅宗的基本特色之一。

作为慧可得法弟子和禅宗三祖的僧璨，由于缺乏直接的可靠史料，人们对他一向有不同的看法，但是在道宣以后，僧璨就一直被说成是慧可的得法弟子，禅宗也都将他奉为第三代祖师，有关他的

---

1 杜继文等：《中国禅宗通史》，江苏古籍出版社 1993 年版，第 48 页。
2 《景德传灯录》卷三，载《大正藏》第 51 册，第 220 页下。

事迹和言论，在禅门中一直流传并发生着广泛的影响，这都是不争的事实。根据《楞伽师资记》等有关资料，他继承了如来禅重实修而不重讲说的传统，同时在思想上有更进一步向般若无所得接近的倾向。这种倾向在托名僧璨所作的《信心铭》中有充分的体现。[1] 从《信心铭》的思想倾向来看，既带有浓厚的般若三论之玄味，也融入了老庄玄学的自然主义人生态度。《隆兴编年通论》卷十八所载唐代独孤及作的《赐谥碑》中也记载了僧璨的禅法特点，认为"其教大略，以寂照妙用摄群品流注生灭，观四维上下，不见法，不见身，不见心，乃至心离名字，身等空界，法同梦幻，无证无得，然后谓之解脱"[2]，这与《信心铭》表达的思想特点是基本一致的。

从慧可和僧璨的禅学思想和禅法特点中，我们可以看到，自达摩以来，早期如来禅虽以《楞伽》心性论为主，但也一直都包含着般若的思想，特别是到了僧璨这里，般若无所得的思想占了较大的比例，从而有可能进一步破除传统禅法的烦琐形式而趋向于直契心性的简便法门。同时，以般若破执著，也就使达摩的"藉教悟宗"更进一步向"领宗得意"、不执言相的方向发展，这既为在"藉教"而不著教的旗号下突破《楞伽》而广摄众经打开了方便之门，也为"不立文字"的出现开拓了道路。僧璨以后，如来禅逐渐传至般若

---

1 关于《信心铭》是否为僧璨所作，一向有不同的看法。但从内容上看，与达摩、慧可以来强调的"众生与佛不二"等思想是一致的，因而可以视为是如来禅早期的作品。在修行观上，《信心铭》在强调不取不舍、绝言忘虑的基础上，发展了达摩所要求的随缘而行，提倡一种放之自然、任性逍遥的修行生活，把佛教的"万法一如""即心即佛"与老庄玄学的人生哲学巧妙地结合在一起，这与道信禅法的特色相一致。

2 《卍新纂续藏经》第 75 册，第 197 页上。

三论思想盛行的南方地区，僧璨的得法弟子、禅宗四祖道信开东山法门，进一步从理论上对般若与楞伽的会通加以论证，并广泛引用了包括《金刚经》在内的大量佛教经论，提倡各种因人而宜的禅法方便，更好地适应了众多修禅者的需要，从而开启了达摩如来禅系向禅宗发展的新阶段。

由于在道信的禅法中出现了更多的般若思想，而且道宣在《续高僧传·道信传》中没有提到道信奉持《楞伽经》，也没有提到道信与楞伽师的传承关系，相反却提到了道信在吉州时"被贼围城七十余日"而提出"但念般若"以退敌的事，因而有人认为道信不是楞伽师而是鼓吹《般若》的。我们认为，道信的禅学思想偏重《般若》，这是事实，正因为此，日后才有江南牛头宗的般若禅旁出于道信门下的说法，但道信的禅学思想并未完全离开《楞伽经》，道信仍然是依《楞伽经》而说"安心"禅法的[1]，他的弟子弘忍也正是由此而强调了"守本真心"。道信和弘忍的东山法门初创了中国禅宗，弘忍门下之所以有南能北秀的分化，从禅学思想和禅法方便上看，与他们发挥了道信、弘忍如来禅中般若和楞伽的不同倾向，是有密切关系的。神秀北宗继续"持奉《楞伽》，近为心要"[2]，并更多地发挥了弘忍的"守本真心论"，惠能南宗则受到牛头宗般若禅的影响而更多地倾向了般若无所得，从而为神会以后南宗转而以《金

1　《楞伽师资记》引道信的《入道安心要方便法门》中一开始就说："我此法要，依《楞伽经》诸佛心第一。"

2　张说：《唐玉泉寺大通禅师碑》，载《全唐文》卷二百三十一，上海古籍出版社1990年版，第1031页。《古今图书集成选辑》卷一百九十七作"持奉《楞伽》，递为心要"（《大藏经补编》）第16册，第681页下）。

刚经》传法印心奠定了基础。

　　总之，如来禅的理论基础始终不离楞伽心性论与般若实相说的融会，只是在不同的人那里有不同的侧重。胡适曾根据"神会很大胆的全把《金刚经》来替代了《楞伽经》"而提出"惠能、神会的革命，不是南宗革了北宗的命，其实是一个般若宗革了楞伽宗的命。"（《楞伽宗考》）我们认为这样的提法是不合适的。因为重体悟心证，这一向是禅与教的重要区别之一。经典教义对于禅者来说，都只不过是"印心"方便，假借的手段，以某经印心，并不完全代表其思想，更不用说达摩以来的楞伽禅在强调"藉教悟宗"时，其所藉之教中就一直存在着《金刚经》和《楞伽经》等不同的思想。不过，僧璨以后楞伽禅向般若禅的接近，为中国禅宗特别是惠能南宗日后的崛起和蓬勃发展进一步提供了可能，这却是历史的事实。

纵横百家

"纵横百家"丛书书单

　　"纵横百家"是中国大百科全书出版社旗下的社科学术出版品牌。"纵横百家"丛书主要出版人文社科通识读物和有思想、有创见的学人专著。

01 《我的父亲顾颉刚》 顾潮著　88.00 元

02 《沈尹默传》 郦千明著　88.00 元

03 《梁启超和他的儿女们》（增订本） 吴荔明著　88.00 元

04 《但有温情在世间：爸爸丰子恺》 丰一吟著　98.00 元

05 《九十年沧桑：我的文学之路》 乐黛云著　79.00 元

06 《字字有文化》 张闻玉著　69.00 元

07 《一个教书人的心史：宁宗一九十口述》 宁宗一口述，陈鑫采访整理　99.00 元

08 《乾隆帝：盛世光环下的多面人生》 郭成康著　118.00 元

09 《但愿世界会更好：我的父亲梁漱溟》 梁培恕著　88.00 元

10 《中国的人文信仰》 楼宇烈著　68.00 元

11 《"李"解故宫之美》 李文儒撰文，李少白摄影　88.00 元

12 《法律、立法与自由》（全三册）［英］弗里德利希·冯·哈耶克
　　著，邓正来、张守东、李静冰译　258.00 元

13 《戴逸看清史1：破解三百年历史谜团》　戴逸著　59.00 元

14 《戴逸看清史2：探寻历史走向与细节》　戴逸著　59.00 元

15 《太和充满：郑欣森说故宫》　郑欣森著　108.00 元

16 《变局之下：晚清十大风云人物启示录》　迟云飞著　88.00 元

17 《我的老师启功先生》（增订本）　柴剑虹著　78.00 元

18 《林徽因集》（增订本）　林徽因著　356.00 元

19 《中国经济改革进程》（第2版）　吴敬琏著　88.00 元

20 《中国的智慧》　楼宇烈著　79.00 元

21 《巴金：激流一百年》　林贤治著　108.00 元

22 《杨度与梁启超：我们的祖父和外祖父》（增订本）　杨友麒、吴荔
　　明著　99.00 元

23 《论禅宗与人文》　杨曾文著　88.00 元

24 《经济学读书笔记》　厉以宁著　128.00 元

25 《道元与中国禅思想》　何燕生著　88.00 元

26 《中国禅宗史》［美］马克瑞著，蒋海怒译　88.00 元

纵横百家视频号，欢迎关注！